色史
本历

不知历史者，无以图未来

中国古代历史名人

帝国推手
刘伯温

寒江独钓◎著

中国铁道出版社
CHINA RAILWAY PUBLISHING HOUSE

图书在版编目（CIP）数据

帝国推手：刘伯温 / 寒江独钓著 . — 北京：中国铁道出版社，2018.1
ISBN 978-7-113-23359-4

Ⅰ . ①帝… Ⅱ . ①寒… Ⅲ . ①刘基（1311-1375）－生平事迹 Ⅳ . ① K827=48

中国版本图书馆 CIP 数据核字（2017）第 162552 号

书　　名：帝国推手：刘伯温

作　　者：寒江独钓　著

责任编辑：刘建玮　　　　　　　　　电　　话：（010）51873038

装帧设计：天下装帧设计　　　　　　电子信箱：liujw0827@163.com

责任印制：赵星辰

出版发行：中国铁道出版社（100054，北京市西城区右安门西街 8 号）

印　　刷：三河市兴达印务有限公司

版　　次：2018 年 1 月第 1 版　　　2018 年 1 月第 1 次印刷

开　　本：710mm×1000mm　1/16　印张：14.75　插页：1　字数：207 千

书　　号：ISBN 978-7-113-23359-4

定　　价：42.00 元

在中国历史长河里，曾经有一位传奇般的人物，他的身份颇有些神秘，才能超出世人太多，他似乎总能通晓天机，预知未来之事。民间百姓认为他是天上的神仙下凡，对他"前知五百年，后知五百年"都不为奇。这个人就是元末明初的刘伯温。

刘伯温是一个满腹经纶的儒生，但最擅长的却是阴阳五行、风水占卜。他"掐指一算"，就能知过去和未来；他"夜观星象"，便能知晓天下大势；当淳朴、善良的红巾军士兵问他是不是真的神仙转世时，他会一脸高冷的样子，微笑不语，既不否认，也不承认。中国民间历来推崇神鬼文化，对于智慧尚未完全开启的古人来说，这位智谋超越了当时芸芸众生的杰出人物被赋予了太多神话色彩。

论事业成就，刘伯温达到了个人人生奋斗的巅峰；论军事才能，刘伯温助力朱元璋仅八年便问鼎天下；论治国才能，刘伯温协助朱元璋，一举定下大明帝国后世两百年的盛世格局。刘伯温是一个卓越的谋臣，说他是大明帝国的推手并不为过。

据说当与朱元璋第一次相会的时候，刘伯温便根据天下时局，进献给朱元璋一份《时务十八策》。这十八策让朱元璋如获至宝。从此以后，朱元璋的帝业，数十年间的征伐、治国、惩贪、驭臣、与民休养生息等大政都没有超出过此策的范围。虽然在史书中找不到这份策论存在的确凿证据，但是刘伯温的功劳却是实实在在存在的。

在血雨腥风的征战中，刘伯温审时度势，良策频出，帮助朱元璋以弱胜强，一次次翻盘，每一场战役都像一盘设定的棋局，按照刘伯温的神机妙算一步一步地进行着。大战鄱阳湖，兵围平江（苏州），南征和北伐，朱元璋最终大获全胜。

　　大明建国之前，每次遇到难以破解的重大难题，朱元璋都会召刘伯温商议，寻求应对之策。在刘伯温的谋划下，朱元璋得以登基称帝。大明立国后，朱元璋更是全面采纳刘伯温有关政治、经济、军事、法律、教育等诸多方面的治国方略，开创了大明盛世的基业。

　　也基于此，中国民间流传着许多关于刘伯温的离奇传说，令人神往！然而，真正的刘伯温绝不会是传说中的那么有趣，因为只有那个时代中真正的顶尖人物，才有资格成为朱元璋的左膀右臂，在心狠手辣的朱元璋面前，任谁也潇洒不起来。相比传说，刘伯温的真实人生历程更加精彩，也更加惊心动魄。

　　历史永远比传说更加曲折，更加荡气回肠……

刘伯温生平大事记

1311 年，刘基，字伯温，在江浙行省处州路青田县南田镇武阳村（现属文成县）出生。其父爚，字如晦，曾任元遂昌教谕。爚共三子，伯温为第二子，自幼博学强记，"于书无不窥"，据说他"神知迥绝，读书能七行俱下"。

1324 年，刘伯温入括城（处州府治，今丽水附近）郡庠读书，除习《春秋》及程朱理学，"习举业"外，"诸子百家过目即洞其旨"，"凡天文、兵法诸书，过目洞识其要"。

1327 年，刘伯温得其师郑复初赏识，对其父说："君祖德厚，此子必大君门。"

1328 年，18 岁的刘伯温在青田石门洞读书，著《春秋明经》二卷，因学业精进，科场连捷。

1333 年，23 岁的刘伯温赴大都（今北京）会试，作《龙虎台赋》，中三甲第二名进士，初露锋芒，得名流赏识，侍讲学士揭傒斯（字曼硕）夸刘泊温是"魏征之流，而英特过之，将来济时器也"，也有人赞他是"诸葛孔明之俦"。

1336 年，26 岁的刘伯温初登仕途，任江西瑞州路高安县丞，作《官箴》以勉，决心"振惰奖勤，拯艰息疲""禁暴占奸""视民如儿"。

1337 年，刘伯温为高安县丞"以廉洁著名，发奸摘伏，不避强御，为政严而有惠爱，小民自以为得慈父，而豪右数欲害之"。

1338 年，刘伯温仍为高安县丞，"新昌州有人命狱，府委公复检，案核得其故杀状，初检官得罢职罪，其家众倚蒙古根脚，欲害公以复仇。"

1340 年，30 岁的刘伯温为江西行省职官掾史，"以谠直闻"。

1342 年，刘伯温"与幕官议事不合，遂投劾去"，隐居力学，"至是而道益明"，《百战奇略》《多能鄙事》约作于是时。

1344 年，刘伯温游学江东，小驻丹徒，期间曾赴大都，历三年乃归，期间写了不少诗词。

1347 年底，刘伯温离江东返回家乡。

1348 年，刘伯温寓杭州，为江浙行省儒学副提举、行省考试官，长子刘琏出生。

1350 年，40 岁的刘伯温辞官，闲居杭州，次子刘璟出生。

1351 年，刘伯温闲居杭州，至年底，徐寿辉兵锋指向饶州、信州，时局有变，他带病辞杭归里。在杭州期间，写了不少文章。

1352 年，刘伯温任省檄为浙东元帅府都事，自杭赴浙东，在台州、温州一带参与戎事，并议筑庆元诸城拒敌。

1353 年，刘伯温年初在杭，三月由浙东元帅府都事辟为行省都事，十月因建议招捕方国珍，上官"以为伤朝廷好生之仁，且擅作威福"，受免职羁管绍兴的处分，十月至年底，在青田家乡。

1354 年，羁管于绍兴期间，刘伯温放浪山水，广交朋友。

1355 年，45 岁，刘伯温仍居绍兴，放浪山水，以诗文自娱，写了不少诗、游记。

1356 年，刘伯温仍在绍兴，二月赴杭，复任行省都事，三月自杭归处，与石抹宜孙同谋剿匪。

1357 年，刘伯温改任行枢密院经历，与行院判石抹宜孙守处州，因"功"升行省郎中。

1358 年，刘伯温任行省郎中。年底，执政者抑其军功，仍以儒学副提举授处州路总管府判，且不与兵事，乃愤而弃官归里。在处州期间，与石抹宜孙歌诗往来很多，结集为《唱和集》。

1359 年，刘伯温隐居家乡南田，著《郁离子》，"以俟知者""以待王者之兴"。

1360 年三月，50 岁的刘伯温应朱元璋礼聘，赴应天，呈《时务十八策》，受朱元璋礼遇，"谓为天下屈四先生"，筑礼贤馆居之。留帷幄，预机密谋议。闰五月，陈友谅引兵攻应天，刘伯温竭力主战，以为"取威制敌以成王业者在此时也"，朱元璋用其策"乘东风发伏兵击之，斩获若干万"，朱元璋以"克敌赏"赏刘伯温，刘伯温"辞不受"。

1361年，刘伯温参与军机，力劝朱元璋摆脱韩林儿自成局面，大展宏图，并为之订下了"先陈后张"的征讨大计。在他的谋划下，朱元璋下江州（今九江）、降洪都（南昌）。

1362年，刘伯温回乡葬母，回乡途中，平定金、处苗军之乱。"太祖数以书及家，访军国事，基条答悉中机宜"。

1363年，营葬母毕，刘伯温回京，途中助建德守将李文忠退张士诚军。二月，张士诚围安丰，刘福通请兵救援，刘伯温谏曰："不宜轻出"，朱元璋不听。四月，陈友谅乘间围洪都，引发鄱阳湖大战，战斗中，刘伯温救了朱元璋一命，陈友谅兵败身亡。

1364年，朱元璋继吴王位，刘伯温仍参与军机。朱元璋每恭己以听，常呼老先生而不喊名，称赞他"吾子房也"。

1365年，刘伯温在应天，参与机密谋议。七月，朱元璋置太史监，以其为太史令。

1366年，56岁，刘伯温仍为太史令。八月，承朱元璋命，卜地筑新宫于钟山之阳。

1367年十月，朱元璋置御史台，以刘伯温为御史中丞，平公滞狱若干人，奏请立法定制，与李善长等一起定律令。十一月，上《戊申大统历》。十二月，《律令》成。

1368年，刘伯温任太史院使、御史中丞，复兼太子率更令，奏立军卫法。四月，刘伯温奏斩中书省都事李彬，忤李善长。夏，妻丧，八月告归，十一月奉召还京。

1369年，刘伯温以资善大夫御史中丞兼太子赞善大夫居京师。十月，与朱元璋论丞相人选，忤杨宪、汪广洋、胡惟庸。

1370年，60岁，刘伯温以资善大夫御史中丞兼太子赞善大夫在京，四月兼弘文馆学士，十一月进封开国翊运守正文臣、资善大夫、护军、诚意伯。

1371 年，刘伯温告老归田，二月至家，八月，朱元璋致书问天象事。

1372 年，刘伯温隐居山中，不预外事，惟饮酒弈棋，口不言功，见青田知县即"称民谢去"。

1373 年，刘伯温遭胡惟庸等构陷，被夺禄。七月入朝引咎自责，留京不敢归，作长诗《二鬼》。

1374 年，刘伯温留京，病衰。

1375 年，刘伯温在京，病重，胡惟庸遣医视疾后病转重。三月，朱元璋制《御赐归老青田诏书》，遣使护送归家。临终前，刘伯温交代遗嘱，四月十六日卒。六月，葬于夏山，享年 65 岁。

书中主要官名注释

名 称	主要职能介绍
中书省 左右丞相	中书省左右丞相是皇帝下面的最高行政官，是辅佐皇帝总理百政的官员。左丞相（相当于现在的国务院总理）权力大于右丞相（相当于现在的国务院第一副总理）。
中书省参政	左丞相的助理，相当于现在的国务院总理助理。
中书省都事	为左、右丞的辅助人员，处理尚书省日常事务，正七品。
平章政事	元中书省、行中书省置平章政事，参与商议国家大事的官职，明初亦置之，后又废弃，相当于参谋人员。
枢密院	掌军国机务、兵防、边备、戎马之政令，出纳密命，以佐邦治，长官称枢密使。
达鲁花赤	蒙古语，原意是掌印者，掌管地方行政和军事大权，大多世袭而不学无术，是名副其实的"太上皇"。
户部尚书	六部中户部的最高级长官，正二品，相当于现在的财政部长。
户部侍郎	户部的副长官，正三品，相当于现在的财政部副部长。
工部尚书	六部中工部最高级长官，正二品，相当于现在的建设部部长。
太 师	辅弼国君之臣，历代相因，以太师、太傅、太保为三公，多为大官的加衔，无实际的职权。
御史大夫	负责监察朝中文武官员的官职。御史大夫下设两丞，一称御史丞，一称御史中丞，负责察举、监督官员。
统军元帅	红巾军中的官职，负责军队的执行管理以及指挥作战等。
掌书记	掌管一路军政、民政机关之机要秘书。
都指挥使	地方上的军事指挥官。
营田使	掌管屯田诸事宜的官职。
左金吾、 右金吾	掌管皇帝禁卫、扈从等事的亲军将领。
州同知	地方各州之副职，无定员，从六品，与州判分掌督粮、捕盗、海防、水利诸事。

名　称	主要职能介绍
参　政	派管粮储、屯田、驿传、水利、抚民等事，负责文书往来，检校、典勘理卷宗，理问典刑名，从三品，基本相当于现在的省级粮食局长、农业局长、民政局长之类的官职。
知　州	地方行政机构，在明朝称为"布正使司""知府""知州"。
知　府	也称太守，是中国古代的地方官职名，州府最高行政长官。
知　县	一个县的行政长官。
县　丞	知县的助手，主要职责是文书、仓库等的管理。
主　簿	文官，典领文书，办理事务，相当于现在的县秘书长。
按察司	地方机构，主管一省的司法和检察机关，相当于现在的省政法委书记。
布政使	官品为从二品，掌管一省的民政、田赋、户籍。
太子太师、太子太傅、太子太保	辅佐太子的人，正一品，太师地位最高，是虚爵，无实际职责。"师"是传授其知识的，"傅"是监督其行动的，"保"是照管其身体的，即分别是负责君主智育、德育、体育的人。
教　谕	学官名，相当于教导主任，教育所属生员。

Contents

目录

第一章 名门之后

先祖尚武，曾立下赫赫战功，在多部史书中都留下威名。自从七世祖刘光世死后，其后人却弃武习文，数代延续下来，青田刘家成为书香门第。刘伯温不负其父的期望，自幼饱读诗书，才华横溢，年少时便凭借卓越的学识名震江浙……

军人世家

元至大四年（1311 年），地域辽阔、带甲数百万的元帝国进入了一个权力交接的新时期。

这一年，大元王朝的第三代最高领袖元武宗孛儿只斤·海山英年早逝，他来不及为自己身后的帝国指定继承人，留下一个众人觊觎的皇位便撒手而去。帝国内的各派皇族势力顿时红了眼，都企图在帝位争夺中为自己一方谋取最大利益，最好是获得帝位。在这危急时刻，元帝国随时都有可能四分五裂，爆发内乱。终于，一些言辞犀利的有识之士站出来，他们坚持必须执行先帝生前做出的"君子协定"。

四年前，为了巩固帝位，元武宗孛儿只斤·海山曾经和自己的亲弟弟孛儿只斤·爱育黎拔力八达有一个君子协定——兄终弟及，叔侄相传。虽然这个口头约定很多人都知道，但是没人愿意提起，孛儿只斤·海山也含含糊糊地遮掩这段历史，这个君子协定便无人问津。

随着局势的转变，孛儿只斤·爱育黎拔力八达开始发力，他迅速聚

拢各方势力，很多皇族势力也和孛儿只斤·爱育黎拔力八达私下达成新的协议，他们拥护其继位，同时也为自己谋取到更多的好处。在这个君子协定的号召下，又在众多实力派的支持下，孛儿只斤·爱育黎拔力八达顺理成章地接过了他哥哥的权力宝杖，成为浩瀚版图的大元帝国新的统治者——元仁宗。

相对于只做了四年皇帝、碌碌无为的哥哥，孛儿只斤·爱育黎拔力八达是个有进取精神的人，是个很想做出一番成就的皇帝。在位期间，他大力减裁冗员，整顿朝政，推行"以儒治国"政策，大力弘扬孔孟文化。新皇帝干练务实的工作作风让很多汉人弹冠相庆，认为遇到了知音，先前的元统治者千方百计打压的汉文化终于迎来了春天。

同一年，一个名叫刘基的孩子出生了，他的出生没有什么离奇之处，既不像传说中的那么神奇，也没有惊世骇俗的异常天象，不过无数人的命运却因他的立场转变而改变了。在元末明初数十年的乱世中，刘基用他的智谋为朱元璋的宏图伟业立下汗马功劳，成为覆灭元帝国最大的功臣。

1311年7月1日亥时，江浙行省处州路青田县（今浙江省文成县）南田镇武阳村的村民早已进入梦乡，池塘里的蛙鸣在寂静的乡野间回荡。此时，村子里仍有一户人家灯火通明，大门外的红灯笼高高挂着，吸引着蚊虫飞舞；偶有几声犬吠，更显得四周的安静。

这里是村里的著名人士刘爚（yuè）的府邸，此时院子里的三间厢房不时有进进出出的奴婢和老妈子，一个挂在厢房门上的红布条显示着这里正有一个小生命诞生。

刘府的主人刘爚，字如晦，此时正在正堂里端坐，一边夜读春秋，一边等着产房喜讯。

说起这青田刘家，在当地非常有名，方圆百里，无人不知，无人不晓。青田刘家曾经是军人世家，祖先曾是统兵打仗的战将。刘家祖先属于边防将领，长年驻扎西北边疆，统率着北宋王朝最精锐的部队——西北军，士兵主要是能征善战的陕西大汉。那个时期北宋西北军的主要对手是贺兰山的党项族建立的西夏王国。在与西夏多年的纷争中，刘氏家族的子弟练

就了精湛的武艺和过硬的军事素养。当然，他们也立下了赫赫战功，其中以刘伯温的八世祖刘延庆和七世祖刘光世最为显赫。

《宋史》上记载：刘延庆"雄豪有勇"，此人一生戎马倥偬，曾经跟随童贯征讨方腊，伐辽国，抵御西夏入侵。在担任挪延路总管时，西夏进犯中原，刘延庆领命出击，于大漠中野战，舍生忘死，血染战袍，大破西夏成德军，活捉了敌军元首，一时风光无限，成为威名远播的刘大将军。

刘延庆虽然个人武力值很高，战斗力超强，在谋略和统兵上似乎比较欠缺，属于汉末三国时期许褚类型的"猛将"。北伐辽国的时候，刘延庆带领十万大军渡白沟时，指挥频频失度，士兵进发序列不明，军容混乱。当时与他一起出征的辽国降将郭药师拉住刘延庆的马缰绳进谏说："将军，以咱们现在这种行军阵容，如果路上遇到敌人伏兵，恐怕还没交战就阵营大乱，要溃败了！"刘延庆根本瞧不上这样的降将，对他的忠告置若罔闻。而事实证明，郭药师是对的。混乱无序的大军到良乡（北京西南20公里处）就遭遇了辽国大将萧干的伏兵，任他刘延庆再怎么骁勇善战，也挡不住兵败如山倒的大势，只能退守营寨。

刘延庆在军帐里愁眉不展，想要立功的郭药师献计道："萧干人马只有万余人，我们是十万大军，辽军孤军迎敌，后方肯定空虚。请将军给我五千奇兵，让我偷袭燕山，将军只要记得派遣两万轻兵做后续部队就行了。"

有了上次的轻敌惨败，刘延庆开始重视郭药师的建议，当下便答应了。果然，郭药师统率着五千"敌后武工队"把萧干的后方留守部队打得人仰马翻，彻底截断了辽军的粮草和后路。郭药师信心百倍，一边构筑营寨，一边等待援军的到来。不料，刘延庆优柔寡断，得到信报后，他担心如果派两万援兵深入敌后遭遇埋伏怎么办？原定的援兵计划一拖再拖，郭药师陷入死战的境地，五千人马死伤殆尽，可接应部队还是没到！郭药师无奈退兵，回归本部。不料，辽军尾随而来。当天晚上，辽军兵分三路偷袭了刘延庆的兵营，刘延庆一败涂地，丢下大部分粮草辎重，狂奔两百余里，退守雄州城（今河北省保定市雄县）。牵一发而动

全身，其他各路征讨大军也因此陷入不利局面，被迫撤兵。至此，一场声势浩大的讨伐战争，因为刘延庆的指挥失误而夭折了。

经此一役，刘延庆在辽国声名狼藉，成为宋军战斗力差的典型代表。《宋史》记载："契丹知中国不能用兵，由是轻宋。"可见，一支军队，只有气盖山河的统帅是不够的，只有神机妙算的谋士也是不足的，还需要两者完美地合作才行。

尽管刘延庆作为统帅的能力差，但作为一名职业军人，他是合格的。后来，金国异军突起，先是灭了辽国，继而侵略北宋。靖康之难中，刘延庆奉命镇守都城汴京（今河南开封），最后城破身死，青史留名。他的儿子刘光世于汴京开战前被调往他处作战，有幸保存性命。

金军势如破竹，大举南进，占领了宋朝北方大片国土。由于金国尚处于奴隶社会晚期，无法统治已处于封建社会顶峰的北宋，同时为避免北方宋朝遗民起义，金国决定实现"以汉制汉"的政策，通过在这些占领地区扶植一些伪政权加以统治，"伪齐"政权便是其一。伪齐政权又称"刘齐"，简称"齐"，为北宋叛臣、原济南知府刘豫在金国扶植下建立的政权。

伪齐政权定都汴京，管辖黄河故道以南的河南、陕西地区。这是一个原北宋故地的一些地主官僚组成的封建傀儡政权，有守卫太原抗击金兵被俘后投金的张孝纯，还有旧北宋的官僚地主。在军事上招降了一些北宋的溃兵、强盗，如郦琼、李成、孔彦舟、徐文等人。这个政权事事都听命于金国，并充当金攻宋的军事帮凶，看似一群乌合之众，实力却不容小觑，他们更善于和宋人作战，知晓宋人的弱点。

抗金名将

靖康之变后，康王赵构在南京应天府（今河南商丘）继位，改元建炎，成为南宋第一位皇帝，即宋高宗。南宋政权初建，宋高宗迫于形势起用抗战派李纲为宰相，不久又赶走李纲，同宠臣汪伯彦、黄潜善等奸佞小人决定放弃中原，从南京应天府准备出逃到扬州。就在此时，宋高宗赵构遇到了心怀国仇家恨的刘光世。刘光世的亮相得到新皇帝的赏识，当即被宋高宗任命为元帅府五军都提举。自此，刘光世进入高宗皇帝的视线，在南宋历史舞台上开始大放异彩。

刘光世，字平叔，南宋名将，在《宋史》中他一个人占了整整一章的版面。即使在南宋初年这个牛人辈出的时代，刘光世也是独当一面的名将，与岳飞、张浚、韩世忠并称为"南宋中兴四将"，风光无限。刘光世这个人打仗喜欢投机取巧，不太乐意打硬碰硬的恶仗；做官上又左右逢源，跟秦桧走得很近，后世对他的评价越来越低，他在"中兴四将"中位列最末。

刘光世武艺超群，年轻时随父亲征讨方腊、辽国。宋高宗南渡后，刘光世扼守镇江，英勇阻击金国南犯大军，一直奋战在抗金第一线，也算是国家栋梁了。

刘光世一生多有记载，有值得称道的，也有令人诟病的，最能体现刘光世威望和光辉事迹的，莫过于1129年平定苗刘兵变。

那一年，南宋军官苗傅和刘正彦利用军士对朝政的不满，突然发动兵变，他们打着"清君侧"的旗号向临安（今浙江杭州）进军。真是应了那句玩笑话——"内战内行，外战外行"，这支叛军抵御金兵屡战屡败，打起自己人来却有若神助，所到之处，势如破竹，没几天就攻陷了临安。苗刘二人杀了宋高宗信任的同签书枢密院事王渊和一批宦官，并逼迫宋高宗退位，将皇位禅让给三岁的太子赵旉，苗傅和刘正彦顺理成章地成了辅政大臣，史称"苗刘兵变"。

小人物大翻身，突然从一名中层军事将官一跃成为朝廷主要领导，让行伍出身的苗傅和刘正彦手足无措，不知道该怎么办了。

冷静下来后看着眼前烫手的局面，两个人傻眼了，但军事政变不是请客吃饭，容不得半点拖泥带水。就在苗傅和刘正彦不知道怎么开展下一步工作的时候，各地的勤王军队纷纷汇集起来。勤王军队是在抗金前线浴血奋战的王牌军，战斗力岂是苗刘的叛军所能比拟？

苗傅和刘正彦知道捅了马蜂窝，勤王的将领中，刘光世、张浚、韩世忠等人都是身经百战的战神，硬碰硬是划不来的，最好是握手言和为

新皇帝效命，大家和气生财岂不最好？没几天，正马不停蹄向临安进军的刘光世突然收到一道"圣旨"——他被升职为太尉了。随着升职信一起来的，还有新皇帝的钦差，说是钦差，实际上就是叛军将领苗刘二人的信使。

刘光世比他的父亲有政治头脑，对时局的把握很准确，他推算叛军不会得逞，张浚、韩世忠等人忠心耿耿，在各路大军的围剿下，叛军顷刻之间就会覆灭，自己怎么会为虎作伥？刘光世撕了圣旨，捆了钦差，大军继续前进。接下来的勤王之战没有任何悬念，在刘光世、韩世忠、张浚这些名将的夹击下，叛军死的死，逃的逃。此役过后，刘光世也被顺理成章地任命为太尉，正式进入南宋朝廷的权力核心。

此后，刘光世继续率兵抗金，在江苏地区和金将完颜昌交战。刘光世了解到完颜昌的部下很多是来自山东、河北、河南等地的汉人，他们长年背井离乡，久战沙场，都产生了思乡盼归之情。于是，刘光世让人铸造了一些带有"招纳信宝"字样的金银钱币。每次作战抓到金兵俘虏，都不杀害，发给他们这种钱币，对他们说："你们想要回家，只要带上这种钱币，沿途我们的部队都会放行。"金兵俘虏回营后，拿出这些钱币给同伴看。同伴们一见动了心，偷偷到宋营索要此钱，然后持钱逃回家。一时间，金兵士气涣散，逃走者不计其数。完颜昌下令严惩，仍然制止不住士兵逃走，最后只好拔营而归。

这些都是刘家无限风光的历史，而且历代相传，刘家后人对自己祖辈的敬仰之情如长江之水，无休无止。然而，历史上真实的刘光世又是怎样的作为呢？

刘光世虽然也是抗金名将，但是他和岳飞是不一样的。根据历史记载，刘光世作战中比较畏惧金军，每逢奉诏移驻前线，大多不奉诏而设法退避，且其治军不严，不少流寇、叛军乐于投附为部属，成为当时人数最多的军队。部队士兵的数量虽然最多，实际战斗力却不足后来居上的"岳家军"的三分之一。此外，刘光世常虚报军额，多占军费，作战时多不亲临前线而是坐守后方，以便逃跑。大臣们对他深为不满，但宋高宗考虑到南宋政权基础不稳固，刘光世所部仍是不得不依靠的军事力

量之一，因此不仅设法满足其后勤军需的供应，还不断对刘光世加官晋爵，以防止其部属溃散后复为流寇或投奔伪齐政权。

绍兴六年（1136 年）十二月，右相兼都督张浚奏："刘光世骄惰不战，不可为大将，请罢之。"而左相赵鼎则认为，刘光世"将家子，将率士卒多出其门下，若无故罢之，恐人心不可"。

绍兴七年二月，宰相张浚再次上奏："刘光世沉酣酒色，不恤国事，语以恢复，意气拂然，乞赐罢斥，以儆将帅。"四月，朝廷将刘光世罢为少师，其部隶属都督府。张浚此意在于直接控制左护军，以王德为都统制，郦琼为副都统制。

事实上，果然如赵鼎所推测，刘光世被降级后果然引起其部将郦琼等不少中低级将领的不满，郦琼直属部队虽只 5000 余人，但在他的煽动裹胁下，同年八月叛归伪齐的竟达 4 万人之多。刘光世行营左护军之前有 5.2 万多人，此时仅剩王德所部 8000 余人及零星部队。

朱熹在《朱子语类》中这样评论说："光世在当时贪财好色，无与为比，军政极是弛坏，罢之未为不是……"

明朝钱士升在《二十五别史》对刘光世也是批评有加："光世在诸将中最先进，驭军无法，不肯为国任事。"

此外，对于刘光世依附秦桧之举，也成为他本人的一个污点。据《宋史》记载："南渡诸将以张、韩、刘、岳并称，而俊为之冠。然夷考其行事，则有不然者。俊受心膂爪牙之寄，其平苗、刘，虽有勤王之绩，然既不能守越，又弃四明，负亦不少。矧其附桧主和，谋杀岳飞，保全富贵，取媚人主，其负戾又如何哉？光世自恃宿将，逗遛却畏，不用上命，师律不严，卒致郦琼之叛。迎合桧意，首纳军权，虽得善终牖下，君子不贵也。二人方之韩、岳益远矣。"

由此可见，刘光世虽然是南宋中兴四将之一，实际上却是个投机派，他抗金不肯用力，还结交力主投降的秦桧，但是这些并不影响他在朝廷中的地位，他的"丰功伟绩"和处事圆滑也足以掩盖自身的许多不足。

此后，南宋与金国时战时和，刘光世的军事生涯也几经起伏。到了 1141 年四月，南宋朝廷收了韩世忠、张俊、岳飞三大将的兵权；六月，

刘光世也被收兵权，罢为万寿观使，封"杨国公"。失势后，刘光世深感前途渺茫，无力回天，便携家眷来到青田县隐居，不问世事。

1142 年，岳飞以"莫须有"的"谋反"罪名，与长子岳云和部将张宪一同被杀害于风波亭。风光不再的刘光世看不透时局，深感前途迷惘，愁眉不展，也在同年年末郁闷而死，终年 54 岁，朝廷谥"武僖"，后追封"安城郡王"。

祖父义举

刘光世死后，他的光辉事迹渐渐成为刘氏家族最津津乐道和引以为豪的追忆，这份荣耀也给他的后人带来无限荣光。

失去了刘光世这棵大树之后，刘家便远离政权核心，几经迁居，渐渐沦为布衣，后代子孙唯有修身养性，祈盼某一天能重现祖辈的辉煌地位。世事变幻，刘家人始终没有等来报效国家的机会，渐渐走上弃武习文的道路。不过刘家骨子里存尚武精神，虽然隐居乡野做学问，但是豪气未失。

南宋灭亡后，元朝统治者为了巩固统治政权，打击潜伏在民间的反元力量，派出官员到各地收集情报，浙东道宣慰副使苟贴儿就这样被派遣到青田县调查反元义军的情况。这种调查本来就是做做样子，一般也不会有什么结果，谁知当地义军中竟出现了一个出卖战友的叛徒李熊，为了荣华富贵，他据实情拟了一份花名册献给苟贴儿。

花名册上数百人，其中大部分都是货真价实的反元义士和这个叛徒李熊要报复的仇人，此外还有一些是民间绅士。苟贴儿如获至宝，他赏赐了李熊，便拿着这份足以给他带来荣华富贵的花名册星夜启程，准备上报朝廷，请朝廷派大军予以镇压。

当苟贴儿路过武阳村时，借宿在刘伯温祖父刘庭槐的府里。朝廷来了大领导，尽管刘庭槐保持着亡国人的高傲，很不想接触苟贴儿，但却不得不款待他。酒席间苟贴儿掩饰不住内心的喜悦，言语中流露出花名册的事情。

刘庭槐不忍心看着众多义士赴难，决定兵行险招，他趁机将苟贴儿灌醉等待时机。苟贴儿醉酒后睡在刘府的一间祖屋，他的随从则住在其他房屋了。夜间，祖屋忽然失火，刘庭槐冒着生命危险将裸身而睡的苟贴儿从大火中救出，可惜刘庭槐的祖屋火势凶猛，扑救不及，最后被烧的只剩残垣断瓦。

火灾的原因很快查明，应该是床边的烛台倒了引燃了蚊帐，只有一个可能，就是苟贴儿睡梦中蹬倒了烛台所致。苟贴儿自知经常饮酒误事，这一次也不例外，装有花名册的包袱在大火里变为灰烬，所幸的是死里逃生，并对刘庭槐救了自己感激不尽。

大火焚毁了花名册，苟贴儿有些惊慌、恼怒，又无可奈何。第二天，他便返回故地寻找李熊重新索要花名册，可是李熊却拿着赏钱"失踪"了，推算下来李熊应该是被反元义士悄悄干掉了。

出了这个差错，苟贴儿也不敢声张，以免被上司知情后查办，此事便不了了之。然而，青田人刘庭槐智救反元义士的壮举还是悄悄流传开来，大家十分敬佩刘庭槐自烧祖产救义士的行为，认为此乃是行大善，积大德，日后刘家子孙必将因此善举而得到一场大造化。

学究老爸

时光飞逝，岁月悠长，善有善报的老调并没有实现，刘家的日子过得拮据却是事实。原有的庄院田产已经消失，一家生计全凭世代积攒的金银财物维持。有出无入的消费，即便是一座金山，也会被吃空。有钱人求生存，在封建社会里唯有买田置产一途，依靠地租生活，才能长保恒安。可是南田原有佃户大都置于钱、富几家大族卵翼之下，他们对新来的刘家还缺乏了解与信任。逐渐地，刘家的善举使其一跃成名，俨然万众拥戴的山乡新兴领袖人物，有些佃户们便把能赎的田转卖给刘家，总算让刘家有了一点安身立命的土地。

到了刘伯温的父亲刘爚这一代，他虽然饱读诗书，但是只在县里谋了个教谕（学官名，相当于教导主任，教育所属生员）的闲职，靠着教

学的微薄收入和田地收获养家糊口，生活水平勉强说得过去！

刘燩平日里讲道读书，怡然自适，他早已没有了豪情壮志，只盼着能有个聪明的儿子继承他的家学。他的大儿子慧根欠佳，不是做学问的材料。当得知夫人又怀孕后，他便期待这一次老天能赐给他一个惊喜。

产房喜讯终于传来，刘夫人又生了个儿子。刘燩抱着刚刚降生的孩子，将早已想好的名字公布出来——刘基。像所有传统观念强的父亲一样，他希望这个孩子能够根基稳固，将来出人头地，至少要超越自己的成就。

刘燩实乃一介书生，按照现在的说法，他是地方上一名分管教育的基层公务员，收入并不高，而且他的任职地是临近的遂昌县。遂昌县位于温岭的群山中，那里非但没有多少肥沃的耕地，还常有猛兽毒蛇出来害人。在那样一个经济凋敝的县里就职实属无奈，为了文人的那份尊严，他必须得坚持。

刘伯温的母亲姓富，是个远近闻名的慈母，她家学渊源深厚，是个难得的才女。和绝大多数勤劳善良的中国古代女性一样，这位母亲没有留下自己的名字，在嫁给刘燩之后，她就一直被称为"刘富氏"。说起富氏这个家族，在刘伯温的老家青田县可是名门望族，家族里最有名的莫过于北宋大词人晏殊门下的富弼。当时晏殊门前有一副对联"门前桃李重欧苏，堂上葭莩推富范"，说的便是晏殊门人中数一数二的四位人物：欧阳修、苏轼、范仲淹和富弼。在北宋时期，富氏家族声名显赫，富弼的孙子甚至进入了北宋枢密院。南宋、元朝时期，富氏家族势力减弱，到了刘伯温母亲的时代，富氏家族已经彻底衰落了，但是这个家族的斯文依旧存在，仍旧以读书为荣。刘伯温的母亲从小接受了良好教育，是个知书达理、温柔贤淑的女人。从这位身为贵族后裔的母亲身上，刘伯温学会了儒雅地与人交往，优雅地与人相处，淡雅地面对人生。

刘伯温幼年生活比较清苦，史载刘伯温长期体弱多病，四十岁便"齿脱头童"。童年、少年时期的刘伯温还经常参加家庭劳务与农活，这可从他众多著作中看出，他对农业生产非常熟悉，农事知识非常广

博。《郁离子·天地之盗》篇："公仪子谓鲁穆公"条以"治圃喻治国"，非常巧妙地道出了菜农的心态。如果没有亲身经历很难写出来的。

刘伯温自幼聪明伶俐、好学敏求、机灵过人，小小的年纪口才极好，自幼便表现出一副神童的样子。刘熵很满意，家里多了一个天才，他终于感觉到毕生的学识有了接班人，便制订了一个伟大的学习计划，从摇篮里就开始试行他的学霸养成的魔鬼课程。

刘伯温识字是他的父亲刘熵亲自为他启蒙的，识字后的刘伯温阅读速度极快，稍长几岁，"读书能一目十行"。四五岁时，刘伯温就被乡邻誉为"小神童"了。

刘熵是个有才华的文化人，却郁郁不得志，只好安贫乐道，老老实实地过日子，不求闻达于诸侯，只愿问心无愧于乡老。朱元璋曾在《永嘉郡公诰》中这样评价刘熵："刘熵身怀大才，却没有太大的官瘾，他只是致力于把自己的才华学问传授给他的儿子刘伯温，并教给刘伯温做人的道理，让刘伯温能够在行为上效法古人，在谋略上触类旁通（原文"皆遗训之功，力善之征也"），成为朝廷倚重、百姓景仰的谋臣。这都是刘熵教导有方的缘故啊！"

的确，刘熵的学问远远不如他的二儿子，但他是一个领路人，正是他领着年幼的刘伯温迈进了读书人的行列。更重要的是，他教会刘伯温许多做人的道理，而这些，刘伯温一生都会铭记。

苦读诗书

为了唤起刘伯温的家族荣誉感，刘熵经常给他回忆祖先的经历，无论是刘延庆血战西夏，刘光世抗金，还是祖父智救反元义士的壮举，都在刘伯温心里埋下了一颗忠肝义胆的种子，他开始明白有一种舍身叫视死如归，有一种力量叫足智多谋，有一种智慧叫急流勇退，有一种自保叫告老还乡。来自父亲、母亲两个家族的印记让刘伯温成长为一个拥有儒雅的气质、深厚的学养、正直品格的少年，也成就了他四两拨千斤的谋略和外圆内方的为人准则，作为"学二代"，父亲对他的言传身教比

任何金银珠宝的作用都大，让他受益匪浅。

刘伯温的少年英雄梦由此开启，他被家族的铁血豪情所折服。虽然青田刘氏家族传到刘伯温的时代已经辉煌不再，但是家族事迹让刘伯温感受到金戈铁马的壮士情怀。这些刘家故去的荣耀，也是青田刘家最为自豪的往事，这也是当年刘熽最爱给刘伯温讲的故事。尽管刘家已经不再习武，以读书为荣，但他军人世家的铁血基因在刘伯温的身上传承着。作为军人世家的后代，不研习兵书怎么可能？在父亲的指导下，刘伯温熟读家里所藏的兵书，还会和大人们展开某个战役的讨论，其见解惊人、良策频出，让人刮目相看。

父亲有文化，又懂教育，刘伯温几乎是在书堆里长大的，从小博览群书。刘伯温九岁的时候，就能够有模有样地和成人展开辩论，并能引经据典令人折服。除了出色的家庭教育，还有刘伯温自身的天赋，他有一个超强大脑，不仅可以过目不忘，还擅长逻辑推理和数理分析。

古人读书，大多是死记硬背，谁的基本功扎实，谁就能脱颖而出。刘伯温的记忆力与生俱来，相信让他背诵圆周率小数点后 100 位数字也不是什么难题。这个自小就被众人誉为"神童"的天才越发地优秀，那份自傲也许就是源于祖辈的辉煌和自身出色的天资。

在刘伯温的故乡，至今仍有这样一个传说，相传年少的刘伯温因为聪明，读书时耍小聪明，不肯用苦功。有一段时间他沉醉于嬉戏玩耍，无心读书。先生拿出《荀子·劝学篇》给他，要他读一百遍。刘伯温只读了一遍，就能背个八九不离十，再读一遍，就能背个只字不差。先生叫他再读，刘伯温就烦了。先生便拿出孔子的教喻"学而时习之，不亦说乎""人不知而不愠，不亦君子乎"以及"学而不厌，诲人不倦"等教育理念来教导刘伯温。刘伯温当面诺诺是听，过后还是收不了心，先生很无奈。

传说有一天，刘伯温去溪边游玩，突然传来棒槌击打之声，循声望去，只见溪边堆积着如小山般的衣物，一名少女正槌槌洗洗。只听那少女口中飘出美妙动听的歌声：天下没有浣纱，人间哪有衣暖身。没有百温不厌者，哪有高深学问人。铁杵磨针为至理，问君攻书可专心？

刘伯温听罢歌声，心中涟漪顿起，渐渐地满脸通红，愧疚之情一阵一阵涌来，随后小跑着回到学馆书房去读书。从此，他再也不放松学习，常常通宵达旦，勤奋读书。

十二岁时，刘伯温考中了秀才。泰定元年（1324 年），刘爚觉得自己再也没有什么学识能够教给儿子了，于是决定送刘伯温去处州路括州（也称处州，今浙江丽水）的高等学府求学。就这样，十四岁的刘伯温入郡庠（即府学）读书，学习《春秋》。

《春秋》记载的是春秋时期的鲁国史，但是记载的史料不全，内容从公元前 722 年开始，到公元前 481 年就结束了，鲁国历史却是从公元前 1042 年到公元前 256 年。所以北宋宰相王安石说，《春秋》是"断烂朝报"，就是陈旧、残缺，没有太多参考价值的历史文献。

的确，大名鼎鼎的《春秋》记载的内容本来就是粗枝大叶的，经过孔子编辑后，后人看着才有点像历史文献了，其实也是孔子按照自己的意图刻意修订的惩恶扬善的思想道德课本。孔子在书里面没有直接说哪些是恶的，哪些是善的，而是把"褒贬"藏在文字里。这种遮遮掩掩、指桑骂槐、声东击西的文字游戏，就是我们今天所说的"春秋笔法"。

这是一部隐晦奥涩、言简意深的儒家经典，诘诎聱牙，很难理解，尤其初学的童生一般只是捧书诵读，实际上不解其意。刘伯温却不同，他学起来津津有味，不但能随口复述《春秋》内容，还能有独到的个人见解，不人云亦云，经常发出与众不同的声音，令人耳目一新。他的老师何清臣对此大为惊讶，十分佩服，称道："真是奇才，将来一定不是个平常之辈！"

刘伯温读书勤奋用功，而且喜欢习作，他当年的习作《春秋明经》共计 40 篇，就收在《诚意伯文集》之中。这些文章皆在 800 字左右，最短也不短于 500 字，和我们一篇小议论文的字数差不多，短小精悍，而且每篇文章富有见解，皆为心血之作。

除了学习《春秋》和程朱理学外，刘伯温还对诸子百家、天文、兵法等类型的书爱不释手。这些书籍其实他早年时就曾涉猎，现在只是在

新老师的讲解下，重新温习而已。就这样，在名师的指导下，刘伯温的学识迅速增长，小小的括州城已经挡不住他的光芒了。

求学问道

泰定四年 (1327 年)，刘伯温十七岁了，在老师何清臣的极力推荐下，他离开了府学，转而师从括州名士郑复初开始系统地学习程朱理学，接受儒家通经致用的教育。

郑复初，玉山（今江西玉山县）人，延佑年间进士（也是元朝首开恩科的第一批进士），曾任德兴县丞，处州录事，颇有政绩，后来因遭诬构离职，郁郁寡欢而病故。

郑复初是一位"精通伊洛之学，望重当世"的饱学之士，被"四方从之者号为'四经师'"。郑复初一生弟子众多，除了刘伯温之外，他还有一位赫赫有名的弟子——施耐庵（《水浒传》的作者）。年长的施耐庵后来和刘伯温同榜中了进士，两人也算是有缘。

在郑复初的教导下，刘伯温的思想体系日渐丰满、圆润，他逐渐蜕变为一名刚正峻烈、"雄迈有奇气"、读书致用的年轻有为之士。

在一次拜访刘伯温的父亲时，郑复初赞扬说："您的祖先积德深厚，庇荫了后代子孙；这个孩子如此出众，将来一定能光大你家的门楣。"

郑复初只教了他一年多的时间，刘伯温就转学至青田石门洞的石门书院求学了。因为刘伯温从郑复初那里学到了理学的主旨后，开始走上自我剖析、自学成才的道路。此时的刘伯温已经成为有头脑、有见识的青年才俊，他诸子百家无一不窥，尤其对天文地理、兵法、算术更有特殊爱好，潜心钻研揣摩，十分精通，让郑复初自愧不如。

石门洞位于青田县西北75里的瓯江南岸，为天下名山三十六洞天之一。自江右弥望，其地双峰对峙，俨若门户；四周山崖拱卫，宛如城郭。荡一叶扁舟蜿蜒而入洞门，行里许，即抵银潭。洞背千丈飞瀑直泻而下，似银河直落九天。飞瀑随风飘洒，瀹蒙作雨状，近视如烟云聚散，有气无质，习习生寒。逢雨水充沛之时，隔江即可闻见其

訇然之声。瀑布之下有喷雪亭、气泉亭、银河万古亭，崖壁镌刻及碑勒题咏甚多。

刘伯温在石门洞闭关修炼，苦读五年，终于悟出了一番大道理，后来他事业有成，便有了种种关于他在石门洞读书的美丽传说，如《国师鱼》《六月笋》等。连瀑布银潭边上的青石板也成了"国师床"，到清朝康熙年间，石门书院亦改称"诚意读书堂"了，成为供后人瞻仰的遗存。关于他在此处"修仙练气""得道成仙"的传奇故事就更多了，刘伯温被神化成了一位神仙。

事实上，刘伯温石门洞的勤学苦读非常清苦，他饮食单一，衣着朴素，凭借顽强的毅力坚持着。年少多才，指点江山，意气风发，在紧张劳顿的习业之时，刘伯温不失少年本色，他常和同窗好友到好溪之畔、少微山麓的紫虚观游览，并与观中道士吴梅涧成为挚友，他们谈古论今，昂扬激辩，恰如棋逢对手，惺惺相惜，结成了忘年之交。

吴梅涧，名自福，字梅涧。幼时好清静，父母谓其有仙风道骨，稍长即入紫虚观从叶邦彦为道士，研读《道德经》《黄庭经》诸经。天师正一真人授其号为"崇德清修凝妙"法师，玄教宗师也称其为教门高士，金阑紫衣，主领紫虚观事达五十年之久，非常有才华。

博学多才的刘伯温和他的同学每至观中拜访，同样醉心于诗书的吴梅涧便放下道事，束带同游，结束后还一起登看速舫，酣饫畅叙，在河边喝酒赋诗，乐此不疲。

为此，刘伯温曾作《题紫虚道士晚翠楼》一诗记录此事，诗曰：晚翠楼子好溪南，溪水四围开蔚蓝，微阴草色尽平地，落日木抄生浮岚。岩畔竹柏密先暝，池中芰荷香欲酣。闻说仙人徐泰定，骑驾到此每停骖。

在与吴梅涧的方外之契中，刘伯温不自觉地受到了道家"无为"思想的熏染，那种脱离尘世烦扰，在大自然中修养的观念逐渐影响到他的内心。括城读书后不久，刘基因患眼疾（视力模糊，也可能是其他眼睛疾病）甚至有过归遁入道的念头，他在《送龙门子入仙华山辞并序》中有这样的回忆：龙门先生既辞辟命，将去入仙华山为道士，而达官有邀止之者，子弱冠婴疾，习懒不能事，尝爱老氏清净，亦欲作道士，未

遂。闻先生之言则大喜，因歌以速其行，先生行，吾亦从此往矣，他日道成为列仙，无相忘也。

此辞序为刘伯温成年所作，仍勉力支持好友龙门子为方外羽客，并意欲"吾亦从此往"，以"成为列仙"，他对道教的倾爱与吴梅涧的影响不无关系。多年以后，刘伯温被后人塑造成道士形象，和他与道教、道家思想的亲密接触，穿着用度模仿遵行无不有很大关系。

奇门遁甲

之后的一次偶然的探秘之旅，刘伯温无意间闯入一个新世界，在探访了程朱理学故里——徽州（今安徽黄山市）的时候，他得知歙县南乡的六甲覆船山（主峰搁船尖）有一本天书传世，便探秘覆船山，发现这里竟然隐藏了一个完整的明教小社会，他不仅找到了《奇门遁甲》这本"天书"，而且还结识了一大批明教圣者。

《奇门遁甲》是中华民族的经典著作，也是奇门、六壬、太乙三大秘宝中的第一大秘术，是易经最高层次的预测学，号称"帝王之学"，又为"夺天地造化之学"，是论天体、人和地球运动规律的科学巨著，而地球的磁场秘密就隐藏在奇门遁甲之中，进而可使掌握这一学说的人能够揭示宇宙间事物发展变化的自然规律，最为深奥，也最为精确实用。

奇门遁甲，是中国古老的一种术数，是一门珍贵文化遗产。太极八卦图"奇门遁甲"的含义是由"奇""门""遁甲"三个概念组成。"奇"就是乙、丙、丁三奇；"门"就是休、生、伤、杜、景、死、惊、开八门；"遁"即隐藏，"甲"指六甲，即甲子、甲戌、甲申、甲午、甲辰、甲寅，"甲"是在十干中最为尊贵，它藏而不现，隐遁于六仪之下。"六仪"就是戊、己、庚、辛、壬、癸。隐遁原则是甲子同六戊，甲戌同六己，甲申同六庚，甲午同六辛，甲辰同六壬，甲寅同六癸。另外还配合蓬、任、冲、辅、英、芮、柱、心、禽九星。"遁甲"就是九遁。九遁包括：天遁，地遁，人遁，风遁，云遁，龙遁，虎遁，神遁，鬼遁。

奇门遁甲的占测主要分为天、门、地三盘，象征三才。天盘的九宫有九星，中盘的八宫（中宫寄二宫）布八门，地盘的八宫代表八个方位，静止不动，同时天盘地盘上，每宫都分配着特定的奇（乙、丙、丁）仪（戊、己、庚、辛、壬、癸六仪）。这样，根据具体时日，以六仪、三奇、八门，九星排局，以占测事物关系、性状、动向，选择吉时吉方。

根据古今图书集成记载：奇门遁甲起源于四千六百多年前轩辕黄帝大战蚩尤之时。传说黄帝得到了仙女赠送的一本天篆文册《龙甲神章》，龙甲神章除了记载兵器的打造方法之外，还记载了很多行军打仗遣兵调将的兵法，据传有兵法十三章、孤虚法十二章、奇门遁甲一千零八十局。民间传说此书后来经过周朝姜太公，秦末黄石老人传到张良，张良把它精简之后变成后来的奇门遁甲，开始流传于民间。据传，刘伯温所研读的就是奇门遁甲类的奇书。

不过，如今奇门遁甲的绝大部分内容都遗失了，仅存的讲解和使用方法如"奇门像意反推法，奇门遁甲思维导图"等知识也仅作为一些爱好者的乐趣而已，没有实际用处，其精髓和价值早已经隐没在历史的长河中，不为今人所知了。

刘伯温的虚心好学和出众才智，使他在徽州学成和掌握了丰富的奇门斗数知识。不仅如此，刘伯温还结识了许多明教教徒，了解到明教的诸多教义，在他的心里留下了对明教徒的初步理解和接纳。

明教正式名称为摩尼教，又作牟尼教，发源于古代波斯萨珊王朝。摩尼教约于公元六至七世纪传入我国新疆地区，复由新疆传入漠北之回纥，而盛行于该地。唐代宗大历三年（768 年），应回纥之请，于江淮等地建立摩尼寺。唐武宗会昌五年（845 年）灭佛时，摩尼教亦遭严重打击，转而成为秘密宗教，并吸收道教及民间信仰，从而改称明教。

明教因相信黑暗就要过去，只有造反才会赢得大明王的下凡，光明才会来临，因此屡有反政府之举。明教在北宋时期进一步和中国本土文化结合起来，成为下层人民和江湖人士对抗朝廷的斗争形式，由于明教长期受到朝廷压抑，行事极为诡秘，有时也为江湖正义人士所误解，比

起一般的江湖人士，明教徒面临着更大的压力，因此反抗朝廷也更坚决，在历史上几次掀起大的波澜。

第一次是北宋末年，方腊利用明教组织群众，举行了声势浩大的起义，震动东南半壁河山。《水浒传》上写道：方腊在六甲灵山设置了完整的"五府六部"明教社会。

在武侠小说中，由于金庸的名著《倚天屠龙记》写到明教和朱元璋，使明教蜚声一时，成为武侠的文化形式中秘密教派的一个典型。

刘伯温在明教小社会里得到了历练和收获，他满心欢喜，回家后凭借"奇门遁甲"手段，偶尔操练一下，帮人掐指算个卦，求个签，请个神等，或有应验，便在家乡有了名气。乡邻们传来传去，大家开始说他有姜太公、张良、诸葛亮之能，有经天纬地之才。

除了研究奇门遁甲之类的神秘学说之外，刘伯温还研读了很多中国古代的兵论、兵法、兵书、战策、战术等一系列的军事理论学说，诸如《六韬》《孙子兵法》《三略》《尉缭子》《李卫公问对》《历代兵制》等著作，他都认真刻苦钻研过。

刘伯温不甘心成为父亲那样的隐者，他要有一番作为，以便报答苍生，他一心准备赴元大都（今北京）参加会试，出人头地，造福苍生。

可是，仕途坎坷，刘伯温又是人中翘楚，"木秀于林，风必摧之"的古训依旧存在，满腹才华的他自然难逃这个官场潜规则，从决定奔赴元大都赶考的那一刻起，他便步入坎坷曲折、跌宕起伏的痛苦人生。

第二章　国之栋梁

刘伯温睥睨天下学子，在元大都会考中发挥出色，成为众人艳羡的新科进士；经过四年的漫长等待，他终于迎来了官场首秀，可是他面对的现实却是残酷的……

国际都市

那个时候交通不发达，儒生奔赴大都赶考得提前一两个月动身，距离远的甚至提前三个月或者半年，以便在举业上与同道者有更广泛、深入的切磋，亦可利用此段时间经人引荐去拜谒元大都的硕儒、名师、高官等，做些考前"名师导读"之类的公关工作。

青田与元大都远隔千山万水，非一时半刻能抵达，所以刘伯温至少在至顺三年（1332 年）年底就应该和青田老乡叶岘（青田富川人）、徐祖德（青田石帆人）一同启程赴京城会试去了。年轻人结伴而行，互相激励，一路上吟诗作对，对月饮酒，好不热闹。

当风华正茂、志在必得的刘伯温风尘仆仆地伫立在元大都的繁华街头时，他的内心无疑是空前震撼的。

大元帝国富有四海，普天来朝。元帝国当时的疆域：北到北冰洋沿岸（包括西伯利亚大部），东北至外兴安岭（包括库页岛）、鄂霍次克海，南到南海诸岛，西南包括今西藏、云南，西北至今中亚，全国划分为由中书省所直接管辖的首都附近的京畿地区（即今河北、山东、山西

及内蒙古部分地区）、由宣政院（初名总制院）所管辖的吐蕃地区（今西藏），以及10个行中书省（分别为陕西、辽阳、甘肃、河南、四川、云南、湖广、江浙、江西、岭北行中书省）。此外，元帝国还有众多藩属国，比如高丽、锡金、不丹、缅甸、安南、占城、爪哇等国，其中高丽王朝与缅甸蒲甘王朝还是两个直属的藩属国，分别建立征东行省与缅中行省。不仅如此，元帝国还是钦察汗国、察合台汗国与伊儿汗国等三大汗国的宗主国，其势力远远蔓延到欧洲地区，成为横跨欧亚的一个超级帝国。

一路行来，刘伯温不仅被元朝空前辽阔的疆域所折服，更是被车水马龙的元大都风采所征服。元大都是一座开放性的国际大都会，来自天南海北，说着各种语言的外交使节、传教士、商贾、雇佣军人、匠人与工程师、自助旅行者等纷纷云集。

《马可·波罗游记》一书中这样写道："每个城郊在距城墙约一英里的地方都建有旅馆或招待骆驼商队的大旅店，可提供各地往来商人的居住之所，并且不同的人住在不同的指定的住所，这些住所又是相互隔开的。例如一种住所指定给伦巴人，另一种指定给德意志人，第三种指定给法兰西人……每当有外国专使来到大都，如果他们负有与大汗利益相关的任务，则他们照例是由皇家招待的。"

通过马可·波罗的回忆可以发现，元大都在规划中十分注意促进商业的发展和民居的配套，所谓的时尚会所、星级酒店、使馆区、外贸市场、米市、面市、鱼市、鹅鸭市、缎子市、皮帽市、金银珠宝市、铁器市等，自然还有妓院、赌馆等固有场所，这些在元大都时期就普遍存在了。

整个大都还有完善的城市系统、发达的给排水系统，水涵洞、下水道一应俱全，无论下多大的雨，元大都都不会内涝。元大都创立了中国封建社会后期都城的规范。它三重城垣、前朝后市、左祖右社，有九经九纬的街道和标准的纵街横巷制的街网布局，成为宋以来城市发展的总结，在中国都城发展史上占有重要地位。

置身大都，处处人声鼎沸，人来人往。各个民族、各个国家、不同

语言系统与宗教信仰的人们远道而来，拜谒面圣，那种万国来朝的盛况无法用语言来描绘。

世界范围的几大古老文明，像河流一样在元大都交汇、碰撞，使得元大都成为当时世界经济、文化交流的中心。成吉思汗及其后裔征服了东自中国、西抵多瑙河畔的大片土地，不仅扩大了版图，而且扫清了沿途各国边境线的障碍，疏导了东西方的交通，恢复了自西汉以来的响彻驼铃与洒满花雨的丝绸之路，这条路成为源源不断地为元大都提供营养的脐带，元大都仿佛是一个世界商品展销会的大舞台，又是一座凝聚文明成果的国际大都市。

"凡是世界各地最稀奇最有价值的东西也会集中在这个城里，……凡有值钱的东西也要运到这里，以满足来大都经商而住在附近的商人的需要。这里出售的商品数量比其他任何地方都要多，因为仅马车和驴马运载生丝到这里的，每天就不下千车……在都城的附近有许多城墙围绕的市镇。这里的居民大多依靠京都为生，出售他们所生产的物品，来换取自己所需的东西（《马可·波罗游记》）。"

元大都是元帝国管理天下的中心，为了方便管理广袤的国土，自忽必烈时起，元就已开始行汉法，建立了一套以传统中央集权作蓝本的政治体制，例如设立了中书省和司农司等一系列专司机构，使用汉人的统治机构来统治人民，并在朝中任用了大批儒臣，包括刘秉忠、姚枢、许衡等。元大都就是在刘秉忠等人的设计、规划下建成的。此外，大元还建立了儒户这个户籍来保护和优待汉族的读书人。

这些不过是表象，元朝统治者骨子里却担心自己被汉化，因此对汉文化并不是很推崇，像辽国、金国与西夏以及后来的清朝等王朝，他们为了提升本族文化，积极的吸收中华文化，逐渐被汉化，然而元朝统治者对汉文化不甚积极。他们主要是维护本身文化，同时采用西亚文化与汉文化，并且提倡蒙古至上主义，来防止被汉化。例如他们提倡藏传佛教高过中原的佛教与道教，在政治上大量使用色目人，儒者的政治地位其实并不高，而且元朝建立后很长时间没有举办科举的实际行动。一些汉人进入朝廷只是凤毛麟角，那是为了安抚汉人做做样子。

元朝统治者这种故步自封、排斥异己的行为让宋朝遗民极为不满。在元初，汉人就分成了合作派与抵抗派。

合作一派是华北儒者如耶律楚材、杨奂、郝经与许衡等人，他们主张与蒙古统治者和平共存，认为华、夷并非固定不变，如果蒙古统治者有德行，也可以入主中原。他们提倡安定社会，保护百姓，将中华的典章制度带进蒙古族，以教化蒙古人。

抵抗派是江南南宋遗民的儒者，如谢访、郑思肖、王应麟、胡三省、邓牧、马端临等人，他们缅怀南宋故国，坚持气节。在无力起义反元的大形势下，为了抵抗元廷，他们采取隐遁乡里终生不愿意出仕的方式，以著述书籍为业，将个人思想化为书中主旨，影响了很大一部分汉人儒者。

这两派的代表人物针锋相对，各自著书立说，发展到最后迫使元帝国不得不做出回应。

金榜题名

到了元朝中后期，皇帝更换频繁，权臣猖獗，政治腐败、财政困难、国势不隆，民间暗流涌动，反元势力和思潮日渐增多。在这些因素的助推下，元仁宗（孛儿只斤·爱育黎拔力八达）意图求变，他锐意变革，推行了一些利于缓和民族矛盾的措施，来平衡汉人、南人（南方的汉族人）精英人士的不满。

元仁宗皇庆二年（1313 年）十月，当时的中书省官员上书，称"科举事，世祖、裕宗累尝命行，成宗、武宗寻亦有旨，今不以闻，恐或有沮其事者。夫取士之法，经学实修己治人之道，辞赋乃摘章绘句之学。自隋、唐以来，取人专尚辞赋，故士习浮华。今臣等所拟，将律赋省，题诗小义皆不用，专立德行、明经科，以此取士，庶可得人！"

中书省官员极力建议皇帝重开科举，不过范围比隋唐时代缩小了，只有德行、明经二科。为了广揽人才，元仁宗立即准其所请，实行延祐复科，恢复科举，以便吸引汉人中的精英为元朝所用，并颁下一道诏书。

这位有作为的皇帝在诏书中说:"唯我祖宗,以神武定天下。世祖皇帝设官分职,征用儒雅,崇学校为育材之地,议科举为取士之方,规模宏远矣。朕以眇躬,获承丕祚,继志述事,祖训是式。若稽三代以来,取士各有科目,要其本末,举人宜以德行为首,试艺则以经术为先,辞章次之,浮华过实,朕所不取。爰命中书,参酌古今,定其条制!"

消息传出,立刻引发轰动,这让天下众多苦读诗书的汉人有了晋升的途径和机会。

延祐二年(1315 年),元帝国首次开科取士,以后三年一次,直到元亡。元朝共举行了十六次科举考试(简称"元十六考"),考中进士者共计 1139 人。此后,元统治者也适应形势,开始尊崇孔子,并将儒家学说中的"程朱理学"定为大元的官方思想。刘伯温就是在这样的大背景下成为大元帝国的一名进士的。

在元统元年(1333 年)的科举考试中,刘伯温在大榜上排名第二十六名,在汉人、南人榜上排第二十名,前六名自然是地位高高在上的蒙古人和色目人了。即便是这样的结果,也足以让刘伯温欣喜若狂了。

刘伯温发挥出色,两篇文章都写得极为精彩,受到主考官的一致好评。所幸的是,刘伯温在这次考试中的两篇大作均保存在《诚意伯文集》中,估计是考试结束后他凭借超绝的记忆力重新誊写的,从中我们可以饱览其精妙的文采,现在选其中几句与大家一起欣赏。

其中有一篇抒发胸怀的文章叫《龙虎台赋并序》,刘伯温在《龙虎台赋并序》中发自肺腑地说:"我真是碰上了好时候,遇到的当今皇帝是绝无仅有的圣人(慨愚生之多幸,际希世之圣明),所以,我如果真的能考中,必然为皇上和祖国效尽浑身力气,百死不悔。"可见,此时的刘伯温对元朝统治者十分尊崇,文中歌功颂德,极力表现忠诚,他希望成为皇帝的得力臣子,为大元奉献终生。

而另一篇彰显其文化功底的《春秋义》,则是刘伯温多年研读《春秋》的结果,可以说驾轻就熟,许多书中记录的历史年份和些许数据手到拈来,其超强的记忆力在此文中可见一斑。文中表示了对楚国不守王

道、好用武力的强烈不满，同时对《春秋》一书明华夷之别以及对楚国称谓的变化均做出了详细的分析。从文中数据运用之丰富、材料列举之全面来说，很难让人相信这是一篇在考场上的短时间内完成的作品，倒更像是把平时的作文又默写了一次，最多做点局部调整。他总结道：《春秋》谨华夷之辩，楚则中国之变于夷者，故上不使与诸华等，下亦不使与夷狄均，来则嘉其慕义而接之以礼，强则罪其猾夏而威之以刑，圣人之情见矣。

刘伯温的观点让主考官耳目一新，对他的文采很是折服，这个年轻人为昏昏欲睡的元大都文坛带来了一股无比清凉之风，成为考场上的一匹黑马。

最终，刘伯温不负众望，取得了进士功名，还有幸得以上朝觐见大元皇帝，开了眼界，这让他有了位及权臣的极度渴望。

富有天下的元帝自然有开天辟地、降龙伏虎之霸气。元大都对于历代元帝而言，是御辇之所在，坐镇其中，可以雄视天圆地方、山清水秀："居天下之中，以号令四方。"甚至在召见臣子的过程中，元帝也很讲究这种君临天下的自我感觉："不论大汗坐在哪一殿堂之上，总要依照一定的惯例。他的桌子安放得比别人的高出一大截。他坐的位置是在大厅的北端，面孔朝南，他的正妻坐在左首。右侧坐着他的儿子和侄儿们，在座的也有其他皇室成员。这些人只是坐得更低，低到他们的头与大汗的脚处于同一水平线上。其他一些王侯们坐在更低一些的桌子旁。大汗的侄儿们的夫人和其他一些女眷坐在大汗右侧较低的桌旁，再下面便是王侯武士们的女眷，每人都坐在大汗为他们指定的位置。这样设置桌子，是为了皇上能够看到所有的在座者，看到每个人……"（《马可·波罗游记》）

和所有科举及第的汉人、南人考生一样，刘伯温十分感谢天子的恩宠和召见，愿为元廷尽忠。此时处于热血青春时期的刘伯温开始在多个场合阐述他的政治谏言，大多是提倡皇帝及朝廷勤政爱民、廉洁公正、任用贤才。可惜这些表达忠心和志向的誉美之辞只能落在语言交流上，元帝根本无法得知他的锦囊妙计，他的政治意图很难在现实中实现。

圈粉无数

不过，刘伯温的才华，还是让他得到了许多前辈的赏识。当时的著名学者程钜夫和卢集都很喜欢这个勤奋踏实的年轻人，成为他忠实的粉丝。

揭傒斯（元朝著名文学家、书法家、史学家；《辽史》《金史》《宋史》三史的总裁官）十分欣赏刘伯温。揭傒斯的姓和名都很怪，但他是如假包换的汉人，他还有个名字叫曼硕。他年轻时在南方颇受当地政府官员的重视，后来到大都就任，由于他的文章和诗词写得绚丽多彩，元朝皇帝和附庸风雅的大臣们都崇拜他，并且在他高级官职之外特意安排他当皇室成员的老师。正因为揭傒斯才华出众，受人敬仰，所以他也是这次科举考试的主考官。

揭傒斯很重视人才的培养和使用。丞相脱脱曾问他，这个时代治理国家应该先把切入点放在哪儿，揭傒斯沉默了片刻，就像电影《天下无贼》中的黎叔一样，抬起头望着天空，十分虔诚地回答了两个字——"人才"。

揭傒斯在主修辽、宋、金三朝的历史时，脱脱又跑来问他修史该以什么为根据，揭傒斯面无表情地说的还是那个中心："用人为本。"可见，揭傒斯对人才的渴望和甘于做伯乐的奉献精神。

相传，在见过刘伯温之后，揭傒斯就对他的老朋友们有了这样一番点评："（刘伯温）此魏征之流，而英特过之。将来济时器也。"

刘伯温当时仅仅是个23岁的进士，揭老先生就将其与唐初名相魏征相提并论，甚至还说他比魏征更优秀，这实在是评价太高了。揭傒斯的点评让刘伯温大名不胫而走，成为元帝国一颗耀眼的政坛新星。

不过，慧眼如炬的揭傒斯不无忧虑地说："刘伯温这人看上去很孤傲，言语极少，正是这样的人，才会严苛，对自己对别人都持一种评价标准，将来在仕途上肯定要吃亏。"人们都把注意力放在了揭傒斯先前关于刘伯温神似魏征之流的点评上，却忽略了他其后的肺腑之言，相信刘伯温也没有在意他的善意提醒。事实证明，刘伯温之后的仕途正如揭傒斯所言，极为坎坷，也许这就是智者的先见之明吧！

　　此次科举，同为青田籍的叶岘、徐祖德也发挥出色，和刘伯温一并得中进士。逗留在元大都期间，他们和来自各省的会试新朋，一起赋诗论学，饮酒畅谈，多次醉里挑灯看剑，梦回吹角连营，真是谈笑间了却君王天下事，只为赢得生前身后名。虽然这群来自天南海北的年轻人相识时间不长，但已"高谊薄九霄"，遂成知己。他们在元大都里每天都意气风发，结交达官贵族，为自己的前程谋划。

　　这群新科进士在元大都踌躇满志，文章写了一大堆，朋友交了一大群，却想不到，等待他们的竟然是另外一个结果。榜揭之后不久，前6名高中进士的蒙古人和色目人都披红挂彩地上任去了，但是这些汉人、南人进士还在候补状态中，因为没有实缺官职空出，朝廷无法立即安排这些汉人、南人进士的工作岗位，只好将他们先行打发回家听候通知。

　　刘伯温等人忿忿不平，却百般无奈，最后只好同辞京门。众人在酒馆里聚集，怆然惜别，各各裁诗相赠，以表念念悠情。

　　天下没有不散的筵席，当繁华散尽，酒尽曲终时，众人相互抱拳，道声珍重，各归故里。

排队补缺

　　这怪不得刘伯温等人运气不好，而是元帝国的人才选拔机制出了严重的体制问题。

　　元末士人叶子奇在其笔记《草木子》中，给我们描述了这样一幅元末社会的官场情景："元朝末年，官贪吏污。始因蒙古、色目人惘然不知廉耻之为何物。其间人讨钱，各有各目，新属始参曰拜见钱，无事白要曰撒花钱，逢节曰追节钱，生辰曰生日钱，管事而索曰常例钱，送迎曰人情钱，勾追曰赍发钱，论诉曰公事钱。觅得钱多曰得手，除得州美曰好地分，补得职近曰好窠窟，（官吏们）漫不知忠君爱民为何事也。"

　　当然，这种官场的黑暗景象并非元末才有，实际上自始至终贯穿于整个元代，只不过发展到中后期，社会矛盾终于积累到不可遏制的程度。

政治上自不必讲，元朝"四种人"的划分是毫无遮掩的民族压迫和人权压迫。元朝政府没有组织过任何形式的民族成分辨别活动，只是将具有不同民族特征的人含混地划分为四个等级：第一等蒙古人，为元朝的"国族"，蒙古统治者称之为"自家骨肉"；第二等色目人，包括阿拉伯人、波斯人（花拉子模人）、突厥人、粟特人、吐蕃人等，其中波斯人比例较高，被称为"自家亲戚"；第三等汉人（又称汉儿），概指淮河以北原金朝境内的汉族和契丹、女真等族，以及较早为蒙古征服的云南人，及最晚为蒙古征服的四川人，高丽人也属于这一等，地位比较低；第四等南人（又称蛮子、囊加歹、新附人），指最后为元朝征服的原南宋境内（元时江浙、江西、湖广三行省和河南行省南部）各族，因为南人曾经激烈反抗元军，因此被剥夺了几乎所有的权利，社会地位处于最底层。由此可见，汉人、南人博个功名难度很大。

在官场上，元帝国从中央到地方各级官署的实权多数操在蒙古人、色目人手中。中央最高行政机构中书省的丞相，通常"必用蒙古勋臣"，色目人仅个别亲信得任此职。忽必烈初年曾以史天泽和蒙古化的契丹人耶律铸为丞相，其后即严令规定"不以汉人为相"。次于丞相的平章政事亦多由蒙古、色目人担任，一般不授于汉人。各行省丞相、平章的任用亦同此例。所以，刘伯温等汉人、南人不能补实缺，根本原因就在这里，科举考试只是做做样子，汉人、南人进士是锦上添花的存在，目的是安抚天下民心而已。

政治地位上的不平等也造成了汉人性命的廉价。元朝统治者曾下令：蒙古人因争执殴打汉人，汉人不得还手，只许向官府申诉，违者治罪。法律中还规定：蒙古人因争执及乘醉殴死汉人，只征烧埋银，并断罚出征，无需偿命；汉人殴死蒙古人则要处死，甚至打伤蒙古人也处以极刑。这种高低贵贱的身份差别，将蒙古人至于无法无天的地位，对汉人、南人丝毫没有怜悯和同情心。这些都加剧了社会矛盾，只要有一颗火星，整个汉人、南人群体就会燃起熊熊烈火。

此外，元朝统治者还对汉人、南人进行严密的军事防制。元统一后，即以蒙古、探马赤军镇戍河洛、山东，据全国腹心重地，"与民杂

耕，横亘中原"，以监视汉人；江南地区，则遣中原汉军分戍诸城及要害之处，与新附军相间，借以防范南人。同时，严禁汉人、南人执把弓箭和其他兵器。为防止南人造反，甚至禁止江南农家用铁禾叉。此外，对汉人、南人祈神赛社、习学枪棒武术以至演唱戏文、评话等，都横加禁止或限制，以防他们聚众闹事，而蒙古、色目人不在禁限之内。

元朝统治者对汉人、南人的防控可谓达到了严密监控的程度。施行如此残暴而无人性的统治，元朝表面繁荣强大，其实危机四伏，大有山雨欲来风满楼之势。

回到家乡之后的刘伯温没多久便接到了朝廷发来的干部任命通知书，他被委任为江西瑞州高安（今江西高安市）县丞一职，相当于一县之长的助理。

可是，原瑞州高安县丞还在其位上，他也在等着补缺，他要就任的岗位上的那个官员还没离任，于是他就赖在县丞这个岗位上不走，真是一个萝卜一个坑！按照官场惯例，刘伯温还需要耐心等待原县丞离任后才能接任。从这一点可以看出，元帝国对汉人、南人中的杰出人才根本就不重视，所有的官位都人满为患，汉人、南人基本失去了升迁的机会和空间。

等待补缺的刘伯温经常在家乡附近的州县访学，和一群文人谈论诗词歌赋，激辩为政之术，每日里忙得不亦乐乎，等着可以就任的消息。谁也没有料到，他这一等就是四年，每天赋闲在家，无法为民请命，报效君王，只能冷眼旁观元朝的乱花迷眼之局。

就在等候补缺的这几年中，刘伯温奉父母之命成亲了，新娘是他的表妹，也是他的母亲富氏家族的直系亲属。他的母亲认为刘家的子女就该和他们富家的子女成婚，这叫亲上加亲。而他的父亲也认为，刘家的男人就该和富家的女人结婚。事实上，刘家和富家的婚配已经持续了九代，刘伯温没有理由拒绝。那个时代，很盛行亲上加亲这样的婚姻模式，如姑表亲、姨表亲等。婚后的刘伯温很宠爱他的妻子，两个人相敬如宾，诗词歌赋自然也有许多唱和。

男人成了家就多了一份担当，一份责任，成婚之后的刘伯温更加稳重老成，他留起了胡子，一副仙风道骨的样子。正所谓才子佳人，英俊潇洒的刘伯温一生娶了三位老婆，在那个时代这个数量并不算多。

忧国忧民

家事和睦，刘伯温心思沉稳了许多，可是国事依然迷雾重重……

此时在位的元顺帝已经任命权臣伯颜为太师、中书右丞相。当时有亲信阿鲁辉特穆尔向元顺帝进谗言："天下事重，宜委丞相决之，庶可责其成功。若躬自听断，则必负恶名。"意思是让丞相代替皇帝决策。本来就没有实权的元顺帝便顺水推舟，从此深居宫中，凡事皆由丞相伯颜做主，而己无所专焉。

元顺帝其实应该称元惠宗，后来，乱世枭雄朱元璋起兵剿灭群雄、南征以及北伐大都时，元惠宗均不做积极抵抗，最后仅带部分家眷逃往上都，后又逃至应昌，因为他没有部署大规模的军事对抗，明朝史官认为他顺应天意，故在明朝史书中都以元顺帝称呼元惠宗。本书则采用明史的这个说法，也称其为"元顺帝"。

元顺帝是个皇权斗争的幸运儿，童年时他曾被驱逐到高丽的平壤（今朝鲜半岛）生活，少年时又被移到广西的桂林监管。因为太皇太后卜答失里的垂青才有机会继位，当时右丞相伯颜的势力很大，实际控制着朝政，和太皇太后针锋相对，元顺帝则是他们交锋的碰撞点。元顺帝左右为难，生怕一不小心就丧了命，为了活命，他只能处处隐忍，这却让他的政治生命长青，共在位 37 年，是元朝统治全国的最后一位皇帝，也是后来败逃到蒙古草原后北元的第一位皇帝。

元顺帝于至顺元年（1333 年）继位后，江浙一带发生严重灾异，饥民遍地，朝廷不仅不救灾，反而加紧监控，防止民变。孰料，广西瑶人不甘被欺凌，率先发动起义，攻陷了贺州（今广西贺县）。元廷震怒，大发河南、江浙、江西、湖广及八番军前往镇压，从此大规模的农民起义开始出现，隐隐然有干戈四起之势。

元统三年（1335 年）六月，左丞相腾吉斯及其弟塔剌海（亦称塔

剌海）对伯颜熏天的权势再也看不惯，两个人商议除掉贪婪残酷的伯颜。他们找到时为皇后的亲妹妹答纳失里寻求帮助。答纳失里是个女流之辈，听到两位哥哥的计划后，不敢参与，掩耳而跑，希望避开这场祸事。

塔剌海说："妇道人家只可与其共富贵，不可与其共患难，还是咱哥儿俩干吧。"腾吉斯应道："说干就干。"于是，两人准备兴兵造反，但不知哪个环节出了差错，起兵计划泄露，伯颜迅速调集重兵剿杀。腾吉斯在乱军中很快被杀，侥幸活命的塔剌海无处可去，跑到皇后宫中求救，躲在皇后座下避难。

伯颜十分放肆地命令士兵搜宫，搜出了塔剌海。当着皇后的面，伯颜砍了塔剌海的脑袋，还气势汹汹地质问皇后。皇后面无人色，颤声向自己的丈夫元顺帝求情，元顺帝不敢庇佑自己的妻子，反而斥责她："你兄弟谋逆，你也不是好东西，我不杀你，但肯定要废了你。"元顺帝将自己的皇后交给伯颜处理，伯颜丝毫不给皇帝面子，将皇后直接处死。

元顺帝丢卒保车，牺牲了皇后，保住了皇位。此后，右丞相伯颜再无顾忌，专权日甚。十一月，伯颜谏言改年号，元顺帝当即允许，改年号为"至元"。

混乱的朝局传到刘伯温的耳中，他既为元顺帝抱不平，又对伯颜的行为感到愤怒，为这个国家没有铁肩担道义的良臣猛将感到羞愧。他期待着早日步入仕途，用自己的青春热血报效国家。

第三章　初涉仕途

　　刘伯温性如烈火，上任伊始，便立志要用自己的热血来
涤荡这个黑暗腐朽的官场，可是事与愿违，他在仕途上很快便
遭遇到严重的打击……

临行宴饮

　　至元二年（1336 年），经过数年的注官守阙、等待铨选后，26 岁
的刘伯温终于时来运转。不知道连着他这条线上的哪个官员病死了，或
者老死了，也可能是被杀了，终于有一个岗位空了出来，牵一发而动全
身，所有候补的官员都依次挪了个窝，升了一级。

　　刘伯温终于迎来了他的仕途之旅，他信心满满地奔赴工作岗位，准
备大显身手，成就一番事业。即将走马上任的消息传出后，余阙等一批
同道好友远道而来为他送行。

　　欢送宴会在一家豪华的"大酒店"举行，宾朋满座，气氛十分热
烈。余阙还特别写就《送刘伯温之江西廉使（得云字）》一诗，来歌颂
这件喜事。诗云：

　　　　祖帐依山馆，车盖何缤纷。使君驱驷马，衣上绣成纹。
　　　　中坐陈绮席，羽觞流薄熏。情多酒行急，意促歌吹殷。
　　　　况我同乡友，同馆复离群。初阳丽神皋，遥望澄远氛。

回镳望双阙，五色若卿云。苍茫岁年徂，东西歧路分。

道长会日远，何以奉殷勤？惟有凌霜柏，天寒可赠君。

余阙，字廷心，一字天心，唐兀氏，合肥人。余阙与刘伯温乃同榜进士，彼此间的交情自然非同一般。通过余阙的诗，我们对刘伯温赴任之前的情形有了大概的了解。诗题称刘伯温为"廉使"，是一种礼貌用语，并非确指。可以看出，刘伯温坐拥香车宝马，身着华服，意气风发，众人对刘伯温赴任还是非常艳羡的，也许"苟富贵，勿相忘"之类的话都说了不少。"苍茫岁年徂，东西歧路分"一句显然是余阙难舍故友，对仕途颇有感概而发。"惟有凌霜柏，天寒可赠君"这句话既是对刘伯温的勉励，也是对刘伯温高尚人格的一个写照。

这次聚会在刘伯温心中留下的印象很深，多年后他还对此追忆颇多。

沿途见闻

秋风萧瑟之际，刘伯温与父母辞别，带着家眷从家乡青田启程。一行人途经丽水、松阳、龙游、安江、衢州、沙溪、铅山、戈阳、洪都（今江西南昌）直至高安。

一路上，刘伯温即景抒怀，赋诗甚多，大有现在的人们一路走一路发"微博"之态，诸如《发龙游》《早行衢州道中》《弋阳方氏寿康堂》《发安仁驿》等诗便是此时的佳作。

这些诗忠实地记录了刘伯温的途中见闻和心灵历程，为我们还原了当时旅途中的情景。从他的诗中，我们可以看到他的内心经历了从火热、期待，到渐渐降温、惆怅的一个复杂变化。

在《发龙游》诗中，刘伯温豪迈地写道：

微飙献轻凉，客子中夜发。

秋原旷无际，马首挂高月。

草虫自宫商，叶露光可撷。

狭径非我由，周行直如发。

扬鞭望南天，晴霞绚闽越。

    刘伯温在凉爽的季节出发，有时候披星戴月，有时候骑在马上踏着黎明前的露水行走。他以诗明志，坚信自己的政治抱负和品行气节，并不会因元代后期贪浊的环境而同流合污，而是要在仕途之中砥砺名节。"狭径非我由，周行直如发"，就是刘伯温用以明志的最强音。

    这首诗既是自勉，也是向他的亲朋故友、老师、同学等表达即将上任内心的喜悦。虽然这些诗词不能立刻送到亲朋好友手中，但是有专事送信的信使为他效劳，传递着相互的消息。在诗的末尾，刘伯温说道"扬鞭望南天，晴霞绚闽越"，勾勒出一副优美的画面，灿烂的霞光映照着大地，诗人一家享受着旅途的愉快，也思念着远处的亲人。

    且行且歌，是刘伯温赴任时的最大特点。在《早行衢州道中》一诗中，他如同游山玩水的旅行家，发表着旅行感言：

草际生曙色，林端收暝烟。

露花泫啼脸，风叶弹鸣弦。

农家喜铚艾，行歌向东阡。

大道无狭邪，平原多稻田。

客行良不恶，敢曰从事贤？

    野草横生，渐进秋黄，沿途农户家中飘出的炊烟显示着温馨的生活，即便落叶飘落，在诗人耳中也犹如音乐一样动听，"露花泫啼脸，风叶弹鸣弦"，处处诗情画意。刚刚踏上旅途的刘伯温看到的还是歌舞升平，沿途农家欢喜，平原多稻田，一副丰收在望的景象，这让他对赴任充满了信心，发出"客行良不恶，敢曰从事贤"的质问，大有开创一番事业，一心一意为老百姓服务的决心。

    看的出来，刚刚踏上行程的刘伯温春风得意，而且心境有如清风朗月，对前途充满希望和憧憬。

经历了四年的蛰伏，刘伯温的思想体系更加纯熟，他既对元政府抱以期望，同时又对社会的不公平很不满，他很渴望在工作岗位上一展抱负，将毕生的才华奉献出来。虽然官场黑暗，他坚信自己可以出淤泥而不染，做一个清官、好官。和许多涉世未深的年轻人一样，他的内心纯净，对成功充满渴望，对未来充满自信。

可是，随着行程的深入，刘伯温看到了越来越多的丑恶现象和民间疾苦，这让他的心情也随之糟糕了起来。

青田到高安六百多公里，那个时候长途奔波只能坐马车或者驴车，没钱的只能步行了。因为有家眷同行，刘伯温乘坐的是马车，有仆人牵着马前行，其实和步行的速度是一样的。他每天早起动身，傍晚投宿，一天少则四五十公里，最多也就六七十公里，在行程上就需要十几天的时间。这让刘伯温更加深刻地感受到老百姓的疾苦。

连年的征战以及数次浩劫，许多汉人生活尤为悲惨，南方人口锐减，大部分良田也变成了荒地，昔日衣冠之邦尽显蛮荒之相，残垣断壁到处都是，还有很多荒废的村落。

蒙古人问鼎天下后，不仅"继承"了宋、金留下来的大片"官田"和"公田"，把战争中死亡人户的有主土地划为"官田"，还强行侵夺当地汉人、南人正在耕种的良田，收为"公田"。然后，慷慨至极的蒙古大汗和皇帝们很快把这些田地分赐给宗王、贵族以及寺庙。这些奴隶主领主，各拥赐地，俨然是独立王国的土皇帝，大的"分地"（蒙古贵族在"赐田"以外还有"分地管辖权"）可广达方圆三千里，户数可达二十万之多。由于"分地"有免役特权，寺庙又免纳租赋，最后一切沉重的负担，均转嫁到所谓的自由民身上。

可是，拥有大量土地的蒙古贵族不喜欢定居的生产生活方式，许多土地被他们故意抛荒，使之成为梦想中的草原故乡，以供蒙古人放牧之用，这造成无数汉人无田可耕，无粮可吃，饿死无数。即便是沦为佃户的汉人，也处于朝不保夕的境地。

元朝的佃户与前后朝代最大的不同在于他们可以被田主整家整家地随意典卖，他们所生的后代男为奴仆女为婢，完全是农奴制的一种另类

表现形式。即使在大罗网中星星点点分散些少量的自由民，仍旧被元朝沉重的徭役和赋税压得喘不过气来。无奈之下，他们常常又跌入另一种万劫不复的深渊：向官府以及与官府勾结的色目人借高利贷，即骇人听闻的"翰脱钱"（元朝时官商发放的高利贷）"。

这种高利贷的利息有个很好听的名字——羊羔儿息，一锭银本，十年后即飞涨至一千零二十四锭。在此情况下，自由民的破产与逃亡，成为元代社会的常态。

刘伯温的家乡比较富裕，自由民数量多一些，他们辛苦一年，收获的粮食可以满足生活之需，偶尔放放歌也是苦中作乐，然而其他的地方却是另一番景象，稻田大多是蒙古贵族和有功之臣以及寺庙的，百姓孤苦，饥不果腹，在贫寒中挣扎活着。沿途建驿站、铺道路、开漕运的所有这些"方便出行之举"，无不是建立在剥削汉人、南人的基础之上。刘伯温沿途看得越多越能体会到民间疾苦。从他此后写就的诗词渐渐沉郁的基调中，我们可以看到他无端生出许多忧虑，愁肠百结。

在《发安仁驿》一诗中，刘伯温描绘的不再是收获的金秋时节，也不是霞空万里的浪漫美景，而是一幅秋雨霏霏、客愁纷纷的画面：

> 鸡鸣发山驿，天黑路弥险。
> 烟树出猿声，风枝落萤点。
> 江秋气转炎，嶂湿云难敛。
> 伫立山雨来，客愁纷冉冉。

"鸡鸣发山驿，天黑路弥险"显示出诗人一大早就启程，还刻意描绘天黑路弥险，似乎对未知的前途略有担忧。"江秋气转炎，嶂湿云难敛"这句诗更是勾勒出他的忧国忧民的心曲。刘伯温的担忧不是没有道理，候补的这几年，农民起义的点点星火已经在广东、河南、四川等地燃起，各种社会矛盾正在激化。"伫立山雨来"，此时的刘伯温也许预感到了山雨欲来风满楼之势，他不想让这些事情搞乱自己的心情，便委婉地说"客愁纷冉冉"，借助旅客的愁绪抒发内心的情感。

刘伯温可能还没有意识到，元帝国正走向没落，时代已经开始呼唤新的英雄救民于水火，像他这样的能人志士就是为这个纷乱的时代准备的，他的历史使命就是顺应民意，用自己的一腔热血完成这个伟大的改变。

然而，此时的刘伯温同大多数热血青年一样，把对现存朝廷的忠诚作为济世拯民的情怀。他也许认为自己可以为这个混乱的时局带来某种程度上的良性转变，尽管心情忐忑，他还是按期抵达了高安县。

高安首秀

江西瑞州高安，原是古三苗活动之地，春秋时属吴国，越灭吴后归越，战国时楚灭越后又属楚。公元前223年，秦灭楚后，高安属九江郡。汉高祖时改九江郡为淮南国，遂属淮南国豫章郡。高安建县始于汉高祖六年（公元前201年），取名"建成"。建成县管辖的范围相当于今高安、上高、宜丰、万载四县（市）全境和樟树市一部分。北宋绍兴十三年（1143年），建成县改名高安郡。到了元代，高安郡则称高安县。

高安县是一个拥有三万户以上人口的上等县，位于赣江支流锦江的中游，为瑞州路治所。城郭踞凤山，面锦水。锦水之南曰南城，锦水之北曰北城。

高安县署在凤山之东，不过很破败，一副年久失修的模样，预示着这里缺少生机。一脸严肃的县尹（一县的长官，相当于县长）很客气地接待了这位年轻的老进士，对他嘘寒问暖，刘伯温将准备的家乡土特产等礼物奉上，这让县尹很满意。殊不知，这些礼物都是刘伯温并不想准备的，只是碍于时俗，不得已而为之的！

刘伯温初登仕途，品秩甚低，只是八品官。县丞之上，尚有顶头上司县尹，还有"草包老板"达鲁花赤（蒙古语，原意是掌印者，掌管地方行政和军事大权，大多世袭而不学无术，是县里名副其实的"太上皇"）这个大领导。

刘伯温给自己不断加劲，他十分珍视这一施展自己政治才华、实现政治抱负的机会。作为一名初进官场的热血青年，刘伯温雄心勃勃，极力想干出一番事业。在旅途中所作《铅山龙泉》一诗中，他这样说道："何当扬湛冽，尽洗贪浊肠。"由此可见，他立志要做一个清正廉洁的官吏，还对贪官污吏无情鞭挞。

上任伊始，刘伯温和县尹坦诚相见，将心里对工作的构思和盘托出，不仅有工作指导方针，还有整体工作方向，不但对自己提出严格的要求，对官场的不正之风也极尽纠偏，他还作《官箴》上、中、下三篇以自勉自律。其上篇云：

> 治民奚先？字之以慈。有顽弗迪，警之以威。
> 振惰奖勤，拯艰息疲。疾病颠连，我扶我持。
> 禁暴戢奸，损赢益亏。如农植苗，蚤夜孜孜。
> 涝疏旱溉，无容稗秕。如良执舆，顺以导之。
> 无俾旋泞，强策以驰。慈匪予爱，帝命溥时。
> 威匪予憎，国有恒规。弱不可陵，愚不可欺。
> 刚不可畏，媚不可随。无取我便，置人于危。
> 无避我谤，见义不为。天鉴孔昭，民各有思。
> 惠之斯怀，推之乃离。誉不可骄，器恶满欹。
> 谤不可怒，退省吾私。人有恒言，视民如儿。
> 无反厥好，以暴予知。是用作箴，敢告执羁。

仔细诵读这篇《官箴》，它恰如刘伯温的就职演讲，他把民放在了首位，提出"治民奚先？字之以慈"的观点，他希望这些可以成为今后的工作准则，对老百姓怎么扶持农耕，怎么惩罚懒惰，如何执行法律法规，如何洁身自好等都有详尽的阐述。虽然其中对君、民关系，仍囿于传统观念，但仍可看出刘伯温是一位正直有为、具有民本思想的政治家，这也是他一生为官的行为标准。他的气节难得一见，而且这不是故作高雅，而是发自内心的诉求，显示出了良好的个人素质和非凡的才干，这在高安官场可谓是一股清风，显得鹤立鸡群。

同僚们从交谈中发现，刘伯温谈吐时意象飞动，气势豪放，论政时

骋议驰辩，理正辞严，才华横溢，果然是国家栋梁之材。刘伯温短时间内就熟悉和接管了自己的工作，对县里的时政经常有独到的见解，并能独当一面，不辞辛苦，解决了许多历史遗留问题。

刘伯温尽情地彰显着自己的才干，殊不知树大招风，他的言行已经引发某些人的不满。

身不由己

起初，县尹对刘伯温很器重，不过很快就对他的言行举止表示不满，认为他书生气太浓，完全不接地气。最令县尹和达鲁花赤难堪的是，刘伯温经常不顾及诸多同僚以及上司的颜面，挖自家墙脚，做官不想着怎样守住摊子，多捞些钱，反而总想着为老百姓做事，这让县尹和达鲁花赤很不舒服。没多久，刘伯温就被同僚打上"此人不可交心"的烙印，被孤立起来，得不到重用。

刘伯温初入官场，仅凭初生牛犊不怕虎的热情做事，处处受到其他人的冷遇，此时的他心智并未完全成熟，一心要办几件有利于民生的事情，内心的痛苦可想而知。初到高安时，虽然他的官职不高，但毕竟也是个领导，自然就有人对他献媚，同僚之间也互相吹捧，称兄道弟。刘伯温认为这些人都很好，但一提出要办几件实事或者是提高部门工作效率时，他便发现自己寸步难行，在林林总总的借口、托词和踢皮球之中，他所有的工作计划都变成了纸面上的文章，完全是空谈。他渐渐发觉，那些和自己关系友好的同僚总是悄悄议论自己，就像看着可怜虫一样看着他孤独地表演。

刘伯温在他的《行路难》中对这种诡异的人际关系的评价是：政治场和官场中的友谊是绝对靠不住的。人际关系上的恶化让他显得力不从心，也对官场有了厌恶。

瑞州路下辖两县一州，除高安县外，还有上高县和新昌州（今江西宜丰）。高安与临江县（今江西清江）比邻，临江社会治安状况很差，时有恶人恶事牵连到高安的治安。刘伯温在《送伊克纽尔（月忽难）明

德江浙府总管谢病去官序》中借题发挥，激愤地说：

> 余昔宦游高安，高安与临江邻。临江故多虎狼之卒，凡居城郭者，非素良家，咸执鞭以为业。根据蔓附，累数百千辈，以鹰犬于府县。民有忤其一，必中以奇祸。官斥弗任，则群构而排去之。狱讼兴灭，自其喜怒。有诉于官，非其徒为之所，虽直必曲；获其助者，反是。百姓侧足畏避，号曰"笳鼓"。人莫解其意，或曰："谓其部党众而心力齐也。"余每闻而切齿焉，无能如之何也。

文中记载：临江县的"虎狼之卒"和鹰犬相互勾结、结党营私、沆瀣一气、为害一方。刘伯温对此十分气愤，他想抓捕这些为非作歹的恶人，无奈临江不归属他治理，虽然切齿之愤，实则无可奈何。临江如此，由此亦可推想包括高安在内的整个瑞州路的社会治安状况都不会好到哪去。

县尹和达鲁花赤等人对刘伯温的愤慨之情心知肚明，他们非常想排挤走刘伯温，却抓不住他的把柄，就隐忍不发，等待良机。别说，机会还真的出现了。

新昌州有桩人命官司，初审业已裁定结案，而原告不服，上诉至瑞州路。因为此案的原告乃地方豪强，而被告一方为蒙古人，所以谁也不愿去接这样棘手的案子。县尹等人立刻察觉到这是个天赐良机，便提请瑞州路总管抽调年轻有为的刘伯温复审此案。瑞州路总管对刘伯温的能力和胆识早就有所耳闻，当即准许。

刘伯温一向对恶势力"每闻而切齿焉"，因此并不推让，痛痛快快地接受了这一案件的复审。他不畏强御，取证调查，秉公执法，还真把案子翻了过来，导致初审官被革职，被告方被法办。其结果自然是得罪了初审官和被告一方，当然也损害了当地蒙古当权者的利益。为此，高安、新昌两地的豪强势力联手状告刘伯温，欲置之于死地，幸亏"上下咸知其廉平，卒莫能害也"。

刘伯温在高安如履薄冰，稍有不慎就会被人垢污，但是他依旧奉

行"大路不平有人铲"的原则，不肯放弃原则。这么一来，刘伯温就成了官场中的异类。据黄伯生为其写就的《行状》（叙述死者世系、生平、生卒年月、籍贯、事迹的文章，常由死者门生故吏或亲友撰述，留作撰写墓志或史官提供立传的依据）记载：刘伯温任高安县丞，"以廉节著名……发奸摘伏，不避强御。为政严而有惠爱，小民自以为得慈父"（《神道碑铭》亦有类似记载）。

刘伯温的确保持了一个廉洁奉公、执法如山、不徇私情、不畏权势的"廉吏"形象。民间文学作品中至今传诵着他以"除恶安良"为题材的惩治贪污腐败官吏、公正断案、为民申冤做主的廉政小故事，为他赢得了"刘青天"的美名。

可是，再好的官也难敌官场黑暗，刚正不阿的刘伯温终于发现元末官场的黑暗，他有了切身的体验，同僚的掣肘，豪强的猖獗，不法分子的横行，使他感慨良多。内心的烦恼无处发泄，他只能将思绪寄托在字里行间，五年后，他曾创作一首诗回忆这段岁月："我昔筮仕筠阳初，官事窘束情事疏。风尘奔走仅五稔，满怀荆棘无人锄。"

刘伯温的一句"满怀荆棘无人锄"，留下了锄恶未尽的遗憾和对窘束官场的失望。这一声叹息，既是对自己无能为力的感慨，也是对元帝国的腐朽表达了担忧。五年的基层工作经历对刘伯温来说就是一场噩梦，让他见识到官场行路之难。

不过，刘伯温还是收获了一些人间温暖，在高安的五年中，他结交了许多才华横溢的朋友，这让他聊以慰藉。在"卓荦多豪英"的"西江大藩地"，他和李燿、郑希道、黄伯善兄弟等成为挚友，他们经常在一起做诗填词，赠答唱和，留下许多佳作。

刘伯温写了一首《寄江西黄伯善兄弟》，表达自己对这些朋友的感情：

> 我思美人，乃在洞庭之阳，彭蠡之阴。冲波亘天三百里，离恨比之应更深。扬澜咆哮左蠡怒，白日惨惨玄猿吟，欲往从之愤余心。鼋鼍黿鼍，不可以驾风掀掀兮雨淫淫。望庆原之飞

烟，邈匡庐之高岑。霞标日观蠡南斗，石门双阙撑敬崃。虹旌
兮翠羽，昌容兮凤凰，舞菝衣兮苣襟，玉笙吹兮紫鸾音。望不
见兮悲莫任，江水湛湛愁风林。西来文鱼曾到海，愿寄笔札逾
兼金。

　　刘伯温将内心的不快写成文章，与知心朋友共享，这些诗词缓解
了他的压抑和不安，在朋友的劝谏和寄情于诗文歌赋中，他不断地修复
受伤的意志，顽强地坚持自己的理念，不肯同流合污，力求出淤泥而不
染。虽然刘伯温处处谨记自己的做人原则，但毕竟是宦海沉浮，而"宁
知乖圆方，举足辄伤趾"，在实际工作中他还是举步维艰，幸好遇到这
些志同道合的知心朋友，即便和他们别后二十余年，刘伯温还与他们
"梦中相见道旧好""觉而忆其人，不知今存与亡，因记其诗属为词，以
写其悲焉。"可见，高安的官场经历对他的刺激程度之深，以致若干年
后依然午夜梦回，难掩当时的落寞与孤愤之情。
　　虽然很想在官场大展拳脚，但是刘伯温却很不得意，几番受到同僚
垢污之后，不免产生有志难酬的愤感，进退维谷。

省城召唤

　　至元六年（1340 年）春，身心有些疲惫的刘伯温还在权衡这个基
层岗位是否值得留任时，却被突然免去了高安县丞之职。
　　当一纸免职书递到他面前时，刘伯温不禁为之感慨，继而愤懑，这
黑暗的官场简直就是一场噩梦。他自幼即研习儒道思想，很多观念都受
到儒道的影响，其中儒家积极入世、兼济天下的思想驱使着他一定要融
入这个社会，为民谋福利，所以他才沿着科举的道路奋勇迈进。当他以
进士身份到高安上任时，大有"海阔凭鱼跃，天高任鸟飞"的盖世情
怀。他就像一只暴风雨中的海燕，在高空与风雨搏击，不畏雾晦海激，
强烈的济世之志成为他秉公执法、施展才华的主要精神支柱。虽然在仕
途上经受了秉公办案而受诬构，说直不阿而与幕官不合之后，他还是信

守自己的名节，在贪浊的官场上傲然独立。

可是，这个意料之外的免职对他来说犹如晴天霹雳，太过于刺激了，刘伯温顿感心灰意冷，挫折感十分强烈，多年以来对道家思想的探索很快便主导了他的一切，他产生了极强的避世念头，开始萌生退隐之念。

刘伯温和家人一边开始收拾行囊，一边和多位故友辞别宴饮。酒席间，他谈到了回归故里，隐居力学，壮游山水的想法。他的好友也多有支持他的人在，这更加坚定了刘伯温的信念。就在他行囊收拾完毕，雇了马车准备离去之时，一个橄榄枝从省城向他递了过来。

行省大臣是个热心肠的人，他识文断字，颇有文采，素知刘伯温的能力和为人，当他听闻刘伯温被免职的消息之后，觉得这样的年轻人不该退隐到田间地头，做一个农夫或者林中夫子，所以他非常愿意提携这位才能出众的优秀基层干部，想将他调到省城洪都（今江西南昌），改任行省职官掾史，他便在自己的职权范围内提拔刘伯温。

采菊东篱下，悠然见南山。刘伯温虽然很想仿照陶渊明那样，不为五斗米折腰，回归田园，凭借自己的学识研究学问，弄菊种菜，鸡黍糟酒，也能生活的不错。可是，当行省大臣的邀请函摆在桌案时，他的心又乱了。

此处不留爷，自有留爷处！高安抛弃了他，省城却邀请他，这让刘伯温忽然又有了面子。

失之东隅，收之桑榆。刘伯温对这个结果还算满意，至少在省城，还有更高层面的领导欣赏自己，证明自己并非一无是处。刘伯温按捺着激动的心情，给行省大臣回了一封信，表示感谢，同时告知自己的贵人，自己一定会欣然前往。

刘伯温宦游高安仅五个年头就被迫离开，虽然也有同僚同情他，但是没有人愿意前来为他饯行，他的离任还是很凄凉的。人面不知何处去，桃花依旧笑春风。一个好官走了，留下的同僚依旧把酒言欢，在那样的官场，太认真就是自取灭亡。他们都不看好刘伯温的仕途，那个行省职官掾史的岗位简直就是一个鸡肋。至于为何是鸡肋，其原因我们在后文再详谈。

刘伯温离开高安之际，他的好友郑希道却启程赴京师谋职了，一个职位高升，一个被逼出局、高开低走的刘伯温不无感慨地写了《梁甫吟送郑希道入京》一诗为其送行：

　　　　老翁生长平原里，
　　　　但见平原路如砥。
　　　　谓言路平无崄巇，
　　　　车轮不摧马如飞。
　　　　今日驱车上梁甫，
　　　　回头却忆平原路。
　　　　梁甫吟，愁我心。

　　《梁甫吟》是有来历的，它是古代用作葬歌的一支民间曲调，据记载其音调悲切凄苦，让人愁肠百结，不过曲调失传已久，早已无人会唱。宋郭茂倩《乐府诗集》就收有诸葛亮所作一首《梁父吟》，写春秋时齐相晏子"二桃杀三士"之事，通过对死者的伤悼，谴责谗言害贤的阴谋。自从诸葛亮首唱《梁父吟》以后，有太多能人志士继其后尘反复吟颂，抒发内心的感慨。

　　让《梁父吟》的寓意更加彰显的唐代诗人李白，他写作了《梁甫吟》一诗，显然也是袭用了诸葛亮那首诗的立意，以表现其内心抱负不得实现的悲愤，让"梁甫吟"的寓意更加深入人心，其诗云：

　　　　长啸梁甫吟，何时见阳春？君不见，朝歌屠叟辞棘津，
　　　　八十西来钓渭滨。宁羞白发照清水，逢时壮气思经纶。
　　　　广张三千六百钓，风期暗与文王亲。
　　　　大贤虎变愚不测，当年颇似寻常人。
　　　　……
　　　　力排南山三壮士，齐相杀之费二桃。
　　　　吴楚弄兵无剧孟，亚夫咍尔为徒劳。

梁甫吟，声正悲。

张公两龙剑，神物合有时。

风云感会起屠钓，大人臲卼当安之。

李白这首也有"力排南山三壮士，齐相杀之费二桃"之句，是向诸葛亮致敬，诗大概写在李白"赐金放还"，刚离开长安之后。诗中抒写遭受挫折以后的痛苦和对理想的期待，以及对人生价值的追求，全诗意境奇妙，气势磅礴，纵横跌宕，变幻惝恍，淋漓悲壮，堪称乐府诗的名篇。

李白在诗中末尾处大发感叹：梁甫吟啊梁甫吟，心事重啊声音悲，古之名剑——干将和莫邪什么时候可以相合呢？那时候就会天下无敌，我什么时候才可以与皇上风云际会呢？那时候天下将平安无事。等待吧，安心地等待，等待最好的时机！李白坚信，正如干将、莫邪二剑不会久没尘土，我同"明主"一时为小人阻隔，终当有会合之时。既然做过屠夫和钓徒的吕望最后仍能际会风云，建立功勋，那自己也就应该安时俟命，等待风云感会的到来。饱经挫折的诗人虽然沉浸在迷惘和痛苦之中，却仍在用各种办法自我慰藉，始终没有放弃对理想的追求。

刘伯温此时的心绪和李白当年极为相似，所以他也借用这个典故直抒胸臆，其诗中最后一句"梁甫吟，愁我心"，更为凄厉激越的感情抒发，令情感的宣泄戛然而止，显示他此时心情极不平静。他诗的文字显得平平无奇，犹如一个老翁在那里絮絮叨叨，可是它的意境却变幻多姿：时而语浅意深，明白如话；时而杳冥惝恍，深不可测。加上语言节奏的不断变化起伏，将诗人强烈而又复杂的思想感情表现得淋漓尽致。

高安五年的基层工作，对于刘伯温的从政实践来说，是不可或缺的，同时，也使他体味了人生的磨难和仕途的艰辛。即便在如此艰难的官场中，他在当地百姓心目当中还是留下了极好的印象。翻阅《高安县志》卷八，可以查到关于刘伯温的记载，"名宦"谓其"丞高安，以廉节著，发奸摘（tī）伏，不避强御，为政严而有惠，百姓安之。"刘伯温清正为官的高风亮节，在当地百姓心中留下了难以忘怀的记忆，并为后世所景仰，这也是他一生自我修养和人生追求的目标。

民变四起

　　走出高安县城之后，刘伯温数次回首观看自己奉献了五年青春的高安县城，在治理高安的这五年间，也是元王朝逢源变幻的五年。全国多处地方灾异频繁，民不聊生，百姓生活困顿。此外，权臣伯颜弄权，大肆挤压汉人的生存空间，甚至十分野蛮地奏请皇帝杀绝汉人张、王、刘、李、赵五姓，幸因元顺帝不想背负万世骂名，拒绝了这个提议，加上其他大臣的反对而未果，否则真不知道结果会怎样？

　　伯颜的放肆激起了民愤，大元版图内，又有明教信徒"棒胡"发动反元起义。

　　棒胡，元末河南农民起义首领，陈州（今河南淮阳）人，姓胡，名闰儿，自幼苦练武术，善于使棒，因称"棒胡"。棒胡以烧香聚众，起义于信阳州（今信阳），自称"李老君天子"，置弥勒佛小旗、紫金印、量天尺等，颇有些神幻色彩，聚拢起很多崇拜他的信徒，他率义军先破鹿邑，再攻陈州。辘轴李、棒张等相继起兵响应，大有一呼百应之势。可惜的是，棒胡行军打仗没有策略，只凭一腔热血，次年就为元将庆童所败。

　　不久，合州大足县韩法师（与刘福通共创白莲教法坛，为师兄弟，堪称元末白莲教的祖师爷）大举起事，自称"南朝赵王"；惠州归善县（今广东惠州）民聂秀卿也编造了自己是神仙在人间的弟子等迷信说辞，然后招揽信徒，大造军器，奉戴甲为"定光佛"起义反元；随后，袁州民明教徒周子旺起事，称"周王"，并改年号，天下震动；紧接着，漳州路南胜县民李志甫起事，围漳州，攻龙溪；开封杞县人范孟端杀平章等官起事……

　　一时间，大元朝的土地上兵戈四起，小规模起义、暴动遍及全国，事态有些失控，百姓翘首以待，坐看元帝国顾此失彼。元廷大惊失色，连续诏发江浙、江西、湖广等省兵前往征讨，几番恶战，残酷地镇压农民起义。

　　在天灾人祸的迫害下，农民成群地离开土地，武装起义相挺而起。由于各自为战，没有形成统一的战斗力量，这些起义全都被剿灭了，不

过在这些起义中，明教的声威和教旨教义却流传得更广了。

棒胡和周子旺都属于明教的忠实信徒和骨干力量，在金庸先生的《倚天屠龙记》小说第十九章中这样写道：

> 只听彭莹玉道："说不得，我早就说过，单凭咱们明教之力，蒙古人是赶不了的，总须联络普天下的英雄豪杰，一齐动手，才能成事。你师兄棒胡，我师弟周子旺，当年造反起事，这等轰轰烈烈的声势，到后来仍然一败涂地，还不是为了没有外援么？"

乱世出英雄，时代正在呼唤一个强悍而有力的领袖挺身而出，来号令天下，到底谁才是统帅群雄，领导各路义兵完成这个伟大使命的人呢？彼时还是一个迷！

刘伯温对这些起义不屑一顾，他虽然和明教有过交集，但是并不认为那些人会和自己再有瓜葛，他的目标是元大都，是朝堂，成为国家重臣！他做梦也想不到，元帝国会被农民起义推翻，更想不到自己会成为元帝国的掘墓人之一。

民间百姓接二连三造反，这让朝廷中的一些有识之士开始有所醒悟。在外部因素的强力助推下，朝廷政局终于有了重大变故，至元六年（1340年）二月，也就是刘伯温离开高安之前，元顺帝和伯颜的侄子脱脱联手，将伯颜以"不能安分，专权自恣"的名义而革职。不久，脱脱升为中书右丞相，开始主持政务，大改伯颜残酷的旧政，积极缓和民族矛盾，为元廷挽回了些许民心。伯颜被贬后，狼狈地离开大都去往就任之地，不料意外病死于途中，得到了应有的报应。

就在这样的大形势下，刘伯温默默地离开了高安县奔赴洪都，这一年，他刚好30岁，正是而立之年，他不知道，洪都等待自己的是喜还是悲？

第四章　归隐山林

仕途不顺，刘伯温有些心灰意冷。他寄情于山林，和一些隐士交往，以文会友，学识迅速提高，胸怀也宽广了，其风范越来越高雅……

南昌闲职

马车辚辚，一路悠然而行，雄浑古朴的江西行省治所洪都渐渐呈现在刘伯温的面前，虽然他因为公务曾经数次来过洪都，可那都是行色匆匆，没想到时过境迁，他竟然有机会来到这里长期工作。高安和洪都的规模、繁华程度都相差甚远，这里是一个商人云集、文人墨客众多、富裕繁华的大城市。

洪都，古代南昌的别称，同时也是元明时期正式的区划名称，有着2200多年的建城史，明朝建立后因南方繁荣昌盛才改名为现在的南昌，这里一直都是府、州、省、道治所。唐才子王勃在《滕王阁序》中曾写道"豫章故郡，洪都新府"，让这座城市声名远播。

洪都地处江西省中部偏北，赣江、抚河下游，濒临中国第一大淡水湖鄱阳湖西南岸，自古就有"粤户闽庭，吴头楚尾""襟三江而带五湖，控蛮荆而引瓯越"之称，具有极高的战略意义，同时它也是下游集庆（南京）的门户，也是扼守长江的重要命门，历来是兵家必争之地。在后来陈友谅与朱元璋决一死战的战役中，洪都恰好成为一个雄关，不仅

死死拖住陈友谅大军 60 余天，更是让其损兵折将，士气低落，这足以证明洪都军事地位的重要性。

洪都具有"西山东水"的自然地势，自古就是一座水城，城市因水而发，缘水而兴。南昌市古民谚就有"七门九州十八坡，三湖九津通赣鄱"之称。洪都周边水网密布，赣江、抚河、玉带河、锦江、潦河纵横境内，湖泊众多，有军山湖、金溪湖、青岚湖、瑶湖等数百个大小湖泊。洪都自身水系主要由城外四湖（青山湖、艾溪湖、象湖、黄家湖）和城内四湖（东湖、西湖、南湖、北湖）组成，可以说，洪都城在湖中，湖也在城中。

洪都城水路四通，商船、渔船、花船、富豪的游船云集于此，热闹非凡，同时这里山川特秀，文人骚客遍地都是。自古以来，洪都风俗即"士好经学"，故多青史留名的硕儒、名士，当朝文坛泰斗、刘伯温的忘年之交揭傒斯即为洪都人；两宋江西诗派的创作中心也在洪都。置身于具有如此深厚的文化积淀的人文地理环境之中，这对刘伯温增长见识和锻炼才干大有裨益。

刘伯温这次调任省城，表面是高升了，实际上行省职官掾史还是八品官，级别并没有提升，只是换了个岗位而已，而且掾史多由长官自行辟举，这里面有很多私人情感体现，就像现在某个领导从基层调上来一个人做自己的秘书或者助理一样。因此刘伯温的品秩没变，所做之事也无非是抄抄写写，或者和领导谈论一下诗词歌赋，偶尔也代领导起草奏章等事务。

关于掾史一职的地位和作用，元人赵汸有一段十分精彩且深入骨髓的论述：

> 国朝以科目取士，参用于中外百司，其秩八品。而以才名称者，则行中书得辟为掾。掾之员，多者数十，命士半之，由进士来，每不过四五人。公卿大夫，好恶旨殊，则获上之道难；刀笔绮纨，品流趣异，则取友之义阙……众簿书期会，米盐杂集，月更季谢，虽俊杰无所置才，以儒者为之，动无不

宜，仅能免过。一毫发胃（juàn），吏则群言鼎沸，毚毚不得安视。夫栖身末僚，掣肘下邑者，尤难居矣！

从赵汸的论述可知，掾史作为栖身末僚的"笔杆子"不太好做，没有发表个人见解的机会，就像一个广告设计，只能按照领导的意图表诉文字和设计版面，很难有出头之日。但对于刘伯温而言，这也算是曲线做官，他幻想着可以被行省大臣破格提拔，就任某方实职官缺。

行省大臣很亲切地迎接了刘伯温，还为他设宴接风洗尘，这让他感受到了一丝官场温暖。重新上岗之后的刘伯温虽然工作稳定，每月的薪俸也算说得过去，但是半年之后，他又郁郁不乐起来，行省大臣根本没有提拔他的其他想法，只是把他当作幕僚或者门客一样看待。

刘伯温内心的正义、公平无法实现，想要有所作为却又无职无权，还要受到幕官的牵扯，无力实现个人抱负，内心并不快乐。对于洪都为掾史的这段历史，刘伯温一直很回避，很少用文字记录这一段经历，想必是觉得没有什么值得纪念和回忆的，究其原因只能是对工作环境和仕途前景非常失望所致。

事实上，刘伯温在行省职官掾史任上也仅仅待了两年的时间，就挥挥手走了，而且是彻底辞去了公职离开的。辞职的原因在刘伯温个人文卷《行状》以及《神道碑铭》中均语焉不详，只说是"与幕官议事不合，遂投劾去"。

按照刘伯温个人的行事风格和满腹的才华，这两年的时间一定是很不得志，或许还有寄人篱下的滋味，从其闪烁隐晦的个别诗词中，可以看出他当时的窘迫处境。对比那些昔日的进士同窗步步高升，自己却落得为他人执笔捉刀的境地，更显得前途渺茫。

刘伯温对自己的仕途前景很痛心，当时的境遇与自身的人生定位相去甚远。客观地说，他才华横溢，心向朝堂，其志向要比当时的一般文人高出许多，其高标准的人生价值，在其《题太公钓渭图》中就有明确的流露：

璇室群酣夜，璜溪独钓时。

浮云看富贵，流水澹须眉。

偶应非熊兆，尊为帝者师。

轩裳如固有，千载起人思。

此诗是刘伯温在鉴赏《太公钓渭图》时，触画生情而作。这是一首写心言志之作，当时很多诗人常常借题画以表明自己的心志，托物寄兴，巧妙地将自己的主观心志寄寓于客观的描述之中。

"偶应非熊兆，尊为帝者师"便是家喻户晓的一个君臣际遇典故——《姜太公遇周文王》。这则故事，在《六韬·文师》中有记载，大致意思为周文王将要前往渭水打猎，临行前卜了一卦。卜辞说："田于渭阳，将大得焉，非龙非螭（chī），非虎非罴（pí），兆得公侯。天遣汝师以之佐昌"。后来在渭水边，果然看见太公在垂钓，前往与太公搭话，太公以博学的言辞使文王大悦。于是邀请太公坐同一辆车回西岐，并拜太公为老师。姜太公与周文王的君臣际遇，也是刘伯温日思夜想的，于是他写下了千古绝叹——"轩裳如固有，千载起人思"，意思是姜太公的建功立业如果是天命所指定，引起了数千年后的我（刘伯温）深深的思考。

刘伯温的意图很明了，意思是：假如我也和姜太公一样遇上一位明君，立下旷世之功，在数千年后，也将会引起人们的深深思考。读诗至此，我们可以推测此时的刘伯温对元朝统治者还没有失望，还抱有极大的幻想。他通过反思姜太公在璜溪独钓以及姜太公与周文王的君臣际遇，抒发了自己怀命世之才而不遇的感慨。

中国秦代以后的文人一般都比较内敛，不善于推销自己，像张仪、苏秦那样靠着自我包装、自我推销的纵横家的时代已经过去，其后怀"济世"之才的人，崇尚淡如水的君子情怀，往往不会过于夸耀自己的才华，他们更期待君王有伯乐眼光，主动发现自己。刘伯温没有因为挫折而放弃自己要实现的、抱"济世"的远大志向，而是正在用适合中国历史上那种淡如水的君子情怀去洞悉中国人所谓的"轩裳固有"情结。

不过从《题太公钓渭图》这样的写诗明志作品中，我们也可以看到刘伯温对元朝统治者的态度还是有了稍许的转变，这是他彷徨无助之时的一些牢骚之举，正是在这样举棋不定的时刻，也更加表明了他在渐渐走上与姜太公一样动心忍性、观察风云生活的起点，也是他逐渐有了对元朝官制系统不满情绪的历史见证。

此外，曲高和寡的刘伯温在另一首《琴清堂诗》中这样写道：

> 亭亭峄阳桐，斫为绿绮琴。
> 絙之朱丝弦，弹我白雪音。
> 虚堂夜迢迢，华月耿疏林。
> 凤凰天上来，虬龙水中吟。
> 曲罢起太息，无人知此心。

此诗显为言志，高处不胜寒之意溢于言表，那种才高八斗却无人赏识的心情不是谁都能体会到的。刘伯温不是那种将心事和盘托出的人，而是精于把要说的话隐藏在诗词歌赋里。他宦游江西前后七年，论才干不可谓不高，且恪尽职守，效忠朝廷，可无论如何就是得不到官僚体制的容纳，也没有升迁的机会，当行省职官掾史这份工作看不到前途时，刘伯温便坦然辞去了这份毫无意义的末流公务员岗位。

刘伯温再次走到人生的十字路口，他会怎样安排自己的下一个行程呢？

自嘲朽钝

此时的刘伯温没有过多表露自己的心态，不过他在九年后却十分坦然地回顾了这段历史，在他写给好友钱士能的赠序中，表述洪都辞官的心曲："岁余，士能与幕官议事不合，拂衣去；未几，余亦以朽钝辞归"。

这里提及的所谓"朽钝"，也就是刘伯温辞官的缘由，他说自己愚

朽木讷，表现上似乎他确实这样，但稍稍了解他的人都知道，刘伯温是那种秀外慧中、聪明绝顶的人，这个词无论如何都是用不到他身上的。他的朽钝，就是原则性太强，不讲变通，不会看上司脸色行事，认死理，不仅自己做事固守原则，还经常让同僚和他一起陷入尴尬的境地。如此一来，刘伯温得罪地方豪右和同僚，在双重构陷和排挤下，他在官场上寸步难行，辞官归里亦属不得已而为之。

钱士能与刘伯温几乎是同时调任行省职官掾史的，这两位新员工很快就成了志同道合的好友。在交往过程中，钱士能表现出秉性耿直、品行端方、识见高远、才干不凡的优点，所有刘伯温身上的优点，钱士能几乎都有，相同又相似的个性让两个人成为知己。

能在洪都遇到知音，刘伯温很是欣喜。可是任职一年多，秉直的钱士能就因"与幕官论事不合"，窗棂悬笔，拂衣而去。钱士能没有好去处，他带着寒酸的家当回归故里，暂时做了一个书塾先生。同道知交的离去，使刘伯温的身心更感孤寂，周边环境的改变、行省大臣的私心，不能不说是他毅然辞官的重要原因之一。不管怎么说，一位血气方刚且极具事业心的刘伯温，就如此万般无奈地结束了江西七年的宦游生涯，总是让人为之扼腕叹息！

官场失意，朋友圈得意，江西七年间，刘伯温结交了不少朋友，诗词歌赋间的交流，众人互相点赞的欣赏，让他们结下了用金钱也难以买到的深情厚谊。在往后的岁月中，他还时常回忆起自己在洪都落魄失意之时，伸出友谊之手的铁哥们儿。

在众多才华横溢的铁哥们当中，除了钱士能之外，最值一提的就是名满江南的葛元哲了，此人在刘伯温的生命历程中多次出现，对刘伯温的影响很大。

葛元哲（喆），金溪人。史载：弱冠（20岁）有文名，博学工文，有英气，且工书法，与赵孟頫（fǔ）并称于世。刘伯温与之结交当在高安五年期间。当时葛元哲虽科举仕途未通，但其文名已誉满江南。其文"传于京师，众谓元哲之文宜为天子粉饰太平，铺张鸿业，以传于后世"。相识后，两人心志相同，性格类似，一拍即合，在高安五年的宦游生涯中，少不了文友间的学问切磋和诗赋相酬，用我们今天的话来说，他们两人经常在一起吃着小烧烤，喝着啤酒，畅谈文学，这对刘伯温的心灵无疑是最大的慰藉。

刘伯温在洪都的两年间，两个人依然书信频发，并且经常见面，友谊很深厚。翻阅刘伯温的著作，在他多年后于至正十年（1350 年）写就的《送葛元哲归江西》一首回忆性质的诗中，可以清楚看到两个人的兄弟情深：

> 我昔筮仕筠阳初，官事窘束情事疏。
> 风尘奔走仅五稔，满怀荆棘无人锄。
> 明堂大开壮梁栋，散木不遗橡枞用。
> 豫章江上一逢君，矫矫鸡群一孤凤。
> 城头月出明星稀，开门望月露沾衣。
> 文章绣衣郎，谈屑天葩霏。
> 得句即高歌，惊起乌鹊穿林飞。
> 星流云散隔吴楚，有时梦君诗上语。
> 坐中百谷含清晖，窗外飘风度疏雨。
> 我住青山耕晚霞，君去蟾宫折桂华。
> 别来八见秋雁过，忽然会合增长嗟。
> 江南二月草未秀，雪阵如涛衮清昼。
> 投壶命觞尽文友，此乐百年何日又！
> 一朝复一朝，三岁如过电。
> 四牡彭彭子独贤，江东山水应看遍。
> 看遍人间万不齐，我马向南君向西。
> 海门日照渔浦白，骊歌欲断吴云低。
> 栝苍山，临川水，相思迢迢一千里。
> 山高高兮水深深，极望不见愁人心。
> 应将魂梦化为鹤，永夜月明怀好音。

这首诗是一篇叙事诗，详细记录了刘伯温十六年间的生活信息，在此全文附上，以飨读者。从诗中可见，他不仅回顾了自己高安五年的经历，还道出了与葛元哲结识交往的点点滴滴，以及许多非常有价值的信息。刘伯温非常敬重在江西结识的诸多友人的才华，也十分珍视与他们之间的友谊。尤其是最后"栝苍山，临川水，相思迢迢一千里""山高高兮水深深，极望不见愁人心""应将魂梦化为鹤，永夜月明怀好音"这三句更是道出了刘伯温与葛元哲的友谊。很多时候，在混乱的环境里，每个人都需要有排解内心烦闷的好朋友，既是良师，也是益友。

葛元哲也是历经数次科考，总是折戟沉沙，直到至正七年（1347年）才乡试中举，次年又连捷，喜登进士第，辟掾于江浙行省，充簿书役。喜讯传来，刘伯温为自己的好友实现了个人最大梦想而感到自豪，就写了这首诗，作为贺礼，当葛元哲到江西就任时恰好收到此信，端的是无比开心。

刘伯温赞扬"江西大藩地，卓荦多英豪。文能绚云汉，武能壮干城"。那种对"第二故乡"及其友人的思念在其诗文当中时常见到。刘伯温是一个非常重感情的人，他对朋友间的友谊十分珍惜，他没有舍弃任何一位朋友，即便是在后来处境艰难的时候。离开江西十二年后，他仍不能忘怀在那里度过的岁月，在《送孔世川赴江西儒学提举》一诗中写道：

> 我辞西江归，倏忽十二秋。
> 每望西江云，思心怅悠悠。
> 恨无排风翼，安能凌虚游？
> 故人渺天外，可梦不可求。

二十年过去了，元帝国仍处在分崩离析状态中，每个人的命运都被绑在铁血战车上，生死难料，刘伯温依旧挂念着江西故友，经常在梦中与他们相见。比如李燿，刘伯温对他的友情丝毫没有减弱，反而更强，其《临江仙》并序云：

予在江西时，与李燧以庄善。以庄尝赋诗，有曰："泪如霜后叶，槭槭下庭柯。"郑君希道深爱之。今郑君已卒，以庄与予别亦二十年。梦中相见道旧好，觉而忆其人，不知今存与亡？因记其诗属为词，以写其悲焉。

街鼓无声更漏咽，不知残夜如何？

玉绳历落耿斜河。

鹊惊穿暗树，雾坠滴寒莎。

梦里相逢还共说，五湖烟水渔蓑。

镜中绿发见无多。

泪如霜后叶，槭槭下庭柯。

李燧，字以庄，进士出身，擅长诗文，与江右诗派刘嵩等人多有接触，也是刘伯温的好友之一。当年于高安与洪都之间，他们经常聚会。河水流觞的场景以及朋友所赋之诗句，二十年后刘伯温仍铭记在心，且于战火纷飞之际，尚牵挂着昔日朋友的安危存亡，其感情之深不言而喻。

诗以言志，刘伯温的诗文就像是他的个人博客，可以根据系统版本的不同分成风格各异的两个部分：一是元末时期的哀民生之多艰，抱负难扬，心中孤愤，不能自已，时常作奇文、妙文；二是大明建国后的保守心态导致作品的平和，这是和他连年征战，因为心态和社会经验的积累，也和朱元璋的集权手腕、打压臣子的恐怖手段有关，文字间再也不敢纵横驰骋，其感染力远不及入明之前。我们此时看到的诗文都是刘伯温元末时期创作的，非常富有情感和文采。

江西七年，在刘伯温的生命中，是一个非常重要的阶段，是他从头脑发热到头脑逐渐降温，继而寻找一条适合自己的道路的过程，没有这七年的历练，也不会有他接下来的退隐和壮游山水的潇洒。这七年，刘伯温完全还是一个标准的文人，他从内心到言行都没脱离这个范畴，所以他是不会融于官场的。如果刘伯温肯低首臣服官场潜规则，他进入朝堂的时间不会太长，但他偏偏深受儒道思想的滋润，誓要做一个清清白白的好人，刚直的秉性让他疾恶如仇，他看不惯官场的污浊、黑暗，当

做官这条路走到尽头时，他只能选择离开了。

中国古人崇尚隐居力学，他们认为只有大自然和做学问这两样不会耍阴谋，能成为他们身体的归宿和灵魂的寄托。刘伯温几经沉浮之后，人生观和价值观开始有了转变。

寄情山水

中国古代社会，儒家思想是正统，是主流思想，影响着绝大部分读书人的人生观和价值观。进入官场前，刘伯温就接受了正规的儒家政治思想的系统教育，从幼小时期发蒙，到童年诵经、青年研习，儒家思想在他身上根深蒂固，他把孔子提倡的"仁"和"礼"作为最高的道德原则、道德标准和道德境界。

孔子的仁说，体现了人道精神，孔子的礼说，则体现了礼制精神，即现代意义上的秩序和制度。人道主义这是人类永恒的主题，对于任何社会、任何时代、任何一个政府都是适用的，而秩序和制度社会则是建立人类文明社会的基本要求。孔子的这种人道主义和秩序精神是中国古代社会政治思想的精华。

此外，孔子的经济思想也很有影响力，最主要的是重义轻利、"见利思义"的义利观与"富民"思想，对后世有较大的影响。孔子所谓"义"，是一种社会道德规范，"利"指人们对物质利益的谋求。在"义""利"两者的关系上，孔子把"义"摆在首要地位。他说："见利思义。"要求人们在物质利益的面前，首先应该考虑怎样符合"义"。他认为"义然后取"，即只有符合"义"，然后才能获取。

刘伯温正是在这些理念的熏陶下，对不义之财不取，对违犯"仁"和"礼"的行为不做。客观来说，孔子构建的是一个理想社会的图画，在当时那个时代很难实现，严峻的社会现实远比他期待的更为复杂。刘伯温生活在元朝，比孔子那个礼崩乐坏的时代更恶化，在经受了宦海沉浮之后，他深深感受到在贪浊的官场欲求抱节守志并不容易，因此，在江西为官七年之后，已经 32 岁的刘伯温开始有了人生第一次避世退隐

的经历。

至正二年（1342 年）秋，不堪困扰的刘伯温辞别洪都的新朋旧友，了无牵挂地退了租住的宅院，成为一个没有职业、没有职称、没有工作的"三无"大龄青年。他收拾了几年积累下来的书籍和行装，乘着两辆租赁来的马车，带着家人及仆人一起向着故乡回归。

这一次没有时间上的限制，刘伯温一路上走走停停，完全看心情而定，很随意地变换着路线，看到美丽的山水和心仪的美景就住下来，畅玩几日。

上路之初，刘伯温矛盾的心境表现得尤为显著。秋高气爽，枫林乌柏，他一路上饱览秀丽山林，他忍不住将内心的想法寄托在诗里行间。"我行固无期，况乃尘事毕。"没有了俗事缠身他清净闲适，直言自己没有了尘缘烦恼，可是，印在他骨子里的为苍生造福的想法却时刻萦绕心头，江西七年的官宦经历总是不经意间泛起波澜，他不由得感慨良多，"平生历道路，艰险颇曾受。"

每日的行程都很写意，刘伯温不但欣赏着沿途美景，还品味着味道醇厚的武夷山采摘的红茶。在江西的这七年，刘伯温饮了很多武夷山出产的茶，对武夷山甚是喜爱，那里是中国乌龙茶和红茶的发源地。此外，武夷山还是一座历史文化名山，集儒、道、佛教于一身，是一座历史悠久的文化名山。秦汉以来，武夷山为历代朝廷所推崇，唐朝时被朝廷册封为天下名山大川。李商隐、范仲淹、朱熹、陆游、辛弃疾等名家都在武夷山留下各自的墨宝和文化遗产，仅摩崖石刻就有 500 多方及众多的文物古迹，比如"道南理窟""朱子理学""架壑船棺"等人文景观。别的倒也罢了，武夷山可是朱子（朱熹）理学的摇篮，归里之时，刘伯温不经意间冒出绕道武夷山一游的想法，他想在那山水之间寻找解脱，而且他也这样做了。

桂林山水甲天下，不如武夷一小丘。武夷山的确风光秀丽、景色迷人，山川连绵起伏、层峦叠嶂，还有数以千计的奇峰怪石，千姿百态，栩栩如生，各种植被茂密复杂，林相较好，无数的动物、鸟类和昆虫生活在其中，令人心旷神怡，流连忘返。

刘伯温醉心于山中寻仙，在武夷山中信步而行，还特意到仙人台一观，这是临溪一座崖顶呈半弧状外倾约110°的巨大山体中部的天然崖穴，可容千余人。台面巨石数十块，似巨镜、元宝、桃、李等，整个山体为暗褐色，崖壁上数百计壁穴，气势宏伟，极为壮观，身临其境，真的有一种仙风吹佛，云蒸霞蔚，飘飘欲仙的感觉。

刘伯温被后人称为"半仙"，这里也留下了很多关于他的传奇故事，他的寻仙之旅就此展开。当刘伯温行走至九曲溪时，他的内心彻底被震撼了，眼见溪水旋绕曲折，"叮咚"作响，他一时兴起，竟高声吟诵起朱熹的大作《九曲棹歌》：

> 武夷山上有仙灵，山下寒流曲曲清。
> 欲识个中奇绝处，棹歌闲听两三声。
> 一曲溪边上钓船，幔亭峰影蘸晴川。
> 虹桥一断无消息，万壑千岩锁翠烟。
> ……
> 九曲将穷眼豁然，桑麻雨露见平川。
> 渔郎更觅桃源路，除是人间别有天。

朱熹的这首《九曲棹歌》诗意浓郁，浮想联翩，酣畅神游，让刘伯温神驰目眩，为之倾倒，他追寻着宋代理学家朱熹等人的踪迹，意图从儒家先哲那里寻求精神支柱。武夷山民风淳朴，文风盛行，刘伯温不辞辛苦地拜访着当地名人学者，与他们品茶论道。

袅袅香雾，寂寞空林，不免思绪绵绵，此时的诗文已经多了些仙气。他在诗中说"未能外形骸，岂敢轻衰朽"，美丽的山川景色和谈诗论赋逐渐排遣了他胸中的忧烦，心境逐渐与清川溪流、嘉树幽林混合交融，刘伯温似乎渐渐脱离尘世，留恋山林，心底开始涌出道的波澜，仿佛又进入道家境界，成了他初尝人生烦恼之后，得到片刻宁静的一隅。可是，他并没有迈出隐居于此的那一步，还需要到处看看。

在武夷山逗留了很长一段时间后，刘伯温再次踏上了归浙之路，秋虫渐渐悄了声音，露珠转而凝上草尖，他迎着稍带寒意的秋风，经衢州慨然来到兰溪。兰溪当时隶属婺州。此时恰好临近九九重阳节，刘伯温也算是"独在异乡为异客，每逢佳节倍思亲"了，他和家人便在此住了下来，置办了丰盛的宴席，全家人在旅途中畅饮一番，心情十分愉悦。

民风越来越细腻，田地里的庄稼沐浴在秋日的暖阳中，处处都是丰收在望的景象。酒酣之时，刘伯温忍不住诗兴大发，这些天凡入眼之物，进耳之声，无不触发着他的灵感，激起了这位诗人澎湃的创作热情。

在《自衢州至兰溪》一诗中，刘伯温欢喜地说道：

> 秋郊敛微雨，霁色澄人心。
> 振策率广路，逍遥散烦襟。
> 疏烟带平原，薄云去高岑。
> 湛湛水凝碧，离离稻垂金。
> 荞麦霜始秀，玄蝉寒更吟。
> 幽怀耿虚寂，好景自相寻。
> 心契清川流，目玩嘉树林。
> 歌传沧浪调，曲继白雪音。
> 仙山在咫尺，早晚期登临。

刘伯温在诗中描绘了一幅秋收在望的景象，他为百姓的丰收感到欣慰，为貌似太平的社会而窃喜。人间烟火冲淡了他心中的不愉快，逐渐散去了心中的烦闷。他且行且歌，在诗中极力纵歌，一时间没有收住嘴，在诗的末尾道出了此行的目的——寻仙！

寻仙之旅

在武夷山时，刘伯温就去了仙人台，在兰溪，他又提到仙山，我们看不出刘伯温急于回归故里的匆匆之感，倒是悠游之兴未尽，似欲继续寻访"仙山"，以散"烦襟"。他似乎在刻意寻找一处满意的栖身之处，

发出了"仙山在咫尺，早晚期登临"的感慨。他似乎有些偏爱寻访"仙人足迹"，对神话传说充满了向往，意图找到自己中意的登仙台。

那么，刘伯温诗中提到的这个"仙山"到底在何处呢？通过对他这一时期的诗词梳理，终于浮现出来一个线索，这个仙山即桐江畔的严子陵钓台。

严子陵，名光，字子陵，东汉著名隐士，会稽余姚（今浙江余姚市低塘街道）人，原姓庄，因避东汉明帝刘庄讳而改姓严。

严子陵年少时有高名，与东汉光武帝刘秀亦为好友。其后，他积极帮助刘秀起兵，事成后归隐著述，设馆授徒。刘秀即位后，多次延聘严子陵，但他姓埋名，隐居到浙江杭州桐庐富春江畔，每日垂钓。刘秀思贤念旧，令人绘形貌寻访。地方有人报告，称有一男子披着羊裘在泽中垂钓。刘秀怀疑是严子陵，即遣使备车，三聘而始至洛阳。刘秀至馆所看望，严子陵卧在床上不起。刘秀抚摸着严子陵的肚子说："咄咄子陵，为何不肯相助？"严子陵不应，良久乃张目熟视，答："士故有志，何至相迫乎？"刘秀上车叹息而去。后复请他入宫论道旧故，因共偃卧，还欲授其谏议大夫，严子陵不从，归隐富春山耕读垂钓。后卒于家，享年八十岁，葬于富春山。正因为严子陵的急流勇退，反而成就了他更高尚的风范，后世对他的敬仰几乎神化。

严子陵归隐的富春山位于浙江省桐庐县，是一处山与水完美结合的风景佳处，景色优美。范仲淹赞撰有《严先生祠堂记》，内有"云山苍苍，江水泱泱。先生之风，山高水长"的赞语，使严子陵以高风亮节闻名天下。

严子陵的名士风采一直受到历代失意文人的推崇，李白如此，范仲淹如此，刘伯温也如此。仕途上的失意，使刘伯温对元朝的黑暗统治十分失望，几经打击，荣进之心锐减，归隐之意萌生，故此时他的心境与严子陵正相契合，便欲前往凭吊先贤，以期得到心灵的慰藉。因此，在兰溪小住几日之后，刘伯温即于九月九日重阳节这一天开启了他的寻仙之旅，他精简了部分行装，结算了租赁车马的费用，重新雇了舟楫而行，一家人自兰溪直抵桐庐，寻访严子陵遗迹去了。

关于这次寻仙之旅或者确切地说是去往隐居之所，亦有迹可循，在刘伯温的《九日舟行至桐庐》一诗中，他这样写道：

> 杪秋天气佳，九日更可喜。
> 众人竞登山，而我独泛水。
> 江明野色来，风淡汲鳞起。
> 苍翠观远峰，沉寥度清沚。
> 沙禽泛悠飏，岸竹摇萝靡。
> 溯湍怀谢公，临濑思严子。
> 紫萸空俗佩，黄菊漫妖蕊。
> 落帽非我达，虚罍非我耻。
> 扣舷月娟娟，濯足石齿齿。
> 澄心以逍遥，坻流任行址。

这是一首潇洒散淡的山水诗，诗中"众人竞登山，而我独泛水"含蓄地写出了刘伯温仕途的不得志，只好浪迹江湖；"溯湍怀谢公，临濑思严子"表达了他对两位富春山前贤——谢翱和严子陵的崇敬之情；"落帽非我达，虚罍非我耻"道出了他耻于混迹元朝贵族黑暗的官场，抒发了丢官去职的无奈和旷达。

此诗所传递的信息非常明确，刘伯温远避世人，乘舟问仙，水波荡漾，他欣赏着优美的水光山色，竹林婆娑，发出了"澄心以逍遥"的说辞，似乎要仿效严子陵打算归隐了，而这个归隐之地就在桐江之畔。

在桐庐县城馆驿里，刘伯温安顿好家人，暂时住了下来。看着流动的江水，他若有所思，又写了一首《夜泊桐江驿》的诗：

> 伯夷清节太公功，出处非邪岂必同？
> 不是云台兴帝业，桐江无用一丝风。

刘伯温以伯夷、叔齐宁可饿死也不食周粟和姜太公八十岁出山辅佐

周文王成就功业的典故，说明隐居和出仕都是因时而异，各有成就，再优秀的人才如果没人赏识也没有用。若无光武帝刘秀的赏识，严子陵的高节也不过是桐江无用的一丝清风而已。此诗表达了刘伯温的功业观，虽然一时仕途失意，但他还是不愿彻底放弃儒家的积极入世观的理想和追求。他在等待一个复出的时机，在等待一个赏识他的人物，然而此时他只能选择归隐桐江之畔。

桐江是钱塘江自建德县梅城至桐庐段的别称。柳永《满江红》词云："桐江好，烟漠漠，波似染，山如削。绕严陵滩畔，鹭飞鱼跃。"舟行其中，但见两岸锦峰秀岭，峻峭回互，山川清丽如在图画之中。山水美景，让刘伯温格外欣喜，他仿佛找到了精神归宿。

溯桐江而上，即七里滩。过了七里滩，就是严陵濑了。《水经注》云："濑带山，山下有一石室，汉光武帝时严子陵所居也。故山及濑皆即人姓名之。山下有盘石，周回十数丈，交枕潭际，盖陵所游也。"那盘石，后人就称它为"严子陵钓台"。

刘伯温终于来到了他心仪已久的严子陵钓台，对照他的文集以及相关史料，他此次自赣回浙，连老家也不回，就水陆兼程来此瞻仰先贤遗迹了，完成了他的寻仙之旅，然后在此开始了隐居生活。

寓居翔岗

根据若干史料分析，刘伯温当时隐居在桐庐县凤川镇翔岗村（古称凤冈）。这是有确凿的历史依据的。

刘伯温在《赠桐江临溪西庄华氏宗谱序》开篇说："予为中原不靖，遨游海内，寄迹于桐江凤冈李氏之家。"这句话透露出非常重要的两点信息：一是元朝政权不稳，社会矛盾日益加剧；二是他寓居在翔岗一户李姓人家之中。

刘伯温为什么选择翔岗寓居？浩如烟海的史料中没有留下准确的记载，民间传说倒是说的有鼻子有眼儿，大概都是说他是来此寻访明主或者真龙天子，显然这个传说是站不住脚的，因为此时的刘伯温还是一个对元帝国魂牵梦绕的忠臣。不过，刘伯温在这里的隐居经历，经过600多年的演绎，早已失去本来面目，迷信色彩倒非常浓厚。

据清光绪十七年时的《凤冈李氏宗谱》记载，刘伯温寓居翔岗，是受到了当时翔岗颇具影响力的李氏家族隐逸群的邀请和影响，他与这个群体中的几位重要人士保持着密切的交往，有着深厚的交情，同时翔岗幽静的山水环境和良好居住条件也十分符合他的隐居要求，所以他才来此寄迹。

"……缘溪行，忘路之远近。忽逢桃花林，夹岸数百步，中无杂树，芳草鲜美，落英缤纷，渔人甚异之。复前行，欲穷其林。林尽水源，便得一山，山有小口，仿佛若有光。便舍船，从口入。初极狭，才通人。复行数十步，豁然开朗。土地平旷，屋舍俨然，有良田美池桑竹之属。阡陌交通，鸡犬相闻。其中往来种作，男女衣着，悉如外人。黄发垂髫，并怡然自乐。"这是陶渊明的杰作《桃花源记》的部分内容，描绘了一处世外桃源的奇妙之处。刘伯温一路行来，那种心境竟和寻访"桃花源"极为相似。

年轻时的陶渊明本有"大济于苍生"之志，可是，在国家濒临崩溃的动乱年月里，他的一腔抱负根本无法实现。加之他性格耿直、清正廉明，不愿卑躬屈膝攀附权贵，和污浊黑暗的现实社会发生了尖锐的矛盾，格格不入。由于看不惯官场上的恶劣作风，陶渊明便归隐田园，一面读书为文，一面参加农业劳动。他原本可以活得舒适些，至少衣食不愁，但那要以付出人格和气节为代价。所以，陶渊明发出"不为五斗米折腰"的呐喊，不仅获得了心灵的自由、人格的尊严，而且还树立了一代文风，写就流传百世的诗文，在为后人留下宝贵文学财富的同时，也留下了弥足珍贵的精神财富。陶渊明的高风亮节，成为中国后代有志之士的楷模，也是刘伯温崇拜的对象。因此，刘伯温基本就是按照寻找桃花源这样的地点为自己觅得这处隐居之所的。

翔岗村，也作晦冈，源起东汉，地形如待飞之凤，刘伯温命其名为"翔岗"。寓居翔岗时，精于堪舆的刘伯温认为此地形如一只待飞的凤凰，将之改为"翔岗"，并题写"凤翔高岗"匾额。翔冈其地，南面

重山叠嶂，群峰竞秀；西北面桑竹阡陌，一马平川；内里伏些许馒头土丘，远望星罗棋布，错落有致。大源、小源二溪从重峦峡谷中蜿蜒而出，于翙冈东南角合流后逶迤北去，汇于富春江。

翙冈历来是桐江南岸的重镇，有诗这般描绘晦冈的地理形势：

> 彩凤对峙舞翩跹，双龙戏珠汇一川。
> 北靠春江结两镇，南依群山通三源。

"双龙"就是指大源、小源二溪；"两镇"是窄溪镇和桐庐镇。此地的交通也比较方便，南可出浦江，东可达富阳、杭州，西行则可经桐江去睦州、金华。缘于这独特的地理位置，这方水土便有了深厚的文化积淀。在此还有一座建于五代时期的华林寺，位于香泉山麓，传说鼎盛之时，有僧人五百人。可以想象，郁郁葱葱的山林里，寺院在日光下流光溢彩，佛经的诵读声如阵阵松涛，从那香火缭绕的佛顶透出，净化着成千上万佛教信徒的心灵。据说，连闻名遐迩的杭州灵隐寺，也是依此寺的样式仿造的。香泉山山道蜿蜒，苍翠中隐隐露出半道寺墙。寺内威严青石白狮，淡淡的铜锈香炉，肃穆的佛堂，在梵音佛光之中，顿悟着岁月的沧桑悠长。回眸而望，寺道清凉。刘伯温博览众家之长，一通百通，儒释道均有钻研，对佛家文化也不排斥，相信他一定多次到这座名寺拜访。

刘伯温把翙冈当作了自己的精神家园，在这里慢慢地修复他受伤的心灵。至今，翙冈还流传着许多刘伯温隐居此地的传说，此外还有许多关于他的遗迹。

比如，村子里的谷井相传是由他设计并指导建成的。井身呈不规则矩形，由卵石叠砌，露天敞开。井下有石板铺于近水处，供人站立。一条暗渠的口出现南面井壁下，地下水汹涌而出。北面井壁下端有一出水口，井水深约两米，长年丰沛清冽。立于井上，水清可见底。自古因灌溉之裨益被誉为"流谷之井"。岁月悠悠，井水盈盈，往来熙攘人迹，晨夕乡音笑语，谷井年复一年地滋养着这一方人。

翔岗沿街的水渠，常年流水不断，清澈见底。相传这条水渠也是当年刘伯温在翔岗时指导人们修建的，进水口在大源溪，开凿两条地下暗渠，一条将水引入村内，设六处澳口，供人们取水、洗涤之用；另一条引水到村外的谷井，用于灌溉上百亩的粮田。翔岗村完善巧妙的给排水系统，因其若明若暗、永远清澈的水质和它的古老为世人惊叹。如果这些水渠真的是刘伯温设计的，足以证明他高超的智慧和超前的实用眼光。

以文会友

刘伯温隐居的地点似乎毋庸置疑了，那么前文提到的李氏家族隐逸群又是怎么回事呢？这就需要我们再回头重新审视蒙古人入主中原灭南宋后带来的民族压迫和民族排斥了。从始至终，元帝国的蒙古统治者没有和汉人真正地融合在一起，他们就像是天天吃自助餐的饥饿汉，只管自己拼命吃饱、吃好，即便吃不下了，也要把食物摆满整个桌子恶意糟蹋，最后拍拍屁股走人，完全不管店老板是否破产。

还是在《凤冈李氏宗谱·姓氏源流》中记载，翔岗李氏系出陇西门阀。门阀是门第和阀阅的合称，指世代为官的名门望族，又称门第、衣冠、世族、士族、势族、世家、巨室等。秦灭六国之后，并没有把六国的宗族子弟全部消灭，而是迁移他处。这些宗族子弟逐渐演变成了地方上的势力集团，形成了所谓的"士族"。在这段时期，中国政治属于门阀政治。维系这些士族集团的纽带当然还是血缘。

但是，对历史了解不多的人千万不要把这些士族当作解放前的地主土豪。实际上，这些士族不单单是以血缘为纽带的地方豪强势力，世家大族同时还是文化世家，如果我们看看士族力量顶峰的六朝时期，所有历史上有记载的文人学士，都是出自世家大族。士族同时掌握着政治资源，在六朝时期，有"上品无寒门，下品无士族"的说法，所有品阶高、清闲的职位，都被士族占据。士族与庶族（寒门）的分界是相当鲜明的，这种分界不在于有钱没钱，也不在于有权没权，而在于血缘和文化。

到了隋唐，虽然开了科举，但是门阀政治影响依旧庞大。隋帝杨

姓，本身就是一个崛起于东汉的著名大姓——华阴杨氏。而当时社会的五大门阀，更是辉煌：太原王氏、清河崔氏、范阳卢氏、陇西李氏、荥阳郑氏。其中的李阀，更是中国大姓的重中之重。陇西李氏，从秦始皇灭燕国的大将李信开始，经飞将李广，传奇人物李陵，传到隋朝更是分为三支：一支李密，后来成了威震中原的魏王；一支李靖，后来成了中国最杰出的"出将入相"的典范；一支李渊，创大唐雄风三百年。门阀政治结束于晚唐和五代十国，从宋开始，中国进入了另一个社会形态：平民社会。

翔岗李氏家族隐逸群与李唐李氏同气连枝，其嫡祖是彪炳史册的抗金民族英雄——南宋丞相李纲，亦可谓簪缨贵胄之族。南宋淳熙年间（1174～1189年），为了躲避政治迫害，李纲曾孙李瑶议（仰庵公）携家族子弟迁居翔岗，几代人下来，遂繁衍成族居村落。由于元朝实行民族分化政策，划分了蒙古人、色目人、汉人和南人四种社会等级。汉族人处于社会最底层，没有任何政治优势和地位，即便出仕做官，也常受到蒙古权贵的压制，刘伯温在高安县丞任上受迫害就是一个缩影。因此许多汉族知识分子纷纷退隐田园山林，不愿为元朝效力。

在那个自给自足的时代，即便自我封闭，也可以维持一个小社会的运转，可以与外界脱节。由于翔岗李氏是当地大族，根本不愁衣食，生活条件比较优厚，又不满元朝的分化统治，所以李氏家族便隐居于此，其族人大都致力经史而绝意仕途，广交同道而寄迹林泉，逐渐形成了一个以翔岗为中心，以李氏宗亲为主体的隐逸文化圈，主要代表人物有李骧、李康、李文、李恭等。也许刘伯温是慕名而来，他选择这里应该是个理性的决定，他的到来成为这个隐逸圈的鸿鹄之客。

在翔岗李氏家族隐逸群中，李骧是其中的核心人物。李骧（一作李骧龙），字仲骧，号南华老人，生年无考，约卒于1345年前后。说他是核心人物，主要有四个方面的原因：一是辈分高，他是李文的族兄，李康、李恭等名士都是他的侄儿，辈分有序，长者为尊；二是才华好，擅长诗文，李骧是县邑当时的俊彦翘楚，著有《南华百拙集》诗集传世；三是交游广，大梁班惟志、钱塘叶祯、桐庐徐舫等文化名流与他都有密切交往；四是李骥崇文尚义，声名四播，却以处士自居（处士指有德才而隐居不仕之人），还自谦笨拙，以"百拙"名其诗稿，"一时有名之士皆欲识其人"（邱茂《南华百拙稿·序》）。刘伯温寓居翔岗时，就曾与他经常诗歌酬唱，遗憾的是，双方遗留下来的诗文少之又少。唯有李骥《南华百拙集》诗集中留有一首《和刘伯温来韵》七律，诗云：

> 自爱山中隐者家，杖藜随分踏江沙。
> 岁时野老频分席，朝夕山僧共分茶。
> 旅雁随阳寒有信，轻霜点染菊垂花。
> 青山翠岫半秋色，清簟疏帘落照斜。

刘伯温的原诗，尚未得见，从李骥的和诗中，可以感受到清新淡雅，一派隐逸天真的风格，充分表明两人交游甚欢。其时，李骥已经进入暮年，而刘伯温正是一个32岁的青年才俊，尽管两人年龄有悬殊，却留下了一段文学佳话。

刘伯温与李骥还有一重特殊的关系，主要体现在他与李骥次子李翰以及两个孙子的"忘年交"上。据《凤冈李氏宗谱》记载，李翰字鹏举，号"云邱老人"，他博通经史，默契地理，晓音律，善书能诗，与刘伯温十分交好，谈古论今，胸罗经济。李翰长子李善，字孟元，号"南陵耕者"，次子李远，字孟修，号"憩牧"。他们兄弟从小就跟着刘伯温学习，是他的学生，尤其是李远，深受刘伯温器重，大明建立后旨受文林郎，知江西广信府铅山县事。

刘伯温与翔岗李氏交往的另一个重要人物便是李文。李文，字仲章，号近山，李骥族弟，性爱林泉，元末曾任桐庐县主簿、浙江行省都事等职务。元亡后，李文遁迹山林，终日吟咏，以布衣而终。李文去世后，其子还千里迢迢来到应天府（南京）向刘伯温报讯，其时刘伯温已是天下闻名的开国元勋，他在《追悼李君近山》悼亡诗序言中说："桐庐李君近山，儒士旷达者也。与仆为知心友，契阔十余年，风尘洞，音问杳绝。忽其子来京师，始知李君亡矣，悲感成诗，聊以写其情

耳！"序中，刘伯温直接表述了他与李文的知心朋友关系，沉痛地表达了对故人去世的哀悼之情。

刘伯温与翔岗李氏家族隐逸群中交游的另一位重要人物就是李康（？~ 1358）。《凤冈李氏宗谱》记载，李元康，字宁之，号梅月主人，也是元末翔岗著名隐士。

李康是个青史留名的孝子。他13岁那年，母亲病重，李康"割股和膳以进"，治愈了母亲的疾病，而为乡里所称道。学业上，他从师永康胡长儒，以古学自鸣。"书画琴弈，冠绝一时"。据《凤冈李氏宗谱》记载，李康工诗文，博及琴弈书画，多次拒绝元朝聘任，以古学自鸣，雅号清高，居所四周遍植梅花，因题斋号梅月斋。

刘伯温与李康交往频繁，和诗助兴，今存他写给李康的两首诗，可以见两人的深厚友情。一首是《题梅月斋宁之先生读书处》，诗曰：

> 乾坤清气不可名，琢琼为户瑶为楹。
> 轩窗晓开东井白，帘栊暮掩西山青。
> 玉堂数枝春有信，银汉万顷秋无垠。
> 夜深步同踏花影，梅清月清人更清。
> 罗浮不独具闲春，广寒不独天上人。
> 人间天上有如此，何时载酒来敲门。

刘伯温在题目中称李康为"宁之先生"，可见对李康的敬重。在他的诗中，李康的梅月斋如诗如画，在皎洁的月光下，他们饮酒赋诗，把盏咏梅，望着月亮，推测着广寒宫里的嫦娥也应该更加淡泊，他们在此隐居也雅如天人，充满着潇洒脱俗的隐逸之情。

另一首《留别李君宁之》就更显得重要了，也许因为其是一个阶段性的总结，所以刘伯温特别记录下来，收录在自己的文集中。诗曰：

> 群山雪消江水宽，主人情重别欲难。
> 我今自向玉岛去，短日斜倚春风寒。

满楼山色几时醉，永夜月明何处看。

人生有心无远近，频将书札报平安。

从首句来看，应该是刘伯温在某一年的冬季过后，融化的冰雪汇入桐江，江水渐肥，他结束隐居生活，离开翔岗村时赠别之作，"主人"二字正说明了刘伯温寓居凤冈的李氏之家，东家主人正是李康（也包括李翰）。

自此一别，不知何时才能再看到翔岗的长夜明月，此情此景不禁让刘伯温离情满怀。尾句"人生有心无远近，频将书札报平安"，意境与唐代诗人王勃的名句"海内存己，天涯若比邻"异曲同工。诗中群山雪消，山色满楼，惜别之情，真挚感人，生动地表达了两人的深厚情谊。至元十八年（1358 年），李康因病去世，刘伯温获悉，亲临其丧，并作诗文祭奠，足见两人已非一般知交，也体现了翔岗寓居故地在他心中的特殊地位。

隐者风范

在翔岗，刘伯温不仅与李氏文化圈交游酬唱，还与桐庐县邑的名士徐舫交游。

徐舫（1299 ～ 1366 年），字方舟，居县治北（今桐庐江北城区柯家湾），元末桐庐著名隐士诗人。徐舫家境富裕，好讲义气，追求淡薄脱俗，才华横溢，却终生不仕，自号"沧江散人"。关于刘伯温与徐舫的交游，但有一则轶事体现了刘徐二人的深厚情谊。

至正二十年（1360 年）三月，朱元璋聘请时称"浙西四先生"的刘伯温、宋濂、章溢、叶琛等出山辅弼。途经桐庐县城时，刘伯温与徐舫进行了一次欢快的诀别。当时的情景，同行舟中的名士宋濂在《故诗人徐舫墓铭》中记载十分详细：

忽有美丈夫（徐舫）戴黄冠，服白鹿皮裘，腰绾青丝绳

立于江滨，揖刘君（基）而笑，且以语侵之。刘君亟延入舟中，叶、章二君竟来欢谑，各取冠服服之。竟欲载上黟川，丈夫觉之乃上。濂疑之，问于刘君（基）曰："此何人斯？诸公乃爱之深耶？"刘君曰："此睦之桐庐徐舫方舟也！"濂故闻方舟名，亦起而鼓噪为欢、共酌酒而别。

文章大意是：徐舫戴黄冠，服白鹿皮裘，腰绾青丝绳，其风度翩翩悉如绝世之人。徐舫一见刘伯温就作揖笑迎，而且以语言相调侃，表明二人相识已久。刘基邀请徐舫上船雅聚，章溢、叶琛两位名士竞相与徐舫欢谑，可见他们也早就相识。刘伯温有意邀请徐舫一同出山辅佐朱元璋，叶、章二君甚至欢笑着把朱元璋送来的官服衣帽穿戴起来，玩笑中带着引诱之意。宋濂问刘伯温："此何人斯？诸公乃爱之深耶？"这也充分体现了徐舫与刘基、章溢、叶琛等名士交情匪浅。人各有志，尽管刘伯温等四君半开玩笑半当真，命人悄悄开船，想把徐舫一起带走同去，却被徐舫发觉后制止。后众人饮酒作别，徐舫竟然不屑于辅佐朱元璋，如此洒脱之风，无怪乎生性孤傲的刘伯温能与其惺惺相惜，结为知交，互赠酬答，引以为乐。徐舫的淡泊名利、韬光养晦自然使他成了刘伯温心中仰慕的偶像。

徐舫对于这个远道而来隐居的饱学之士，自然是一见如故，相见恨晚。刘伯温、李康、徐舫三人，皆为有才之士，他们归隐江湖，不问世事究竟是不满元朝统治，还是另有他因呢？

中国古代出仕的人比较多，也比较推崇出仕，但也有一些文人雅士开始了隐居生活。他们，或为了博得名气，或真心归隐。

这些隐士大致可分成十种类型：完全归隐，归于此类的隐士是真正意义上的归隐；仕而后隐，当过官，因为对官场不满而解冠归去，这其中名气最大的就是陶渊明了；此外还有半仕半隐、忽仕忽隐、隐于庙堂、似隐实假、名隐实官、以隐求仕、无奈而隐、真隐而仕等。正所谓大隐隐于朝，中隐隐于市，小隐隐于野，那些所谓的隐士看破红尘隐居于山林只是形式上的"隐"而已，而真正达到物我两忘的心境，反而能

在最世俗的市朝中排除嘈杂的干扰，自得其乐，因此他们隐居于市朝才是心灵上真正的升华所在。

此时的刘伯温、李康、徐舫二人，正可谓真隐典范。这种归隐又是元末明初的政治社会环境所造成的。在历史上，南北朝时期与元末明初是隐逸文化大行其道的两个年代。回顾这两个年代，一个共同的特点就是政局的动荡以及政治的腐败。自东汉末到东晋十六国至南北朝，整个华夏之地战乱频繁，时局动荡不安。这种动荡的时局对于人民的生活带来了极大的痛苦，也造成了隐逸思想的滥觞。同时，这一时期也是门阀政治达到顶峰的时代，大批有识之才因为门第不高而受到压制，这也是当时隐逸之士层出不穷的原因。

元末明初，政治环境亦然。首先，元末兵戈扰攘的时局是这一时期隐逸盛行的社会原因。其次，元代是少数民族蒙古族建立的政权，在对士人的重视程度上远远不如前代，因此也造成了一大批人才无法抒扬其政治才能的状况。当时的士人普遍有以道自任的精神传统，这也是元末明初隐逸兴盛的根本原因。最后，元政府对文化思想的控制较为松弛是该时段隐逸兴盛的文化原因。正是因为这种政治环境成为刘伯温等人隐居翙岗的原因。

在翙岗，刘伯温除了交友进学以外，为了谋生，他还在翙岗设馆教书。据1991年版《桐庐县志》记载："刘基元末流寓桐庐数年。设馆于翙岗华林寺，与李近山、李宁之及徐舫等交游。"另据1984年版《浙江省桐庐县地名志》记载："华林寺北寺湾里，昔时曾设学馆，元末刘基曾在此寓居数年。"《桐庐县志》对刘伯温于晦冈"设馆授徒"仅有寥寥数语，其他具体情况均不详。他在桐庐到底有多少弟子，这些弟子们姓甚名谁？史书都没确切的记载。

刘伯温在《赠桐江临溪西庄华氏宗谱序》中提到"李氏之家"之"懿亲"，家住临溪西庄的华大昭，或许可能是他的弟子，然亦未敢断言，因刘伯温于赠序中也只是说与他"相契稔"。刘伯温在本篇文章中署款自称"处州府青田县逸史、侍教生、伯温刘基"，侍教生即是陪侍奉教之人，也可以确定他在翙岗就是从事教书生涯。写序这年是"元至

正十年岁次庚寅三月上浣"，也就是 1350 年 3 月上旬，刘伯温恰好 40 岁。此时他闲居杭州，又是从江浙行省儒学副提举的职务上被排挤了下来。可能是仕途再次受挫，失意的刘伯温又回到了翔岗，但这次只是一个短暂的停留。在这次停留中，华大昭持家谱向其求序，于是刘伯温妙笔立就，为西庄华氏写下了这篇序言。

在翔岗，刘伯温留下了许多墨迹，除了和李骥、李康、李文等人唱和诗稿以及信札外，还有华林寺的楹联以及李氏家中的"嘉会堂"匾额。随着历史的沧桑变化，这些珍贵的墨迹已经湮没无存。但刘伯温题写的"凤翔高冈"匾额，却让翔岗这个名字家喻户晓，深入人心。应翔岗李氏的邀请，他为李氏宗祠题写了一块"凤翔高冈"匾额，他在"凤冈"地名上嵌入了"翔、高"二字，"翔"是鸟飞或鸟飞的声音之意，"高"则寓意成就非凡之想。"凤翔高冈"寄寓着刘伯温对翔岗李氏一族的希望：李氏才俊能如凤凰一样展翅飞翔于高岗之上。明朝建立后，刘伯温已是誉满天下的开国元勋。字以人贵，因他为翔岗李氏题写了"凤翔高冈"匾额，凤冈便改称了翔岗，可以说翔岗之名实为刘伯温所赐，不幸的是这块珍贵的匾额在后世被毁掉了。

刘伯温在桐庐、富阳一带的名声很大，至今尚有许许多多有关他的故事散落在富春江的两岸。民间流传的故事说刘伯温是在桐庐遇上真命天子朱元璋的，巨人常遇春也是刘伯温在桐庐发现的。还说当年刘伯温在桐庐晦冈财主李阿禹家做过账房先生，原以为李阿禹有帝王之相，可万没想到他是个小气鬼，于是就失望地离开了。这些传说都经不住推敲，完全是民间百姓根据自己的好恶编造出来的故事而已。在当地还流传着刘伯温对晦冈的评价，这地方"水流青龙背，只出富，不出贵"。当地人说，刘伯温的话可灵验了，六百年来，这里还当真没出过大官！

按刘伯温年谱，至正二年（1342 年）秋到至正四年（1344 年）是刘伯温弃官江西行省职官掾史后第一次隐居的三年，也正是他隐居翔岗的三年，《行状》有"隐居力学，至是而道益明"的记载，他祈求从书本中进一步寻求解决现实的社会、人生答案。

翔岗寄居的三年是刘伯温生命里最为平静的三年。这三年，他充分

地修身养性，韬光养晦，静观天下之变。人生理想信念不同，目标追求便不会同。李骥、李康、李文、徐舫选择的是严子陵式的隐居生活，刘伯温等待的是治国平天下的机会。在翔岗，李氏家族隐逸群给了刘伯温一个忘身世外的精神家园，自此一位饱受元朝官场压抑排挤的有识之士，终于在平静的林泉生活中使受伤的心灵渐渐得以抚慰，逐渐满血复活。刘伯温毕竟是人中翘楚，最终他从困顿中把握了时机，走出了翔岗。从某种意义上理解，他所题的"凤翔高冈"，同时也寄寓着他凤舞九天，实现理想的期盼。

古人云：良禽择木而栖，良臣择主而事。刘伯温飞离翔岗去寻找赏识他的伯乐，可惜又是误入尘网十多年，受尽磨难。也许是应了好事多磨这句古话吧！此时刘伯温的真命天子朱元璋才 18 岁，是个云游四方，靠讨饭活命的小和尚呢！这就是宿命论吧！如果没有朱元璋，刘伯温这一生的成就也就是个出色的文人罢了，是朱元璋给了刘伯温充分展示才华的舞台，这个智囊先前的重重历练其实都是为了日后的大明建国而必须承受的痛苦吧！

第四章　归隐山林

第五章　蹉跎岁月

　　面对风云变幻的元朝时局，刘伯温心有不甘，他踏上旅途，在寂静的山林、繁华的城市、衰败的残迹中走走停停，苦苦追寻治国安邦的良策和有效的入世之道……

游学江东

　　至正四年（1344 年）春，积雪尚未完全融化，刘伯温便离开了翔岗。他为什么要离开这里，没有相关资料说明，但是他的去向有很多文字可以佐证，那就是游学江东（苏南）一带。虽然不太明确刘伯温都具体去过哪些地方，可以肯定的是，他是一路北行，大概是按照杭州、湖州、嘉兴、姑苏、丹徒一路抵达金陵的。时间在至正四年（1344 年）春到至正六年（1346 年）期间，也是大约三年的时间。

　　读万卷书，行万里路。34 岁的刘伯温不再停滞于某个偏安之所，而是醉心于山水之间，在自得其乐的隐居力学期间，也许时间冲淡了他对官场的厌恶感，他十分渴望回归到主流社会中，回到朝堂，做自己喜欢的事。于是，刘伯温再次萌生周游天下的想法，来一次说走就走的远足。这段时间是他一个人独行，还是携带家眷之行，并没有确切的证据，不过可以推测，这样看似浪漫的壮行，对他的家眷来说却很受罪，因此，刘伯温极有可能是一个人独自上路的，走到喜欢的地方就停下来盘桓几日，并留下诸多旅行杂记，抒发胸臆。

远游之初，刘伯温意气风发，他的心情也是十分舒畅，依然是"澄心以逍遥，觚流任行止"，把自己比喻成逍遥的雅士，他把沿途看到的许多美景变成优美的文字，且行且歌。但是，游山玩水毕竟是不得已而为之的人生选择，他并未真正逍遥于山水之间，他的内心深处依然渴望在政坛上拥有自己的地位。

　　出游前后，刘伯温曾作《蛟溪诗》以明志：在"大江扬浊澜，鼋鼍恣狂谲"的无道之世，"屈蟠深弯环"的蛟龙，要"闭藏当有待，保养慎无失"。一旦海清江宁，终将"超腾云雷"。他期待着有朝一日，自己飞腾九霄，实现人生的伟大理想。

　　刘伯温不甘寂寞，他不甘心做一个山野村夫，这次游历，与其说是赏花赏月，还不如说是拜访若干老友，拜谒那些知名的学者、有品行的官吏，为自己的政治前途增添一些砝码或者结识一些领路人、贵人。

　　离开桐江之后，刘伯温开始在苏南迤逦行进，完全是任性而为，他在杭州稍作停留，游览了闻名已久的西湖，对苏东坡在杭州留下的著名印记——苏堤赞不绝口，对这位名人仕途的遭遇深表同情，发表了自己的诸多看法。之后他就径直去了湖州。湖州地方志记录了他写就的一首《岘山晚眺》诗，这首诗描写伫立岘山之巅晚眺碧浪湖之景观，充满了闲逸的情趣，更表达出刘伯温内心的孤寂，诗曰：

> 湖上清溪溪上山，山亭结构俯人寰。
> 窗中树色宜晴雨，门外滩声自往还。
> 吸月樽深浮玉近，采莲舟去碧波闲。
> 春兰秋桂年年好，憔悴风尘满厚颜。

　　刘伯温提到的岘山就在乌程县（今浙江湖州）南五里处，原名显山，唐时因避显宗讳而改为现在的名字，岘山上有李适之石樽和颜真卿、苏轼、王十朋三贤祠。刘伯温拜访三贤祠，焚了几柱香，以寄托自己对古人的惺惺惜别之情，也道出了自己年过三十却一事无成，落得憔悴无比，闲人一个的心酸情感。

至于嘉兴之行，刘伯温的心情稍有好转，他不但坐在乌篷船上摇摇曳曳，还品尝了当地有名的肉粽子，又是一番怀古论今，并赋诗《水西寺东楼晓起闻莺》以作留念：

日上高城柳影齐，风轩临水看莺啼。

初来木杪鸣相应，稍入花间听却迷。

芳草自深勾践国，行人犹隔御儿溪。

思家每恨无轻翼，可对莺华不憯凄。

水西寺位于嘉兴路通越门内，风景优美。刘伯温被眼前的美景吸引，想到了勾践卧薪尝胆的典故，他多么希望自己也能苦尽甘来，实现个人抱负。本诗还透露出他已有相当长的一段时间在外过着羁旅生活，正因为此，才会有"思家每恨无轻翼，可对莺华不惨凄"的心理感受。

江东之游，刘伯温自然少不了去历史名城金陵走一遭。"江南佳丽地，金陵帝王州"。汉献帝建安十三年（208年），蜀相诸葛亮为了联吴攻魏，出使东吴，在石头城上纵观天下，赞叹金陵山川形势是"钟阜龙盘，石城虎踞，真乃帝王之宅也"。此后人们便常用"龙盘虎踞"来形容金陵。三国时代，吴自京口迁都于此，更名建业。晋平吴，又改建业为秣陵。此后，金陵又称建康，晋元帝复以此为都，宋、齐、梁、陈因之。作为六朝古都的金陵，自有其非同寻常的地理优势，其东以赤山为城皋，其南以长淮为伊洛，其北以钟山为曲阜，其西以大江为黄河，外连江淮，内控湖海，江南形势莫重于此也。

元朝的金陵，至元中为建康路，天历初又改为集庆路。刘伯温当于"紫桂吹香"的九月，从镇江丹徒溯江而上至金陵。面对金陵古都，他追昔抚今，每至一处皆感慨系之，创作了不少优秀的文章。

到金陵，钟山是必游之地。钟山，古称金陵山，山周围六十里。登上山巅，环视远瞰，扬子江、玄武湖、秦淮河、栖霞山皆历历在目，整个金陵景观尽收眼底。时值多事之秋，刘伯温的观感深沉厚重，其《钟山作十二首》云：

> 玄武湖中草自秋，石头城下水长流。
>
> 繁华过眼成今古，更与牛羊竞一丘。

金陵秋景，本是美中之美，自然景色如此秀丽，在刘伯温笔下却染上了浓烈的主观感情色彩，即便是丹叶红枫，秋收在望，一旦与已成历史的六朝遗迹连在一起，也就失去了原有的亮丽色彩。在他的眼里，一切美景都是灰色的，昔日之繁华，已成过眼云烟；如今之金陵古都，则是花残叶落，了无生机。也许是金陵的历史沉浮和其个人的宦海经历相似，刘伯温在金陵留下的文章大多消沉、压抑。

在金陵，刘伯温还带着批判和嘲讽的心态游览了半山寺。半山寺是北宋著名政治家、文学家王安石的故宅，对这位青史留名、官职到丞相的文坛前辈，刘伯温亦作绝句《半山寺二首》来点评：

> 王家废寺旧闻名，荆棘花开鸟自鸣。
>
> 深夜狐狸穿破冢，佛灯争似鬼灯明。
>
> 奸邪变法事多端，气焰兴妖胆自寒。
>
> 漫道谄谀堪媚佛，竟将佛作么人看。

这首诗刻意描绘了王安石故宅的荒凉、颓败，写了深夜狐狸在院落里穿行，佛灯豆火似鬼灯的景象，使得王安石故宅阴气沉沉，无比妖孽。从主观上就可以看出刘伯温对王安石的厌恶，借助此诗，他还大发一己之慨，称王安石变法为"奸邪变法"。客观地讲，王安石变法还是有可取之处的，如果能成功，国力肯定会大大增强，百姓也会有收获，这场变法最终因为触犯了大地主阶级的利益而失败了。

刘伯温发出这样的议论，显然也是站在统治阶级立场上看待的，可看出他思想观念之保守和顽固。换句话说，此时的刘伯温是一个非常固守原则、死板教条、不会灵活变通的人。在刘伯温的眼里，他不屑于与那些"漫道谄谀堪媚佛，竟将佛作么人看"的古人为伍，而且极尽诋毁。刘伯温身处王安石故居，触目之处，唯蔓草破石而已，他虽然哀叹

昔日繁华的城市华彩不再，却不愿意对这位孜孜以求的改革家做出稍许的赞叹，其内心里依然希望成为朝廷的重臣，为朝廷出力而已，所发的感慨用读书人的执拗病或者矫情来形容也许更恰当些。

刘伯温在古老的金陵城中逗留的时间很长，他还游览了附近诸多山林河川，也许还会利用自己掌握的天文地理、奇门遁甲之术对金陵做了一番勘测。也许是为了探究金陵的战略地位，他还曾沿江而上，到过太平路（今安徽马鞍山）一带。他的文集中就有《绝句九首》《绝句漫兴十一首》，亦当于漫游金陵之时所作。《绝句漫兴十一首》的最后一首就写到了采石矶，对这一名气很大的地点做了详尽的点评。

也许是过多的伤感影响了他的心情，也许是劳累过度导致身体出现不适，刘伯温不经意间生病了。其中有几首诗，他谈到了自己的身体状况，似乎病得很重。《绝句九首》其一云：

> 异乡风景不知春，满地苍苔一病身。
> 睡起无人问幽独，杜鹃声在绿杨津。

从此诗"睡起无人问幽独"可以推断，刘伯温是一个人在外云游的，亲人都不在身边。他连年累月地四处游历，又心怀感伤，导致身心疲惫，意外生病也是很自然的。不幸的是，似乎他的盘缠也出现问题。《绝句漫兴十一首》其七云：

> 病客无钱试药方，出门聊复信行藏。
> 争知头上萧萧发，却与游丝较短长。

两年的游历应该会花掉不少钱财，以致盘缠不足，于求医买药的钱都没有了，刘伯温内心感到极大的痛苦也是正常。病榻中的他难得静下心来，住在客栈里，在等待家里派人给他送盘缠的时候，他开始思索元帝国和自己出现的若干问题。

同病相怜的是，就在刘伯温游历江东的这两年间，元王朝的日子也不好过。至正四年（1344年）正月，黄河在曹州（今山东菏泽）决口，后又在汴梁（今河南开封）决口；四月，淮北大旱，继以瘟疫；五月，大霖雨，黄河在白茅堤、金堤决口，曹州、濮州（在今山东鄄城）、济州（今山东济宁）、兖州皆受灾。是岁，巩昌（今甘肃陇西）、山东、河南、保定、庆元（今浙江宁波）、抚州等处饥荒严峻。天下大乱的前兆一般都会有各种天灾出现，这些频起的灾祸让百姓如同生活在水火之中，加剧了民变的风险。

灾荒导致食物紧缺，民饥的直接后果就是民众为了食物铤而走险，只要能有一口食物，就敢于不顾性命去争夺。至正四年（1344年）八月，益都盐民郭火你赤起事，饥民纷纷加入，大军上太行，由陵川入壶关（太行山口），至广平，杀兵马指挥，复还益都，声势浩大。十二月，湖广、广西瑶民因为饥饿而奋起，他们攻靖州（今湖南靖县）、浔州（今广西桂平），分别形成地方反元军事势力。

至正五年（1345年）春，朝廷以陈思谦参议中书省事。陈思谦建言："所在盗起，盖由岁饥民贫，宜大发仓廪赈之，以收人心，仍分布重兵振抚中夏。"面对汉臣建议开仓放粮的赈灾提案，朝廷置若罔闻，反而加紧搜刮百姓手中的有限存粮。官府的货仓里粮食堆得满满的，百姓的米缸里却空空如也。野菜、树皮、野生动物都被吃光了……

至正五年（1345年）七月，黄河在济阴（今菏泽）决口，官府和平民的房屋皆被冲毁。是岁，京畿、巩昌、兴国、汴梁、济南、瑞州（今江西高安）等处饥荒四起，徐州、东平等路尤甚，人相食惨状频发。元廷却熟视无睹，任凭人间悲剧上演。

百姓处于水深火热之中，冷眼旁观的刘伯温终于按捺不住同情之心，他不忍心看着百姓受苦，很想为他们做些事情，他始终坚信"为官一任，造福一方"的宗旨，他想重新进入官僚体系中，实实在在地为老百姓做些实事。

刘伯温也许为自己推算了一番，认为自己的贵人在北方，便想到大都去转转，那里有欣赏自己的前辈和故友，看看是否能疏通一下关系，重新谋一个官员的位置。就在这样的想法促动下，他第二次启程北上元

大都。如今的刘伯温两鬓已经出现白发，当年那个风华正茂、气宇轩昂地进京赶考的少年郎早已成为秋风里的回忆。时过境迁，刘伯温怎么也没想到，自己混得这么惨，都 36 岁了，既没有体面的事业，也没有稳定的经济收入，完全是一个中看不中用的落魄文人，还要为重新谋个一官半职而四处奔走。

怅游梁山

至正六年（1346 年）初夏，在江东游历了两年多的刘伯温开始了北游。

此次远游大都，途中要经过"乱民"叛乱之地，也就是遍地饿莩、乱民四起的灾荒之地。为了安全起见，刘伯温基本上都是沿着有元兵护卫的京杭大运河北上的。这是一条水运粮道，供应着元大都的粮食之需，一路上都有兵丁守卫，还算安全。为了安全，商船一般都会随着运粮的官船前行，刘伯温就这样一路北上。

元朝定都大都后，因"百司庶府之繁，卫士编民之众"，大都的粮食不得不靠江南供给。至元二十九年（1292 年），在都水监郭守敬的倡议和主持下，疏浚、打通了一条从大都至通州的新河道，与旧运河相连接，全长 164 里，置坝闸 21 处。元世祖过积水潭，见舳舻蔽水而大悦，名之曰"通惠河"。济州河、会通河、通惠河这三条河道的开通，就从当时黄河所经的徐州，向西北直达御河上的临清之间，打通了一条水上捷径，使漕运缩短了六七百里的路程；并且无论是南起杭州的大运河，或由海道至通州的水路运输，都可经通州直达大都城内的积水潭。这样，濒于废弃的古代京杭大运河又焕发出勃勃生机，成为元明清三代六百余年间南粮北运、商贾往来的水上运输主干线。

刘伯温乘坐一艘挂满白帆的商船，途经扬州、济州、汶上、寿张（旧县名，在山东西部，今并入山东阳谷和河南范县）、东昌（今山东聊城）、景州（今河北景县）等地水域，最后抵达元大都。

济州是京杭大运河必经之地，自元初京杭大运河东移后，济州更成了南通江淮、北连燕冀的水上交通枢纽，于高处俯瞰，运河南北，帆樯往来如织，四方商旅云集，一片繁华之象。济州之南城，为古任城地。史书记载李白当年初游任城，知县贺知章请他喝酒，两个人喝得十分尽兴，后人因此建"太白酒楼"于此，并塑二公之像为"二贤祠"，以志李、贺两位先贤之幸会也。太白酒楼虽几经兴废，但李白的英魂永存！

商船在此停靠补给食物和水，需要停驻两日，刘伯温借此良机登上了太白酒楼，他在《济州太白楼》中不无感慨地吟哦道：

> 小径迂行客，危楼舍酒星。
> 河分洸水碧，天倚峄山青。
> 昭代空文藻，斯人竟断萍。
> 登临无贺老，谁与共忘形？

置身于酒楼之中，缅怀一代才子的流风遗韵，刘伯温自然是感慨万千。当年李白客游到此，有贺知章与之畅怀共饮，一定是喝得酣畅漓淋；而今独上斯楼，自己却是一个人，连个喝酒解闷的人都没有，如此一想，那种落寞孤独之感又不免袭上心来。

带着惆怅游罢了济州，刘伯温继续北上。不过，当船队行至东平路汶上县之南望（即南旺）时受阻了，原来，南望有两处坝闸，上闸名柳林闸，下闸名十里闸，两闸相距十里，汶水自东而来，行二闸之中，由分水口南北分流入运河。元代新筑运河的一个共同特点，即"度势建闸，层层节水"，以闸坝斗门调节水位，以使船只能从水位低处通往高处。这和现在的三峡船闸是一个道理的，可见古人的许多科技杰作并不比现代人差多少。刘伯温舟行至此，因闸门正在蓄水未启，只好停泊耐心等待。

寂寞的旅途，又缺少旅伴，刘伯温不能四处游走，只能呆在船上，无聊中愁绪顿生，他坐在船边四处瞭望，遂吟《过南望时守闸不得行》诗一首：

> 客路三千里，舟行二月余。

> 壮颜随日减，衰鬓受风疏。
> 蔓草须句国，浮云少昊墟。
> 愁心如汶水，荡漾绕青徐。

　　渐进大都，刘伯温内心开始泛起波澜，他于诗中所抒发的不再是一种百无聊赖的空寂，而是一位仁人志士对功名未就的生命感叹！他的吟诵和岳飞"莫等闲，白了少年头"有异曲同工之妙，壮颜日减，鬓发渐疏，诗人有一种时不我待的紧迫之感，再不建功立业就晚了。

　　两日后，商船终于过了南望，行不多远，便到了蔚为壮观的八百里东平湖了，可以遥望到赫赫有名的水泊梁山了。梁山位于东平路寿张县东南七十里，本名良山，因梁孝王游猎于此，故名梁山。众所周知，梁山闻名遐迩，主要原因在于宋江等一批英雄好汉以此为农民起义的大本营，劫富济贫，最后被朝廷借招安之策荡平，让后人惋惜所致。到了元朝，有关"宋江起义"的故事通过说书、戏剧等文艺样式，几乎达到了家喻户晓的程度。受此影响，和刘伯温有师门之谊的施耐庵已经开始着手写作传奇小说《水浒传》，此书成书于元末明初，恰好就是这个乱世之秋。

　　刘伯温作为元朝为数不多的进士之一，其思想观念是非常正统的，对于叱咤风云，一时搅得北宋王朝不得安宁的"梁山好汉"的认识，他与施耐庵的见解是相距甚远的。刘伯温顺路上梁山游览，是带着痛斥和嘲讽的去的。"梁山好汉"在此留下的遗迹很多，相信他都会逐一饱览。耐人寻味的是，刘伯温偏偏在"分赃台"抒发感慨，写了《分赃台》一诗：

> 突兀高台垒土成，人言暴客此分赢。
> 饮泉清节今寥落，可但梁山独擅名。

　　刘伯温称梁山好汉为"暴客"，是褒是贬，不言而喻。他所受的儒家教育和"梁山好汉"的起义是格格不入的，心底是一种蔑视，但此诗创作目的并不是为了评价宋江辈的功过是非，而是感叹当时政界廉洁者穷愁潦倒，贪浊者却踌躇满志的反常现象，除了对衙门贪官污吏冷嘲热讽，对梁山保有的好名声也感到不理解。刘伯温对农民起义非常排斥，他更寄希望于统治者自上而下的转变，这种观念一直影响他很久，甚至当他初遇朱元璋时，都是带着厌恶的态度而远远回避的。

北上感怀

过了梁山之后，刘伯温看到两年前的那次黄河决堤导致的水患，至今依然还祸害着当地的百姓。黄土淤积，大片的良田都变成了荒地，水深的地方又形成了水乡泽国，各种垃圾陷在泥中，无法耕种。此次北上大都，途经淮河、黄河流域，他亲眼目睹了淮、黄流域大灾之后的荒凉景象，其感受非常深刻，而且是愈靠近黄泛区，其感受就愈加深刻。最后，他终于按捺不住悲愤的情怀，作五言长诗《北上感怀》，抒发自己火热的情感。这首诗对大灾之后黄泛区的惨状作了如实的客观记录。《北上感怀》写道：

逾淮入大河，凄凉更难视。
黄沙渺茫茫，白骨积荒蔰。
哀哉耕食场，尽作狐兔垒。
太平戢干戈，景物未应尔。
意者斯人徒，纵欲扰天纪。
鬼神赫震怒，咎戾良有以。
去年人食人，不识弟与姊。
至今盗贼辈，啸聚如蜂蚁。
长戈耀白雪，健马突封豕。
岂惟横山泽，已敢剽城市。
途行绝稀少，空车但墙倚。
身行须结集，一寐四五起。

饥荒肆虐，饿殍遍野，人吃人随处可见，盗贼四起，打家劫舍，官府却不作为，任凭社会动荡，百姓受苦。刘伯温一边希望朝廷以苍生为念，及时赈灾，安抚百姓，一边又对那些起义反元的"盗贼"感到憎恶。朝廷依然沉醉在歌舞升平之中，哪里管社会的混乱、百姓的死活。刘伯温痛心疾首，夜不能寐，一晚上醒过来四五次，对各地官府这种可耻的勾当感到厌烦。他在《北上感怀》中作出这样的议论：

> 陈红太仓米，丰年所储偫。
> 为民备乏困，朝廷岂私此？
> 推余补不足，兹实王政始。
> 臣子宜奉承，天威不违咫。
> 奈何簿书曹，暴慢蔑至理。
> 苟云出纳吝，当闵穀粜死。
> 呜呼草莽露，惨恻沟渎委。
> 闻之犹鼻酸，见者宜颡泚。

刘伯温对元王朝仍抱有幻想，认为皇帝还是好皇帝，只是下面的臣子都变质了，这也体现了他的个人局限性，天真地以为皇帝可以改变这个困局，却注意不到整个统治阶层已经腐朽。

他对朝廷囤粮自肥、不思赈济的行径深为不满，发出"陈红太仓米，丰年所储偫，为民备乏困，朝廷岂私此"的质问。此时的刘伯温与漫游金陵时冷眼旁观历史变迁的心境，感叹"虚名在误身世"的消极遁世迥然不同，看到百姓流离失所，他的心境发生了根本的变化，他沿途挥笔赋诗，尤其悲怆沉郁，描绘了一幅惨然图景。

刘伯温认为，朝廷有粮而不赈，坐视百姓饥寒交迫甚至死亡，这无疑是逼着他们铤而走险。越是这样，刘伯温越发感觉到为民请命的重要性，作诗道："痛哭贾生狂，长叹漆室，何当天门开，清问逮下俚。"刘伯温由遁世到入世的转变，主要是以有感于生民困苦、社稷安危为契机，为民请命是促成他转变的外在动因。

在途经东晋名将祖逖故里时，刘伯温作《吊祖豫州赋》，感佩其"系生民之休戚"的品节，哀叹祖逖生不逢时，壮志难酬。此次北上，他感慨甚多，希望自己一定要把握人生际遇，实现伟大抱负。这是他重新步入仕途的内在动因。

离开黄泛区后，大地逐渐出现绿油油的麦田，民间的疾苦似乎也少了许多，刘伯温的心情也暂时平静下来，过了景州，已是"神京看渐近"了。夜间行舟，格外寂静，林间众鸟栖息，两岸芦叶萧萧，唯有轻柔的夜风扑面而来，让人神志清爽，他开始盘算元大都之行能否如愿以偿？他能否见到昔日的故友同窗？

大都访友

刘伯温是一个志存高远、想干一番事业的有识之士，他归隐也好，游历也罢，归根结底还是为了能够再度出山，也可以说是待价而沽或是谋势而动。他在《招隐》诗其二中说得再明白不过："于时苟无用，安事空摧颜？"这句话是否有这样一层含义——他此次北上京师的真正目的，就是为了自身的政治前途。他试图通过拜会京师那些在重要岗位上的朋友、座师、同学等，以期得到他们在仕途上的某种照应。

刘伯温拜见了哪些人没有太多的记载，那位敦厚善良又能奖掖后进的长者揭奚斯在两年前去世了，其他故友对他很热情，却办不了实事，令他有些失望。这就难怪他在游白塔寺之后会发出"物换星移事已迷，重来旧处惑东西"的感慨了。不过，在京城期间，刘伯温还是找到了一位"贵人"，他就是"布（普）达世理原理（也译作不答失里）"。

布（普）达世理原理这位贵人一定给了刘伯温足够的建议和支持，也许还会为他疏通，为他在京城走关系。所以，刘伯温返程至通州时，刻意作《自都回至通州寄布（普）达世理原理》两首留作纪念，从诗中可以发现端倪。

其一云：

旦辞文明门，回首望宫阙。

长云拥蓬莱，烟雾中蓊郁。

此去不崇朝，杳若隔溟渤。

扁舟指吴云，离梦萦燕月。

虽怀归乡欢，复怆知己别。

裁诗寄悠悠，感念深至骨。

其二云：

西风吹青冥，征鸿暮萧萧。

一辞都门去，便觉京国遥。

轻霜入秋鬓，落英罄寒条。

念我同年友，高谊薄九霄。

恨我处遐远，不得陪晨朝。

绵绵久要心，万里匪为辽。

鳝鲂赴清渊，孔翠依兰苕。

飞潜各有适，分得无外徼。

伫立望阊阖，倾耳聆萧韶。

"念我同年友，高谊薄九霄"，据诗意理解，这位叫布（普）达世理原理的人是刘伯温的同年进士，两个人感情颇深，就像是大学同一个宿舍里的死党一样。"虽怀归乡欢，复怆知己别。裁诗寄悠悠，感念深至骨"，又说"念我同年友，高谊薄九霄"，足以证明两人友情非常深厚。"恨我处遐远，不得陪晨朝"，这句诗很有说服力，可以得知布（普）达世理原理是在朝廷供职的，而且可以上早朝，显然是个重要的官职，但究竟居于何职，史无记载。"布（普）达世理原理"也译作"布达世理"，当为"布达实哩"的别译。《钦定辽金元三史国语解》卷九谓"布达实哩"系宗室诸王之姓，据此可知刘伯温所称的这个人应为王室之后裔，当为蒙古贵族。有这样一位背景深厚的"同年"鼎力相助，自是比一般的"同年友"更为有用，这与他游历江东后再度出山也许有一定关系。不过，这只是一个推测，一个在位，一个在野，两个人的差距很大，布（普）达世理原理真的会为这位"同年"出力吗？对于这样一位到京"跑官"的同窗他真的会为其疏通关系吗？不得而知！

刘伯温于京师停留了一段时间，拜访了诸多人士之后，便打道南归，时间大概在至正六年（1346年）的秋季，只是回归的路线稍有变化。这次南归，他没有原路返回，而是经通州至直沽（天津），再转由界河口走海路至莱州大洋（莱州湾）上岸到益都昌乐（现属潍坊市）。为什么要兜这样的一个大圈子返程，刘伯温没有交代，推测下来应该是心情愉悦，特意到大海上做一番游览，然后在莱州上岸，与昌乐的文人雅士做一番交流才转至济南，最后又取道东昌，再由东昌沿大运河回归江浙。

第二次途径东昌时，刘伯温又作《过东昌有感》一诗，对这次北行做了一个深刻的总结。他说"况闻太行东，水旱荐为虐，饥氓与暴客，表里相倚着"，还指出"赈恤付群吏，所务惟刻削，征讨乏良谋，乃反恣剽掠"。朝廷委以赈灾重任的地方"群吏"，不事"赈恤"，唯事"刻削"；去征讨"暴客"的将官，平乱无谋，"反恣剽掠"；此二者致使朝廷的"一番苦心"反而成了无用功，并认为"民饥"是"盗起"的重要原因。能这样客观地看待问题，这是刘伯温的一个巨大进步，他不再以高高在上的心态痛斥"暴客"，而是查找他们谋反的深层原因，对农民迫不得已的起义之举表达了同情。

元大都之行和其后的游历直隶、海上航行、山东访友，刘伯温拜访的人应该不在少数，他的思想体系受到了前所未有的冲击，与先前自己归隐和游历江东时接触的那些人完全不同，他的观念发生了转变，不再闭门造车，而是能实事求是地看待问题，发掘问题深处的根本原因。对于刘伯温来说，这是一个蜕变，这次北行是明智的，也是大有收获。此后，他不再沉醉于相对封闭保守的生活环境，而是要积极投身于时潮之中。

返程过东昌之时，气温愈发降低，不知不觉中已到了初冬季节，早晚的寒凉让刘伯温归心似箭，他急于赶路，可回到江浙时还是到了寒冬

时节。刘伯温终于停下来脚步，住了下来，休整一下疲惫的身躯，梳理自己的思路。风尘仆仆一走就是三年的时间，他思考了许多人生大事和个人发展的方向，他在等待时机重回仕途。

至正七年（1347 年），刘伯温一边淡定力学，一边耐心等待复出，他的努力有了回报，据可靠朋友透露，他快要如愿以偿了。直到一年将近，喜讯还是未到，眼看临近年关，春节的气氛渐浓，刘伯温按捺不住思乡之情，有些寥寂地踏上回家之路。终于，他在小年前平安回到了老家，和家人团聚了，过了一个久违的团圆年。

至正八年（1348 年），刘伯温辞别父母后离开了家乡，他携两位夫人来到繁华的杭州寓居。刘伯温的结发妻子是富氏，也许是近亲结婚的缘故吧，富氏一直未孕。后来刘伯温又另娶了一房，二夫人姓陈。同年夏，刘伯温的二夫人喜得贵子，取名刘琏。刘琏是长子，做了父亲之后，刘伯温显得更加成熟稳重了，这一年，他 38 岁了。

传道授业

至正八年（1349 年）夏，沉寂八年之久的刘伯温终于迎来了事业上的大转折，他有幸回归到政治舞台上。此次复出和刘伯温自己的高调"投递简历"有很大关系，首先在文坛上，他开始有了一定的地位和知名度，其次他积极入世，参与各种宴请和"文化沙龙"，有了足够的展现机会。

这一次，刘伯温被委任为江浙儒学副提举。儒学提举司属于教育部门，有提举、副提举各一人，还有吏目一人，司吏两人。提举是从五品官，副提举就只有从七品了。就职位而言，也算是升了小小的一级，可是这和刘伯温的期待还是有很大差距的。不管怎样，他能重新出山表明他不甘于做一个山野夫子，八年的隐居生活让他忘记了内心的不快，这是他对为官一任、造福一方的情怀难以抛弃而争取来的。

这次被任命，也许跟他在大都拜访朝廷中任职的布（普）达世理原理有一定的关系，当然，也极有可能还有其他朋友的鼎力相助。当时的

江浙行省参政苏天爵就是极力支持刘伯温入仕的一位官员。在此之前，刘伯温与苏天爵并无交往，两个人是通过朋友穿针引线结识的。刘伯温何等才华，苏天爵和他一番交流之后，就动了要提拔他的念头。

苏天爵，字伯修，真定（今河北正定）人。此人博学多才，为文长于序事，平易温厚，文章成一家之言，而诗尤得古法，有《诗稿》七卷、《文稿》三十卷行世。苏天爵于至正七年（1347年）出任江浙行省参知政事，管理能力和掌控经济发展的能力十分突出。当时江浙财赋居天下大半，事务最为繁剧，而苏氏条分目别，细巨不遗，政绩卓著，深得朝廷信赖。

尤为可贵的是，苏天爵和揭奚斯一样，非常重视人才的培养，对人才十分珍惜。苏天爵认为："人材乃邦家之本……善言治天下者，不患法度之不立，而患人材之不成；善言人材者，不患气质之不美，而患师学之不明。"所以，上任伊始，他便四处物识人才，有识之士亦趋之若鹜，皆乐于在其手下供职。

据杨维桢称：苏天爵首得属掾沙可学，再得高明，又得葛元哲，三人皆进士出身，真可谓人才济济。这三位进士在行政上与苏天爵是长官与幕僚的关系，在文坛上是宿将元老与后生晚辈的关系，又因苏氏人品好，具才干，有惠政，三位下属十分敬重他。

前文提到，高明、葛元哲都是刘伯温的好友。葛元哲与刘伯温早在江西高安的时候就成为至交好友了。而高明于至正五年（1345年）中进士之后，即到了刘伯温的老家处州，任处州路录事，按照当时的官场规则，他肯定会去拜访刘伯温父母。高明在处州任录事期间，即已崭露头角，显示出了他的行政才干，而且口碑极好，当他离任之时，处州百姓要为他树碑立传。"去思碑"的碑文，就是刘伯温亲自写的。高明在处州一干就是三年，直到至正七年（1347年）才辟掾江浙行省，在其老师苏天爵麾下做幕僚。有了这些微妙的关系，刘伯温的复出，或许也与这二人的大力荐举有着一定的关系。

刘伯温出任江浙行省儒学副提举，可以说这个教育系统的职位很适合他，教育部门和职权部门还是有差别的，至少竞争压力小，钩心

斗角的环境没那么糟糕，可以安心做学问。刘伯温上有开明的上司，身边有情趣相投的同事，虽然职位依旧卑微，但心情舒畅，因而工作特别尽心。

刘伯温在儒学副提举这个岗位上一干就是三年，培养了大量的学生，其政绩可圈可点。行省儒学提举司的职责是："统诸路、府、州、县祭祀、教养、钱粮之事，及考校进呈著述文字"，其职能相当于现在的省教育厅。

刘伯温非常关心、重视教育，他对人才的重视绝不亚于他的上司苏天爵。刘伯温在后来所著的《郁离子》和《拟连珠》六十八首中，有一系列关于人才的培养、选拔、任用、考核、升迁的精辟论述。认为未来当国者，要实行"王政"，关键在于吏治和人才，而人才培养的主要途径在于振兴教育，"夫教，政之本也；知本，斯知教矣"。这些认识大概就是做儒学副提举积累下来的吧！他认为地方学校的功能除了为国家培养高素质人才之外，还承担着"教民明人伦"的重要职责，以提高百姓的道德水准。作为提举儒学的行省官员，振兴教育，兴办学校，他认为责无旁贷。所以，每当地方上出现兴办学校之义举，总是感到由衷欣慰，并予以鼓励和表彰。

对于刘伯温的表现，苏天爵也很认可，因此对他非常照顾和乐于表扬。刘伯温特别佩服苏天爵不避强御、明察秋毫、秉公断狱的大无畏精神。因此，苏天爵就成了刘伯温一生最为敬重的上司之一。可惜的是，苏天爵的优秀品格也成为他自身升迁的障碍，他得罪了许多权贵，在官场进退失据，连带着他的门生故吏都受到牵连，这也包括刘伯温在内。这是后话，我们暂且不提。

至正十年（1350 年）九月，刘伯温次子刘璟出生了。刘琏、刘璟都是陈氏所生。在杭三年，刘伯温添了两位儿子，着实是一件值得高兴的事情。

此时的刘伯温事业比较顺利，家庭又幸福美满，他在吴越一带也可以说是小有名气，加之身居行省儒学副提举之职，与各地儒士、学子有着广泛的接触，从而使其在文坛的知名度又有了进一步的提高，一切都

向着美好的方向发展。

正因为刘伯温在文坛上声名鹊起，诗朋文侣请其赐文者接踵而至。在他任职江浙儒学副提举期间，有不少序跋是为名不见经传的晚生后学而作，这正好体现了他奖掖后进的长者风范。刘伯温在杭期间广交朋友，在结识的朋友当中，有两位江西青年学子最为有潜力，一名郑士亨，一名熊文彦，这两人后来都成为赫赫有名的大学者。他先认识郑士亨，又因士亨而结交熊文彦，在他们的学业上给予了辛勤指导。

刘伯温再登仕途，因为工作环境良好，所以有较多的余暇并以较好的心情与社会各界频繁交往，参加了大量的社会交往活动，结交了许多人。在他的朋友当中，自然以诗朋文侣居多，也不乏社会各界人士，三教九流，无所不包。他在《刘显仁墓志铭》中说："至正八年，予初寓临安，交友未尽识也。"

有趣的是，刘伯温结交了许多友善的朋友，也无意间得罪了一些坏朋友。好人总是好人，不太做坏事，坏人却总是做坏事。不知不觉中，性格固执和做事认真的态度又将他推向悬崖，面临进退危机。

第六章　遍地红巾

红巾四起，天下大乱，乱世英雄层出不穷。刘伯温很想为国效力，建功立业，可是命运却让他在仕途上举步维艰……

不解之缘

至正八年（1348 年），也就是刘伯温寓居杭州的头一年，来自元朝底层百姓的愤怒终于到了不可调和的境地，干戈四起，天下大乱，大规模的农民起义终于拉开了帷幕。在此，我们要特别提到一位和刘伯温毕生牵扯最频繁的"暴客"，他就是方国珍。

方国珍，黄岩（今浙江黄岩）人，身材高大，面色黝黑，体白如瓠，力赛奔马。其家族世代以行船海上贩盐为业，兄弟五人均以此为生。因为仗义疏财，平日里聚得一些可以性命相托的兄弟玩耍。

元至正八年夏，有一个名叫蔡乱头的人做了海贼，带着几艘快船在海上打劫财物，官府数次派兵追捕他。蔡乱头异常狡猾，每次都侥幸逃脱，然后又广聚兵马，为患日深。元政府张贴告示，凡是能提供线索者重赏，对通匪者格杀勿论。

至正八年十一月，一个因为贩私盐总是与方国珍交恶的人看到了告示，便起了嫁祸于人的鬼心思，他到官府秘密告发了方国珍通匪。元地方政府便派兵捕杀方国珍。幸好方国珍在衙门里有几个处得不错的哥们儿，悄悄给他报了信儿。

方国珍知道只要上了政府的黑名单，就是有一万张嘴也说不清楚，索性就反了吧！于是，方国珍与其兄方国璋、其弟方国瑛、方国珉等人杀死仇家，然后乘船逃亡海上，占据数个岛屿，升起造反的大旗，很快聚集起数百人。他们抢劫过往船只，阻塞海路，截断了元朝的运粮之路，将抢来的粮食或者货物变卖，短短一年多的时间就发了大财，壮大了实力。

至正十年（1350年）夏，朝廷令江浙行省参政多尔济巴勒（亦称朵而只班）率三万大军征讨方国珍。官兵十倍于义军，形势十分严峻。方国珍当机立断命令义军沿海路向南撤退。数日后到达福建五虎门外，他见海湾地势险要，与己有利，才部署设伏迎战。多尔济巴勒挥师追到五虎门，望见黑暗处的点点火光，以为那是方国珍船队休息集结的海域，便一股脑儿杀进来。战舰跌跌撞撞，终于行驶到近处，只见前面方船队上的火光变成熊熊大火，船上不见一兵一卒。疑惑间，骤闻号角四起，杀声震天，方国珍指挥小船从四面包抄，火箭如蝗，官船起火，元兵纷纷落水。多尔济巴勒的指挥船被方军"水鬼队"凿穿船底，主帅被生擒活捉，方国珍大获全胜。

方国珍是个投机者，他过不惯在海上的苦日子，也担心战败被杀，抓到了这个挺有分量的俘虏之后，就动了"招安"的念头，于是他迫使多尔济巴勒上书请命于元朝，说他有意归顺朝廷，让朝廷授他为定海尉。朝廷斟酌再三，觉得短时间之内很难剿灭方国珍，不如招募了这支"地主武装"以为己用，就随便给他封了一个类似"弼马温"的头衔，又赏了一些财物，下令方国珍弃船上岸。

方国珍得意洋洋地带着兵马上了岸，不过他们并没有交出战船，还是停靠在海边，由自己人看护。他也担心朝廷出尔反尔，随时都在准备重新下海。此乃方国珍第一次受招安。

多耳济巴勒也跟随方国珍上岸，但是他随即被带往大都受审，因为兵败方国珍，朝廷欲治其罪。枢密参议归旸曰："将之失利，其罪固当，然所部皆北方步骑，不习水战，是驱之死地耳。宜募海滨之民习水利者擒之。今国珍已败我王师，又拘我王臣，力屈而来，非真降也，必讨之以令四

方。"朝廷认为，方国珍既已上岸，不管怎样，最好相安无事，不愿意剿灭方国珍，所以没采纳归旸的建议，只是将多耳济巴勒关押起来。

方国珍很快打探出消息，他推测朝廷不会对自己动手，于是心安理得地接受了朝廷授以的官职，带着自己组建起来的地主武装承担着巡视海防的责任。

没多长时间，徐州附近出现反元义军，元廷四处调集兵力前去长江防守，恰好有几支军队从方国珍周边的县经过。元廷的军队不停调动，胆小的方国珍以为要对他动手，慌了手脚。

至正十年（1350 年）十二月，投降没多久的方国珍忽然卷了钱粮，率领自己的武装力量逃窜到大海上，这是他第一次反叛朝廷。再次入海后，方国珍时常率兵游击攻掠温州等处，给沿海造成极大困扰。对于这股言而无信的悍匪，刘伯温非常气愤，他多次在公开场合谏言清剿方国珍，影响和带动了很大一部分舆论。方国珍也是从这个时候知道了刘伯温这个对自己誓要剿灭的官方代言人，二人就此结下深仇。

至正十一年（1351 年）正月，朝廷命江浙行省左丞博啰特穆尔（亦称孛罗帖木儿）率领熟悉水战的士兵进讨。行省大臣审时度势，认为仅凭武将不足以剿灭海寇，须辅之以谋士，遂拟择"知海滨事"者入浙东元帅府参与戎事。

此时，苏天爵被恶意中伤，前途不保，他的门生故吏都生存艰难。在这样的形势之下，高明决定投身军营效力，遂毛遂自荐，弃笔从戎，做了一名军事参谋，并于至正十一年（1351 年）二月加入了征讨方国珍的行列。

临行前，刘伯温为其饯行，席间对高明的选择颇为神往，按捺不住内心的激动，赋《从军诗五首》为自己的好友高明出征壮行：

> 江乡积阴气，二月春风寒。
>
> 壮士缨胡缨，伐鼓开洪澜。
>
> 长风翼万轴，撇若横海翰。
>
> 马御伏辕门，翊卫森水官。

仗钺指天狼，怒发冲危冠。

……

按节肃徒旅，神剑宵有声。

挥挥大旗动，烈烈刁斗鸣。

仰看太白高，俯视沧波平。

王师古无战，蟊獭安足烹。

从诗中可以看出，刘伯温对此次"剿匪"怀有必胜的信心，对元廷的军队也称为"王师"，足以证明他的政治立场。同时，他还对好友高明毅然从军表示赞赏，认为他在此次军事行动中能发挥应有的智囊作用，并希望他功成名就之后，"拂衣不受赏，长揖归蒿藜"，将大名留在史书和民间传颂中，那份孤傲的心态可见一斑。

刘伯温也急于想到前线立功，可惜上级没有同意，也没有人注意到他的军事才华，而且好友高明既然已经从军做幕僚，他再加入不免有名分之争，遂作罢。不过，刘伯温私下里却搜集了许多农民起义军的情报，在自己描绘的军事地图上摆一摆攻防对阵，聊以自遣。数番推演下来，刘伯温忽然惊出一身冷汗，他发现大元帝国已经处于暴风雨来临之前的最黑暗时刻。全国性的反元组织正迅速酝酿并积极发展力量，各路反元势力在不断成长壮大，一场大规模的反元斗争即将爆发。

天下大乱

元至正十一年（公元 1351 年）春，将元朝拖入深渊的最后一根稻草压了下来，元朝统治的基石开始松动、崩塌。这一年因为黄河凌汛，河南开封一带的黄河再次溃堤，洪水四溢，所到之处一片狼藉，民众损失惨重。开封知府观音奴向朝廷报告了灾情，并再次请求朝廷派人治理黄河。元政府经过慎重考虑，决定花大力气，将至正四年以来改道的黄河重新勒入故道，以绝后患。中书省右丞相脱脱便派工部尚书成遵前去黄河水患之地勘察、调研。

第六章 遍地红巾

成遵在水患之地详细调查，认真走访，勘察黄河故道。调查回来后，成遵上书时却极力建议不能立项，理由有二：一是黄河归附旧河道工程浩大，短时间之内难以完成；二是当前社会状况不稳定，盗贼成群，一旦盗贼"与挑河人相挺而杂起，此大乱之机，非细事也"。可是，急于抓政府形象工程建设的丞相脱脱却不这么认为，他坚持必须上马这个浩大的工程，他强调一定要将黄河归入旧道作为当前工作重点。最有发言权的成遵不肯屈服，极力反对，脱脱恼怒，就利用权力将其直接罢免，重新指派他的亲信贾鲁为工部尚书兼河防使，命他统筹治理黄河，并择吉日开工。

贾鲁上任后，全力筹集资金和调集各地民工。三月中，元政府从各地招募了十五万民工前往黄河故道集结准备开工，为了防止民工与盗匪勾结作乱，脱脱还抽调了一支两万人的军队监管民工，若有异变，随时以资弹压。

脱脱以为这样会万无一失，但他的想法太幼稚了。元朝中后期，社会矛盾异常尖锐，此时十五万壮劳力聚集在一起是一个非常危险的事情，它为一些等待起义时机的人提供了必备条件。虽然元政府一贯严禁群众集会，但是这一禁令因为脱脱的私心被打破了，成遵等人的担心一步步演变成了现实。

清理黄河故道的工地上，不知道从哪里忽然传来一句奇怪的话——"石人一只眼，挑动黄河天下反"，这句话在民工里反复被议论，一个"反"字是那样的令人震惊。民工中还有一些"明白人"逢人便说天下将要大乱，弥勒佛已经降生了，弄得人心惶惶。

至正十一年（1351 年）五月，独眼石人果然在淤泥中被挖出，人心顿时浮动。于是，由韩山童、刘福通、杜遵道领导的红巾军大起义爆发了。

韩山童，元末红巾军领袖，出生于赵州栾城（今河北栾城）一个信仰白莲教的家庭。成年后一边务农，一边传播白莲教，宣传"弥勒降生""明王出世"的说辞，他主张推翻元朝统治，并由此结识了安徽阜阳人刘福通。埋在黄河故道淤泥里的独眼石人就是韩山童设计的一个起

义导火索，目的是利用迷信心理，挑起河工的反元情绪。

韩自称是宋徽宗八世孙，要恢复大宋江山，他和以前的某些小股起义不同，这次起义从一开始就十分明确地提出斗争的目标是推翻元朝的统治，重建汉人新朝，并且号召天下造反。这一政治目标的提出，正是当时阶级斗争的条件逐渐成熟的反映。它显示着一场农民战争的巨大风暴，终于不可避免地到来了。

因为有叛徒告密，当地知县急调军队包围韩山童所在的村落进行围剿。韩山童不幸被俘，随即被杀害。韩山童的儿子韩林儿随母逃往武安。劫后余生的刘福通、杜遵道等人改变原计划，提前爆发起义，他们率领信徒强行攻克颍州（今安徽阜阳），点燃了元末农民大起义的烽火。其后，刘福通率红巾军进军河南，并招揽了数万黄河民工加入起义军，形成不可阻挡的雄厚兵力。大军接连占朱皋，据仓栗，连破罗山、真阳、确山，又克舞阳、叶县等地，横断豫南，队伍很快扩充至 20 万人。

刘伯温每天都在关注这些战乱情况，心里十分忧虑。就在红巾军蓬勃发展之际，征讨方国珍的军事行动也进入到关键阶段，刘伯温将目光暂时收回，集中精力关注高明他们"剿海匪"的快讯。

至正十一年（1351 年）六月，博啰特穆尔率领的王师集结完毕，择了吉日，祭了战旗，喝了壮行酒后，千船齐发，进至大闾洋。方国珍兵力不足，不能硬碰硬，便采取游击策略，白天在海上兜圈子，夜间率精兵纵火鼓噪，没日没夜地骚扰，让官军苦不堪言，顾此失彼。历时一个多月，元水军终于疲态尽显，牢骚满腹。方国珍趁乱进攻，元兵不战而溃，溺水死者过半。

搞笑的是，总指挥博啰特穆尔这一次也被抓了。方国珍故伎重演，请其上座，盛情款待，席间坦陈自己如何忠于元廷，只是被逼迫才造反的，希望能早日回到元廷的怀抱。博啰特穆尔被方国珍的肺腑之言感动了，他以自己的身家性命担保，请朝廷前来招安。朝廷这一次正好被迅猛崛起的红巾军搞得焦头烂额，他们看到了方国珍的"诚意"和难以剿灭的实情，便遣大司农达实特穆尔前往招安，再授方氏兄弟更加实惠的官职。这是方国珍第二次接受招安。

方国珍趾高气扬地再次上岸，这一回他的目的实现了，不仅可以保留自己的兵马，还光宗耀祖了。形成鲜明对比的是，刘伯温的好友高明却被"秩满告归"了，理由是与主帅"论事不合"，谋略失当，没能起到应尽的参谋责任，是导致海战失利的重要因素。之所以没治高明的罪，也是皇上开恩。主帅博啰特穆尔因为劝谏方国珍投降有功，还受到了嘉奖。高明有苦难言，最后只能无可奈何地离去，后半生在愁苦郁闷中度过。

消息传来，刘伯温气得双眼都冒火，为好友的遭遇打抱不平。他同情高明，可又无能为力。因为支持自己的上司苏天爵也被革职了，他的处境也岌岌可危。但是他不顾虑自己的仕途，大胆激辩，惹怒了同僚，他受到顶头上司的严厉批评。刘伯温再次迷茫了，此时的大元帝国也陷入了更加混乱的局面。

有志难伸

同年（1351年）八月，邳县人李二（芝麻李）受红巾军起义的影响，联络赵君用、彭大等人攻占徐州城。他们头裹红巾，与刘福通军遥相呼应，发展势头猛烈。

萧县人李二，曾以家中芝麻赈济饥民，人称"芝麻李"。刘福通起义后，芝麻李与赵均用同谋响应，联络贫民彭大等八人，歃血为盟。他们伪装成挑夫，乘夜投徐州城。四人入城，四人留城外。至四更，城内四人点起四火，齐声呐喊，城外四人也点起四火响应。守城士兵吓破了胆，又没有头领临阵指挥，内外喧呼，城中大乱。城中四人夺守门军士的武器，外边的四人也趁势拥入，同声叫杀，引得城内乞丐等闲人纷纷加入，在街上砍杀官兵。官兵大骇，连带着城内的官吏皆趁着夜色从其他城门逃走。天明，芝麻李又树大旗募人从军，应募者至十余万。于是遣众四出作战，占有徐州附近各县及宿州、五河、虹县、丰、沛、灵璧，势力向西蔓延至安丰、濠、泗。徐州是修治黄河的地区，民夫聚集，人心不安，起义因而得到迅猛的发展。这里扼黄河与运河交会的要

冲，农民军占据徐州，对元政府是极大的威胁。

同样也是在八月份，当北方刘福通、杜遵道等人的红巾军打到大别山脚下的光山县时，对元朝统治早就不满的徐寿辉见时机已到，便与麻城铁匠邹普胜、江西宜春县和尚彭莹玉等人聚在一起，在鄂东一带宣传"天下大乱，弥勒佛就要降生"的思想，在大别山主峰所在地的多云山庄即天堂寨中发动起义。徐寿辉被拥戴为首领。

徐寿辉等领导的起义军，也以红巾为标志，因此被称为"红巾军"或"红军"，同时他们都信奉弥勒佛，烧香集众，又称"香军"。徐寿辉与刘福通、杜遵道等领导的红巾军同为农民军中重要的力量，但是这两支红巾军因为地域和领导者的胸怀问题，基本上是貌合心不合。

徐寿辉率领的红巾军，一举攻取了罗田县城。九月，打败了元朝的威顺王宽撒不花，攻占了蕲州（今蕲春）和黄州，并在水陆要冲之地浠水（今黄冈市浠水县）建都，国号"天完"。"大"上加"一"为"天"，"元"上加"宀"是"完"，"天完"表示压倒"大元"，定年号为"治平"，天完政权还设置统军元帅府、中书省、枢密院以及中央六部九吏、户、礼、兵、刑、工等军政机构，任命邹普胜为太师，倪文俊为领军元帅，陈友谅为元帅簿书椽。随后，天完政权铸有铜印，发行钱币。徐寿辉亦在圻水县城附近的清泉师太殿上称皇帝即位。建国称帝，徐寿辉以实际行动表明起义者推翻元朝重建新朝的决心，比韩山童等又前进了一步，影响巨大。

徐创建政权后，提出了"摧富益贫"的口号，得到了广大贫苦农民的拥护，红巾军很快发展到几十万人。徐以现今黄冈市为中心根据地，派出两路大军向江西、湖南挺进。红巾军纪律严明，不淫不杀，每攻克一地，只把归附的人登名于户籍，余无所扰，因而深得人心，队伍迅速扩展到百万人，纵横驰骋于长江南北，控制了湖北、湖南、江南、浙江以及福建等广大地区。当时有首民谣说："满城都是火，官府到处躲；城里无一人，红军府上坐。"

而此时委身于教育系统的刘伯温随时保持着对军事态势的关注，不曾想却被同僚再次诋毁和排斥，加上支持他的上司和好友相继离去，他

孤身一人难以为继，每天有如在热锅上被炙烤一般，思前想后，他于至正十一年（1351 年）秋愤而辞职。让他为之魂牵梦绕的元帝国究竟会怎样收拾这个烂摊子，和他已经没有关系了，刘伯温对这个腐朽的官场已经失去了信心。

黄伯生的《行状》对刘伯温辞职的原因介绍道："建言监察御史失职事，为台宪所沮，遂移文决去。"《明史》本传说法类似，所言当为事实，但其借口则是身体欠佳，《送钱士能之建昌知州序》称与士能"今年十月遇于杭，予以从仕郎为儒学副提举，又以疾谢事"。古人借病托词是个常态，刘伯温这一时期身体确实有病，有了这个借口也是给自己留个退路和面子。《送常山达噜葛齐乐九成之官序》中可以看到："至正辛卯秋八月，予卧病浙江之滨"。《杭州实庵和尚福严寺记》："至正辛卯寺成，将树碑求文以志其所自。介杭之识予者以请，予时卧病江浒。"他几次提到卧病，看来身体恰逢有病，但是这些并不重要，他的病在"心里"，"卧病"只是辞职的托词，而辞职的时间是在"至正辛卯秋"，即至正十一年（1351 年）秋季。

就在此时，早年在江西认识的好友钱士能升任建昌知州经过杭州。建昌知州是五品大员，而此时的刘伯温正"以疾谢事"，一个高升，一个罢官，自然感慨良多。他在《送钱士能之建昌知州序》中写道：

> 夫士能与予同以职官充簿书役，又同以事辞，其出处甚类；而九年之间，相去越五等，何县绝耶！今既见而喜，喜而思语故旧，则凄以悲，又自庆其相逢于未老而俱无恙也。夫物之生，患不得其所性。射於菟于曾崖而藏莨莠于陂池，不以所不愿易其所愿。今士能以长才方为世用，而余之朽且钝愈加于昔日，天将全之，俾各获其志，则一进而一止，岂不俱洋洋也哉？勉哉士能！

刘伯温为故友"长才方为世用"感到欣喜，但说钱士能与自身的"一进一止"，皆各获其志，"俱洋洋也"，则恐非由衷之言。好友升官，

自己沦为平民，怎么看都不能相提并论，大概他这是为自己远离官场，可以修身养性聊以自慰罢了。

辞职后的刘伯温不能住在政府提供的家属院里，全家便从提举司官署迁到钱塘江畔白塔山下，仍寓居杭城。《照玄上人诗集序》就有"余徙居白塔之下"之语。白塔山即白塔岭，杭州城南十里为凤凰山，再往南一里为龙山，龙山之东即白塔岭。这里山清水秀，刘伯温终于不再忙于工作，可以教育儿子，和家人一起享受快乐，不过他对遍地四起的战争依然不能释怀，尤其是对方国珍不放心，他认为方还会再次反叛。

刘福通、杜遵道等发动起义后，各地红巾军先后起兵，元军望风瓦解。农民军攻州得州，攻县得县，队伍不断壮大，进展十分迅猛。这表明反抗元朝统治的起义已是人心所向、大势所趋，也反映了元朝官军已是腐朽无能、不堪一击。但是，垂死的元朝，面对着农民起义的浪潮，仍然竭尽全力调动蒙汉诸军，展开了大规模的反攻战。为了增加"剿匪"力量，元政府号召地方豪佑自行组建"保安团""义军""义勇"或者"地主武装"，以求护境自保，同时也是为了将农民拴在一起，避免沦为红巾军士兵。

得到了元廷的准许，那些与农民为敌的各地地主豪佑便纷纷组织地方武装，修筑防御工事，一边自保，一边配合官军，镇压起义。

卖柑者言

面对日益恶化的国家形势，刘伯温心系朝堂，难以自已。他虽然不再是朝廷命官，虽然因自身的不得志对朝廷产生种种不满，但也毋庸讳言，他跟当时绝大多数的儒士一样，十分坚定地站在朝廷这一边，总希望社会能早日安定下来，让百姓重新过上安居乐业的生活，让自己有一个施展才华的舞台。

可是，天下大乱，盗贼四起，朝廷怎么就没有文臣武将为皇帝分忧呢？让他想不通的是官军怎么会如此无能？仅一年的时间，红巾军反抗运动便如熊熊烈火遍及全国，元廷大厦岌岌可危。那些平日里欺压百姓

"勇猛神武"的元兵，怎么一上了战场就胆小如鼠，而且和蠢猪一样？全国时局姑且不论，就拿江浙行省来说，蛮横的元兵与方国珍两次交手都以失败而告终，这到底是怎么回事？这时的刘伯温自然还不会怀疑到最高统治者，在他看来，这完全是军队指挥官和地方官吏之无能所致。两次对方氏用兵均告败北，着实让他有不吐不快的感觉。脍炙人口的小品文《卖柑者言》就这样诞生了：

> 杭有卖果者，善藏柑，涉寒暑不溃。出之煜然，玉质而金色，置于市，贾十倍，人争鬻之。予贸得其一，剖之，如有烟扑口鼻，视其中，则干若败絮。
>
> 予怪而问之曰："若所市于人者，将以实笾豆、奉祭祀、供宾客乎？将衒外以惑愚瞽也？甚矣哉为欺也！"卖者笑曰："吾业是有年矣，吾赖是以食吾躯。吾售之，人取之，未尝有言，而独不足子所乎？世之为欺者不寡矣，而独我也乎？吾子未之思也。今夫佩虎符、坐皋比者，洸洸乎干城之具也，果能授孙吴之略耶？峨大冠、拖长绅者，昂昂乎庙堂之器也，果能建伊皋之业耶？盗起而不知御，民困而不知救，吏奸而不知禁，法斁而不知理，坐靡廪粟而不知耻。观其坐高堂、骑大马、醉醇醴而饫肥鲜者，孰不巍巍乎可畏、赫赫乎可象也？又何往而不金玉其外、败絮其中也哉？今子是之不察，而以察吾柑！"
>
> 予默然无以应，退而思其言，类东方生滑稽之流。岂其愤世疾邪者耶，而托于柑以讽耶？

这是一篇著名的寓言体讽刺散文，是刘伯温的一个代表作。全文可分为三个部分。第一部分以洗练的笔墨记述了故事的经过，可说是全文的引子，刘伯温先写柑子外表具有金玉之美，其中却如败絮之劣，在一优一劣形成的鲜明对比之中，自然而然地引起发问，"将炫外以惑愚瞽也？"也自然而然地引出指责，"甚矣哉，为欺也！"他在此突出一个

"欺"字，这是全文的核心，也是贯串始终的主线，看似不经意地提出，实则是精心设计的。正是这个文眼，才引起卖柑者大段的深刻的议论。

第二部分是全文的重点，通过卖柑人之口，揭露那些达官绅士欺世盗名的真相。文章的构思非常巧妙，"卖者笑曰"一个"笑"字用得好，首先表现在后面的大段议论只是由一个小商贩在谈笑诙谐中说出，这就亲切又可信；其次表现了一个普通人对那些不可一世的人的鄙视。小商贩的回答也是巧妙之极，用一句反问"而独不足子所乎？"它揭示面对"欺"道横行的社会，人们已经麻木。紧接着再用一个反问"而独我也乎？"这个反问比前一个反问更有分量，它既突出了言者对"欺"道横行社会的强烈憎恨，又使愤懑之词如流涌出。为证实自己的论点，卖柑者以排比句式，历数了行"大欺"的人。先用两个长排比句描写武将"恍恍乎干城之具"、文官"昂昂乎庙堂之器"，以之与柑子"烨然"外表相对照；接着又连用五个短排比句揭露其实质，原来是文不能治国、武不能治军之众。为了更淋漓尽致地宣泄自己愤世嫉邪之情感，文章又用两个反问句进行反复揭露，反复揭露使卖柑者"今子是之不察，而以察吾柑"一句指责得有理，批评得有力。

第三部分是文章的结尾，刘伯温没有写自己如何慷慨激昂地响应卖柑者之言，却是"退而思其言"，这样既使文章形成一种跌宕美，也表明他在深思熟虑之中品味其言的真谛所在，承认其言的真实性和合理性。

这篇文章由买卖一个坏了的柑橘的小事引起议论，假托卖柑者的一席话，以形象、贴切的比喻，揭示了当时盗贼蜂起、官吏贪污、法制败坏、民不聊生的社会现实，有力地讽刺了那些冠冕堂皇、声威显赫的达官贵人们本质上都是"金玉其外，败絮其中"的欺世盗名的人物，抨击了统治集团的腐朽无能和社会的黑暗，抒发了忧国忧民的情感。

本文可看作一篇政治寓言，言在此而意在彼，是刘伯温非常有分量的一篇佳作。文章极具批判力度和思想深度，谓世之欺人者皆有位君子，此类道貌岸然的欺世君子武不堪出将，文不堪入相，与"金玉其

外，败絮其中"的过时之柑无异。

　　刘伯温依旧不改其本色，他对元朝官吏不事朝政，只知盘剥百姓，贪图享乐，推卸责任，过着纸醉金迷的生活深为不满，在许多诗文当中都予以讥刺，但其出发点还是为了维系元朝的统治地位。他非常想投身军营，清剿"暴客"，可是朝廷根本不启用他，他的满腹谋略只能和朋友做茶余饭后的谈资罢了。

　　刘伯温迁居钱塘江畔的白塔岭之后，仍与外界保持接触，朋友们也时常来看他，这对他来说自然是一种安慰。不过，其心境颇为不佳，这当然也在情理之中，因为辞职毕竟是出于无奈，更重要的是日见紧张的时局，总让这位在野的元朝老牌进士揪心不已。

　　秋高气爽之时，刘伯温便到户外走走，散散心情。杭州处处是景观，可入眼之物、进耳之声，总都给诗人以悲凉之感。如《望江亭》一诗即作于辞官之后：

柳拂江亭旧画栏，望潮人去地应闲。
寝园寂寞秋风里，行殿荒凉野草间。
白塔尽销龙虎气，荒城空锁凤凰山。
兴亡莫问前朝事，江水东流去不还。

　　在刘伯温眼里，昔日的蒙古铁骑早已尽销龙虎霸气，一个个贪腐成风，不思进取。他对元帝国的前景表示担忧，一方面是由于自身的遭际，更重要的是为江山社稷之安危而烦恼，故所见之物都染上了浓重的主观感情色彩。

　　至正十一年（1351年）的冬季，徐寿辉指挥红巾军发动猛烈攻势，大军一路告捷，饶州、信州告急。为躲避战乱，刘伯温亦携家小，带病辞杭归故里。在杭州的寓居生活，随着国家形势的不断恶化也就这样结束了。

　　刘伯温仓促间上路，自己身体不好，又要照顾妻小，旅途劳顿自不待言。船到婺州，改走陆路，通常可走官道回处州，如今战乱时期不行

了。一路上小心翼翼行走，民间风闻不断，说官军自温、处二州调防至江东后，途经之处，洗劫一空，许多百姓无辜被杀。无奈之下，刘伯温只好改走小路还乡。在国家危难之际，刘伯温却带着老婆孩子灰溜溜地回老家，心情自然差到了极点。

乱世英雄

就在元帝国顾此失彼，导致红巾军势力再次膨胀之际，先后又有几支重要的红巾军出现了，加入元末大混战，他们分别是：

邓州王权起义。邓州平民王权，人称布王三。至正十一年（1351年）十二月，布王三与张椿等起义，攻陷邓州、南阳，进而攻占唐、嵩、汝诸州，陷河南府，起义军被称为"北琐红军"。

襄阳孟海马起义。至正十二年（1352年）正月，孟海马等起义，攻占襄阳，进军荆门、房州、均州、归州、峡州，被称为"南琐红军"。

至正十二年正月，徐寿辉率领的西路红巾军突然发力，向元军展开凌厉的攻势，势如破竹，他们先下汉阳，又陷武昌。武汉三镇顷刻间就要全部覆灭，湖广行省丞相威顺王科绰布哈等见势不妙，遂弃汉口城逃跑。徐寿辉进而囊括武汉三镇，一时间前来投军的年轻人无数，既而，他又攻克安陆府。知府绰罗倒是一条硬汉，誓死不降，亲自率领四千余名守城士兵抵抗，最后力战而死。其后，徐寿辉气势如虹，在湖广行省中部地区开始构建势力范围，拥兵自重。

二月，徐寿辉整顿、训练好第一批新兵，便迫不及待地乘战舰蔽江而下，攻破瑞昌，直逼九江，九江告急。平日里被元廷吹捧为栋梁之材的右丞博啰特穆尔方正驻兵于九江，他先是作出誓死抵抗的样子，收取地方豪右提供的钱财和军粮，大发战争财，之后在红巾军兵临城下的前一夜逃遁。失去了总指挥，九江路总管李黼临危受命，他紧急命令村落百姓在险要处垒聚木石，以遏其归路。恰好黄梅县主簿伊逊特穆尔募有一支地主武装，为了立功，他愿主动迎敌。李黼便与之联兵出战，商议好行动的信号和时间，趁着红巾军立足未稳，发动猛烈的袭击，大败徐

寿辉部，斩获两万余人。徐寿辉的攻势顿减，暂时收拢部队休整。

同样也是在二月，定远郭子兴、孙德崖及俞姓、鲁姓、潘姓首领五人共同领兵起义，攻占濠州。他们遵照刘福通、杜遵道的号令，也叫红巾军，五人都称元帅。当地农民抛弃农作，执兵器随从起义，达数万人，起义军的红旗布满了山野。

濠州钟离县农家子第朱元璋，幼失父母，入皇觉寺为僧，在饥荒之年以讨饭为生。郭子兴起兵后，皇觉寺被元军数次骚扰。25岁的朱元璋因为皇觉寺和尚的告密，为了逃避元兵的肆意抓捕，在至正十二年（1352年）三月投奔郭子兴，参加了红巾军的队伍，成为一名基层士兵，不久又因为精明能干娶了郭子兴的义女马秀英，成为郭大帅的乘龙快婿。在朱元璋的辅佐下，郭子兴的军队实力明显增强，其余四个元帅都是泥腿子出身，为了自保，他们结成一派，处处和郭子兴针锋相对，虽然都打着红巾军的旗号，可是之间的矛盾却很大，友谊的小船真是说翻就翻。

虽然天下红巾军是一家，但是内部的利益纷争却很大，这是农民起义不可避免的一个规律，都是各扫自家门前雪，整个红巾军体系缺乏一个强有力的领袖。刘福通、徐寿辉、杜遵道、彭大、赵均用、郭子兴、孙德崖等人都想成为号令天下红巾军的首领，可惜他们的格局和气魄都成不了大事，谁都不会想到，来自皇觉寺的讨饭和尚朱元璋会笑到最后。

徐寿辉兵败后，十分气恼，这让他的声望受到折损，脸面有些难堪。自起义以来，他从未失利过，这次竟然折损了两万余人，怎肯罢休。他下令先头部队暂缓攻击，继而快速集结兵力，并派出一支4万余人的水军由水道靠近九江城，准备水路夹击。

李黼料定徐寿辉不会放弃水路夹击，早就做好准备，在水下设下了陷阱。他以长木数千冒铁锥于树梢，可以逆刺敌舟，名之为"七星桩"，以逸待劳。

徐寿辉准备妥当后，当西南风劲吹时，他祭了战旗，统帅数千战船，扬帆顺流，一路战鼓如雷，喊声震天，小小的九江眼看着就要成为人间地狱。却不料舰队船只纷纷撞在水下的暗桩不得动，进退无措。李

麟率将士乘轻便小舟奋勇出击，他们携带着数千支火翎箭，箭上捆扎着沾满燃油的棉布。一声令下，乱箭齐发，射向敌舟，只见火光四起，木质的战舰很快燃起熊熊烈火。红巾军士兵仓皇逃命，焚溺死者无数。徐寿辉见势不妙，慌忙撤退，后面的战舰乱成一团，挤挤碰碰中又有不少伤亡，无奈之下，只能退兵。

这场胜利让元廷异常兴奋，授李麟为江西行省参政行江州、南康等路都总管。李麟知道这次胜利实属侥幸，一边上奏请求增兵，一边加紧构筑围墙。

愤然感喟

徐寿辉不甘心失败，重新集结兵力，准备再战。这一次他听取了智囊的提议，先是清扫九江外围的县镇和军事据点，彻底孤立九江。待到九江断了粮路和兵路之后，徐寿辉才开始展开兵力攻城，兵势更炽，攻城愈急。李麟再一次登上城墙，和全体士兵一起坚守孤城，可是援军迟迟不到，无日不战，每天都有大量的士兵死伤，战斗力渐渐损耗殆尽。最后，九江城到了内无粮草、外无救兵的境地，形势危急，自不待言。

生死存亡之际，九江城内的军队分成了力战和撤退两派，争执不休。一天深夜，分省平章托卜坚布哈突然自北门"撤离"九江，带走两千余精锐士兵。李麟急忙调集东门、西门士兵补位。徐寿辉闻讯，遂派军队攻至甘棠湖，纵火焚烧西门。李麟引兵速上城墙，拿出对付密集阵形冲击的对策，张弩劲射，一连击退徐寿辉军队两次进攻。徐寿辉看到已经将李麟的注意力吸引到了西门，便令众将士急攻东门。英勇无畏的红巾军战士冒着箭雨缘梯而上，爬上墙头，展开厮杀。李麟急往救之，却迟到一步，敌军已无法阻挡，东门已经被打开，红巾军潮水般涌入城中。李麟率部从与之展开巷战，力不能敌，乃挥剑叱之曰："杀我，无杀百姓！"很快，李麟被刺中右肋落马，与其兄弟李冕、儿子李秉昭先后被擒获。徐寿辉想收服他们，无奈这三人均威武不屈，反而大骂徐寿辉，最终全部被杀。

九江百姓闻之，无不潸然泪下，哭声震天。刘伯温更是无限缅怀这位进士出身的官员，他和李黼是同类人，对他的殉难感到惋惜。哪知没过几天，他的另一位进士好友泰不华也不幸战死，这让他对元廷的不满到了极点。

泰不华（亦称台哈布哈、台布哈），自幼家境贫寒，好读书，年十七即省试夺魁，次年对策大廷，赐进士及第，拜江南行台监察御史。顺帝时，历仕河南廉访使、淮西廉访使、江浙行省左右司郎中、礼部侍郎、绍兴路总管等职，秉性耿直，吏治清明，政绩斐然。

至正十二年（1352 年）三月，方国珍第二次背叛元廷，率部下海，入黄岩港。泰不华率官军在黄岩澄江附近与方国珍激战，终因寡不敌众，泰不华颈部中槊而死，死犹植立不仆。方国珍兵投其尸于大海之中。泰不华殉难之时，年方 49 岁。

此时，刘伯温听闻泰不华战死的噩耗，愤恨交加，气冲斗牛，遂作《吊台布哈（泰不华）元帅赋》："世有作忠以致怨兮，曾不知其故然。怀先生之耿介兮，遭时命之可怜。上雍蔽而不昭兮，下贪婪而不贞……麒麟豺狼，不同群兮。自古有之，吾又何嗟兮！"

此赋前所未有地对朝政之昏暗予以猛烈地抨击，刘伯温毫不客气地指出：当时朝政乃"上雍蔽而不昭兮，下贪婪而不贞"，奸佞当道横行，忠良委弃不用。泰不华一类仁人志士"权不能以自制""谋不能以独成"，虽有报国之心，而无处宣力。泰不华之死，是朝廷的不幸，也是天下文人的悲哀！故愤然感喟曰："吁嗟先生兮，何逢时之不辰？"此赋无疑是他最具批判力度的作品之一。需要指出的是，刘伯温虽然已将批判锋芒直指元廷的最高统治者，但更多的还是哀叹生不逢时，并没有任何想要改变现状的"革命"思想，仅此而已。

在元末殉难的进士中，李黼是第一位，泰不华是第二位，两人堪称是元廷忠义的化身，进士之楷模。元末众多蒙古族、色目人出身的朝廷命官倘若都能像李黼、泰不华那样恪尽职守，元王朝恐怕也不至于如黄河决堤一般一发而不可收拾了。

第七章　佐戎浙东

　　刘伯温终于实现了多年的心愿，他成为一名军师参谋，可以到前敌效力，自此他的军事谋略和精妙的战术都开始显现出来……

投笔从戎

　　方国珍诱杀泰不华之后，的确惹怒了朝廷，朝廷在三日内就发出严厉的公文，命令江浙行省左丞尊达实哩重新集结兵力征讨之。当时是特哩特穆尔（特理帖穆尔）任行省右丞，樊执敬任行省参政，两个人都是实干派。军事进攻的命令传到行省，一干将士研究作战方案，最后觉得方国珍狡猾异常，非得有足智多谋的人针锋相对才可，于是他们想到了那个被称为"当代诸葛亮""乱世张良"的有战争谋略的高人——刘伯温！行省决定征召刘伯温重入公职，委任他为浙东元帅府都事。

　　《元史·刘基传》称："方国珍起海上，掠郡县，有司不能制，行省复辟基为元帅府都事"，虽然传记里未说明是何处元帅府都事，但是在黄伯生的《行状》则说得非常具体："方国珍反海上，省宪复举公为浙东元帅府都事"。

　　元帅府其实就是宣慰司，"掌军民之务，分道以总郡县，行省有政令则布于下，郡县有请则为达省，有边陲军旅之事，则兼都元帅府，其次则止为元帅府，其在远服又有诏讨、安慰、宣抚等使"，是介于行

省与郡县之间的派出机构。全国凡有六道设置宣慰司，浙东道为其一，始治婺州，大德六年（1302 年）移治庆元，全称为浙东道宣慰司都元帅府，辖江左之庆元、台州、温州、处州、婺州、衢州、建德、绍兴诸路。设宣慰使三员，同知一员，副使一员，经历一员，都事一员，照磨一员。刘伯温为都事，品秩仍为从七品。

至正十二年（1352 年）三月底，赋闲在家的刘伯温接到军事任命后，深感此次征讨方国珍将是他从政生涯中最关键的一次亮相，如果顺利的话，他将登上更高层面的官场。因此，接到命令后，他丝毫没有矫情，即火速赶赴庆元参与戎事。

庆元路与台州路接壤，方国珍起事的大本营就在台州，可以说那里是方国珍的老巢。火烧城门，势必殃及池鱼，庆元不得不防。当时浙东元帅府元帅是纳琳哈喇，刘伯温到任伊始，立刻拜见了他，和盘托出早已构思好的关于防御工事之修缮的建议。

元帅纳琳哈喇深觉刘伯温言之有理，他连忙召开紧急军事会议，准备构建坚固的堡垒，御敌于国门之外。可是，刘伯温的建议遭至与会所有中高层将官的反对，理由就是元帅多虑了，不用听刘伯温这个"酸秀才"的危言耸听之词。

纳琳哈喇不为所动，他力排众议，最终坚决采纳了刘伯温的建议，"命有司序民产高下，以差其役轻重，先豪右大姓，沙门道士以及于齐民，斥监督吏勿用，先事者有赏，后至者加勉无罚，民大敬服，无敢慢"。元帅的大力支持让刘伯温颇为感动，认为遇到了知音，便全身心地投入到城防建设工作中去。他察看地形，因地制宜地设计城防工事。城防工程很快展开，有钱的捐钱，没钱的出力，城池渐渐变得坚固起来。很快，一个月的时间就过去了，方国珍没有前来袭扰，这为庆元城防赢得了时间，可是，那些冷言冷语也出来了，说刘伯温的谋略是劳民伤财，在城防上做文章就是为了个人的功名，这让刘伯温差点儿吐一地血。

至正十二年（1352 年）五月，朝廷命江南行台御史大夫纳琳与台州民陈子由、杨恕卿、赵士正、戴甲令等集民丁结成地主武装，兵力雄厚，他们准备夹攻方国珍。刘伯温于此月奉元帅府之命来到了台州协助指挥。

台州，因天台山为名，辖临海、仙居、宁海、天台四县和黄岩州，路治设在临海。这里是与方国珍交锋的最前线，浙东元帅府设分府于此。刘伯温的到来让他直接深入到战争的最前沿，他有了和方国珍正面过招的机会，也有了显露其军事才华的机会。

方国珍对刘伯温的大名还是知道的，对他的到来也不敢轻视，因此小心翼翼，不敢正面进攻。刘伯温照例高筑墙，加强城防建设，双方战事因此胶着。他以逸待劳，很少主动出击，他知道地主武装的战斗力不能和起义军相比，因此以防御为主要斗争策略。这让很多同僚对他的谋略很不以为然，认为刘伯温不过如此。僵持了两个多月后，台州安然无恙。

这时另一个喜讯传来——庆元的城防工程也在此时宣告竣工。庆元新城墙周围十八里，高一丈八尺，"上环睥睨（观察孔），机弓弩炮石，建楯载，罗戈椠。旁开六门，门有楼，周庐百九十有二，简戍卒，昼夜严警不怠。西、南二方旧各有水门，皆致而新之。东门去江远，则凿其外为隍。北门因江为隍，则筑堤以捍之。凡所设施，罔不中度"。城防告竣，刘伯温忍不住内心的激动，于是作《庆元路新城碑》，以志其始末。

城池的修缮加固，无疑大大地增强了庆元城的军事防御能力，使得向东积极进攻的徐寿辉部无机可乘。徐寿辉只能让过庆元，横扫附近其他州县。不久，江东、浙西诸郡皆因无城郭而相继失守，因此形成鲜明的对照，这不能不归功于刘伯温的先见之明。那些反对刘伯温的人终于闭上了嘴，刘伯温在庆元的杰作为他在军事谋略上赢得了满分。

至正十二年（1352 年）七月，江浙局势骤变。徐寿辉大军强势东进，攻克饶州、徽州之后，他们再也找不到可以势均力敌的元军对手了，于是大军长驱而入，直逼昱岭关。昱岭关处杭州、徽州边界的昌化县（今属浙江临安），因山为险，与千秋关、独松关并称"三关"，而三关之险又莫险于昱岭，它是杭州的天然屏障，行省派兵戍守于此。

为了死保杭州，行省下达了决一死战的命令，数万元军将士众志成城，吃饱喝足了准备杀敌立功。徐寿辉丝毫不把这些元兵放在眼里，他摆开阵势，敲响战鼓，弓箭兵万箭齐发，元兵吓得不敢露头，随后大军

一个冲击就攻上了昱岭关，直杀得元兵哭爹喊娘，狼狈逃窜。元兵是如此不堪一击，徐寿辉部队不费吹灰之力，即攻克昱岭关。昱岭关失守，杭州则危矣！

可是此时的杭州城依然歌舞升平，他们天真地认为昱岭关是一夫当关、万夫莫开，所以毫无戒备。当昱岭关失守的消息传来，杭州城彻底陷入混乱中，官吏富豪纷纷逃命。行省平章政事伊噜特穆尔仓促间引军迎战。徐寿辉部虽然兵临城下，可是杭州城坚固无比，一时间很难攻入。就在此紧要关头，伊噜特穆尔不幸暴病身亡，军无主帅，战斗力锐减，杭州城各个城门都陷入各自为战的状态，徐寿辉兵顺利攻克杭州。

当时行省参政樊执敬曾带兵反扑，奋勇拼杀，想夺回杭州，无奈元兵平素养尊处优，见徐寿辉兵来势凶猛，皆抱头鼠窜。徐寿辉兵知其无援，大呼樊执敬投降。樊执敬十分神勇，他破口大骂："逆贼！守关吏不谨，汝得至此，恨不碎汝万段，何谓降耶！"乃奋刀上前厮杀，力斩数人，直至中枪落马，被徐兵刺死。

消息传至，刘伯温愤恨难平，遂作《悲杭城》一诗以寄慨：

> 观音渡头天狗落，北关门外尘沙恶。
> 健儿披发走如风，女哭男啼撼城郭。
> 忆昔江南十五州，钱塘富庶称第一。
> 高门画戟拥雄藩，艳舞清歌乐终日。
> 割膻进九皆俊郎，呵叱闲人气娇逸。
> 一朝奔迸各西东，玉罂金杯散蓬荜。
> 清都太微天听高，虎略龙韬缄石室。
> 长夜风吹血腥入，吴山浙河惨萧瑟。
> 城上阵云凝不飞，独客无声泪交溢。

险关失守，"健儿披发走如风，女哭男啼撼城郭"，刘伯温怒斥守关官军不能死战，只想着逃命，悲悯杭城百姓之罹祸，对"高门画戟拥雄藩，艳舞清歌乐终日"的现象感到气愤。他发出"清都太微天听高，虎略龙韬缄石室"的感慨,人微言轻,天听高远,他一个小小的军事参谋哪能力挽狂澜,只有泪泣交溢而已。

幸好此时的刘伯温被调往他处,未能参战,否则以他的个性,必定不肯逃走,率兵死战,最终难免城破人亡。

神仙之能

杭州失陷不久,八月间,东南沿海硝烟又起。方国珍忽然率其众攻打台州城,浙东元帅府元帅伊德墨色与福建道元帅哈迪尔联兵顽强抵御,借助刘伯温设计的防御工事,总算击退了方国珍的进攻。事实证明,刘伯温的军事才华和军事谋略还是有独到之处的,连续守护庆元和台州,都成功防御住徐寿辉和方国珍的进攻,这让他不免有了欣喜之意。也就在这个时候,他带着胜利的喜悦,忙里偷闲,来了一次永嘉之行。

永嘉即现在的温州,温州北连台州,南接福建,西邻处州,东临大海,为方国珍军事行动的主要区域之一。此时的刘伯温,心中充满着矛盾,此番抵御方国珍,只不过是一次小小的阶段性胜利,而他此前又备受指责,使他心烦意乱。所谓瞻念前途,不寒而栗,他在诗中说道"哀猿啸""仆夫怨""瘦马悲",正是他当时心境的写照。

此次永嘉之行,刘伯温还可能到过平阳州,并拜访过土豪周宗道。周宗道与弟周诚德招募义勇,团结民兵,助朝廷围剿"山寇"甚力。刘伯温走访平阳州,亲眼目睹了战时农村的荒芜景象,对"官逼民反"的现实以及战争所带来的后患有了更深一层的理解和认识。他在后来所赋的《赠周宗道六十四韵》中以写实手法对当时"山寇作乱"的现实作了真实的反映:

> 永嘉浙名郡,有州曰平阳。
> 面海负山林,实维瓯闽疆。
> 闽寇不到瓯,倚兹为保障。
> 官司职防虞,当念怀善良。

用民作手足，爱抚勿害伤。

所以获众心，即此是仞墙。

奈何纵毒淫，反肆其贪攘？

破廪取菽粟，夷垣劫牛羊。

朝出系空橐，暮归荷丰囊。

丁男跳上山，妻女不得将。

稍或违所求，便以贼见戕。

负屈无处诉，哀号动穹苍。

斩木为戈矛，染红作巾裳。

鸣锣撼岩谷，聚众守村乡。

官司大惊怕，弃鼓撇旗枪。

窜伏草莽间，股慄面玄黄。

窥伺不见人，湍江走倀倀。

可中得火伴，约束归营场。

顺途劫寡弱，又各夸身强。

将吏悉有献，欢喜赐酒觞。

杀贼不计数，从横书荐章。

民情大不甘，怨气结肾肠。

遂令父子恩，化作蚤与蝗。

恨不斩官头，剔骨取肉尝。

刘伯温以自己的耳闻目睹相当具体地叙写出浙闽边界"山民造反"全过程，是一篇完整的叙事诗。山民"落草为寇"之起因，官兵搜捕"草寇"的无能，以及为报功请赏而滥杀无辜，进而激起山民更大的义愤等等，都让世人一目了然，从而使后人加深了对"官逼民反"的感性认识。正是因为这些反应社会现实的诗词，历史才有了对刘伯温和杜甫一样的评价，认为他是一个写实派的诗人。

刘伯温到永嘉后还曾作赋，诗言"我来复几时，明月缺已团"，说明在永嘉有一段时间。之所以流连不走，原因可能是多方面的，也许是

因为兵事，也许是因为个人原因。"中夜百感生，展转不遑安"，他夜不能眠，不知道是身体健康原因还是另有思虑。可在这"平陆皆惊湍，旗帜满山泽"的战争岁月，他能做一次短暂的旅游，极有可能是个人仕途上出现严重打击，心情不畅，出来遣怀的。

刘伯温返回台州不久，永嘉便遭到了方国珍的一次袭击。十月，方国珍率两百余人乘舟入瑞安飞云江，掠杀二十余日乃退。在刘伯温眼里，方国珍胆大包天，完全不将元政府放在眼里，区区两百余人就可以横行无忌，足见元军的懦弱。永嘉之行的所见所闻，以及后来东南沿海事态的发展，都进一步坚定了刘伯温要全力剿灭方国珍匪患的决心。

至正十二年（1352 年）十一月，朝廷命江浙行省右丞特哩特穆尔总兵征讨方国珍。特哩特穆尔问计刘伯温，刘给出了稳扎稳打、步步推进的战术。特哩特穆尔大军开始围剿，在强大的军事压力面前，方国珍几番交战，都吃了亏，于是又玩起了投降的把戏。

至正十三年（1353 年）正月，方国珍第三次接受招安，这个反复无常的"顽匪"让刘伯温十分憎恨，他发表了"除恶务尽"的观点。他的观点非常鲜明，他认为朝廷面对动荡的局势，态度一定要明朗，剿匪措施一定要果断。可是他位低言微，虽有满腹良策，又有谁能采纳呢？这反倒是得罪了许多官场同仁。

同年正月里，闲得无聊的刘伯温借故回到了杭州。离开杭州虽仅一年时间，昔日繁华升平的杭州已经变了。四个月之前，这里经过了一场腥风血雨的洗劫，市民心有余悸，整座城市都笼罩在战争的阴霾之中。他在组诗《癸巳正月在杭州作》其二中写道：

> 江城阴气凝，积雨春凄凉。
> 出门何所见？但见瓦砾场。
> 新庐各有前，店舍亦已张。
> 市人半荷戈，使客尽戎装。
> 回首旧游地，惨淡寒烟黄。
> 怅焉念所思，恻怆心中伤。

"市人半荷戈，使客尽戎装"，整个城池戒备森严，一副全民皆兵的样子，其实这都是地主武装征集来的士兵，整座杭城都弥漫着紧张的战争气氛和劫后余生的凄惨景象。不管刘伯温怎样不满，天下太平的调子始终是主旋律，杭州城依旧歌舞升平。徐寿辉的红巾军撤退了，方国珍投诚了，二者的可怕之处也渐渐被人们遗忘。

刘伯温顿时失去了作用，军队里的士兵基本上刀枪入库，马放南山，没有谁再来向他问计，也没有谁再邀请他参加军事联席会议。

至正十三年（1353年）六月，台州城遇上百年罕见的大雨，洪水四面围城，导致防御工事损毁过半。当时方国珍已投降，在这样的形势下，是否要马上修复城壕，上下意见不统一。多数人认为：筑城的目的是为了防"寇"，今"寇"已平，城壕可以暂置不修。

刘伯温再次坦言，方国珍不可靠。台州路达鲁花赤布延呼图克鉴于方国珍的屡降屡叛，虚心地听取了刘伯温的建议，他也力主火速修复城壕。布延呼图果断的决策，与刘伯温等的极力支持显然是分不开的。前此刘伯温在庆元路已历此事，故台州城壕修缮，他自然用力最多，历经两个月的紧张施工，终于大功告成。城竣之日，刘伯温作《台州路新修城壕碑》以记其事，并赋《筑城词》：

> 君不见杭州无城贼直入，台州有城贼不入？重门击柝自古来，而况四郊多警急。愚民莫可与虑始，见说筑城俱不喜。一朝城成不可逾，挈家却向城中居。寄语筑城人：城高固自好，更须足食仍足兵，不然剑阁潼关且难保。独不念至元延祐年，天下无城亦不盗？

刘伯温在诗中一再表明自己主张修筑城墙的重要性，城墙是百姓和军民的生命线。一旦城破，百姓自然遭殃，即便是财主豪佑也损失惨重。不要以为城防坚固就可高枕无忧了，战乱随时都会再起。民间人士普遍支持刘伯温的提议，纷纷出人出钱，构筑城池。

同年十月，朝廷从特哩特穆尔、尊达实哩之请，以五品流官授方国珍徽州路治中，方国璋广德路治中，方国瑛信州路治中，诏令纳其船只，散其徒众，并命督遣其赴任。然而，方氏兄弟疑惧不受，拒绝就任，反而拥船一千三百艘占据海道，阻绝粮运，形成事实上的第三次反叛元廷。

所有的事情都被刘伯温言中，台州因为城池坚固，方国珍不敢来袭扰。此后关于刘伯温能预测未来的本事渐渐流传。传来传去，再加上刘伯温自身懂得奇兵遁甲，神算卜卦，他的身上蒙上了一层神秘色彩。也许刘伯温也发现，这种神秘的"能力"竟然很受欢迎，于是他便刻意地展现这种"神仙之能"。可叹的是，这个能力既给他带来幸运，也给他带来了不幸的结局。

前门拒狼，后门迎虎，方国珍部危害日益严重，难以彻底剿灭，不料就近又冒出来另一支起义军，而且其势力和计谋均比方国珍强太多，让江浙的局势更加复杂。

横生枝节

至正十三年（1353 年）开春的时候，江苏沿海一带忽然窜起一只起义军，其领军人物名叫张士诚，短时间就聚拢起数万人，这使得元朝态势更进一步恶化。

张士诚出生于元英宗至治元年 (1321 年) 农历七月三十，出生在东台白驹场 (今盐城大丰) 的一个穷苦之家。随后，他的三个弟弟士义、士德和士信也相继出生。兄弟多了，腰杆子就硬，张士诚很快成为当地有名的"带头大哥"。

元朝末年，朝政腐败，滥发纸币，导致物价暴涨，百姓生活困苦。朝廷财政收入入不敷出，统治者为了填补不断扩大的政府开销和军费支出，便大量增发盐引，不断提高盐价，盐业成为国家财政最主要的收入来源。虽然盐价不断提高，但东南沿海的盐民依然生活无着。正如诗云"四海无闲田，农夫犹饿死"描述的一样，盐价高耸，盐民却饿着肚子。泰州地处东南沿海，每到盛夏，都会遭遇台风侵袭，海潮倒灌。海水退

去，原本千顷良田都变成盐碱地，当地农民更是苦不堪言。

为了养家糊口，张士诚从十岁开始就跟父亲一起，在白驹场的官盐船上"操舟运盐"，依靠卖苦力赚来的微薄收入补贴家用。少年时的张士诚"少有膂力，负气任侠"，不仅身体健壮，而且为人仗义疏财，虽然自己家里经常穷得揭不开锅，可是每当乡亲们遇到困难的时候，他总是慷慨解囊，有求必应。渐渐地，张士诚在当地盐民中树立起很高的威信，大有"及时雨"宋江宋公明的风范。

由于给官家运盐收入微薄，张士诚和几个胆大的同乡在给官府运盐的同时，随船夹带了一部分私盐，卖给当地的富户谋利。白驹场的富户们得了便宜还卖乖，常常以举报官府相要挟，不仅拖欠张士诚贩卖的私盐钱，而且对他们非打即骂。由于身份低微，而且贩私盐是违法行为，张士诚等人只得忍气吞声，给就拿着，不给就受着。

白驹场当地有一个盐警名叫邱义，负责监督盐民出工、缉拿私盐贩子。这个邱义不但常常克扣白驹场盐民的正常劳动所得，而且盐民们每月还要向他上贡，一有疏漏，就对盐民用鞭子抽打。张士诚和盐民们慑于他的淫威，都敢怒不敢言。随着各地红巾军起义的壮大和元军的无能，张士诚忽然开了窍，原来造反这么容易啊！

元顺帝至正十三年（1353年）正月，张士诚秘密联络了十七名胆大的盐民，积极筹备武装暴动。事关重大，为了防止秘密泄露，张士诚他们把起义的地点选在了白驹场附近的草堰场。一天夜里，十八名热血盐民在草堰场的北极殿中歃血为盟，抄起挑盐用的扁担，在寒风中悄悄摸进盐警邱义的家中，把这个平日里为害乡邻的恶霸乱棍打死。随后，十八个人又冲进当地富户家中，打开仓库，把粮食和钱财分发给当地的老百姓，接着一把火把富豪的房屋烧了个干净，焚其庐舍，延及数百家。

在熊熊的烈火中，张士诚起义了，他招兵买马，准备迎战元军。当他率队行至丁溪，大姓刘子仁集众拒之，张士义中矢身亡。张士诚大怒，击败并斩杀了刘子仁。当时，在附近盐场干活的盐丁们正嫌工作太苦太累，便加入到起义中来，大家共同推举张士诚为首，攻下了泰州。高邮府的知府李齐招降了他们，但是他们不久又叛逃出去，杀掉了行省参政赵琏，同

时攻取了兴化，在德胜湖（江苏兴化附近）集结，兵力很快达到一万多人。

元朝廷派人拿着"万户"的委任状去招降他们，张士诚嫌官太小，不接受。

至五月，张士诚攻破高邮。不久，朝廷有诏：凡叛逆者赦之。诏至高邮，却入不了城。张士诚放言："李知府来，乃受命。"行省遂强令李齐前往。李齐一入城，即被下狱。张士诚本无归顺之意，仅以此为迁延之计耳。李齐在狱中不肯就范，张士诚审讯，要李齐双膝跪地，李齐叱曰："吾膝如铁，岂肯为贼屈？"张士诚恼羞成怒，将其拽倒，捶碎其膝而杀之，李齐终为元廷殉难。张士诚用欺骗手段杀死了李齐后，势力再度膨胀，他以高邮为中心，兴化、宝应诸县为外延，全都成了他的地盘，军队实力渐成气候，自称"诚王"，国号"大周"，年号"天佑"。

替罪羔羊

张士诚这支反元大军的出现让方国珍有了一个喘息的良机，朝廷不得不对方国珍采取妥善的对策。可是，对于这样一支屡降屡叛的队伍，到底该如何处置？朝廷上下意见很不一致。

朝廷当权者的决策是非常明确的，那就是招安，以招安息事宁人。《明史·方国珍传》称，时"天下承平，国珍兄弟始倡乱海上，有司惮于用兵，一意招安"，而方国珍在与朝廷大员的多次接触后，也摸准了执政者的脾气，故一旦事处危急，即以纳款受降为缓兵之计，等缓过气来，又重新与朝廷抗衡，此计屡试不爽，着实让他尝到了不少甜头，他得出的经验是：小造反得小官，大造反得大官，既然如此，又何乐而不为呢！

另外还有一点很重要，那就是方国珍深知朝廷、地方官吏之腐败，每遇危急时刻，总是把大船小船的礼物运往大都、省会那些握有生杀大权的朝廷大员家里送，以致每到关键时刻，总有不少权贵出来为方氏兄弟说话，使其化险为夷。

如果说，方国珍前两次降后复叛尚属情有可原的话，那么，他诱杀

了元帅泰不华，若站在封建统治者的立场上去看，则方国珍已是十恶不赦，无论怎样都摆脱不了被征讨诛杀的厄运，但他竟然奇迹般地再一次转危为安，幸免于难。为什么？

《明史·方国珍传》说得再明白不过："国珍复叛，诱杀达鲁花赤泰不华，亡入海，使人潜至都，赂诸权贵，仍许降"。元朝吏治腐败，可见一斑。

然而，以刘伯温为代表的地方派正直官吏则持另一观点。他建言：方国珍兄弟数人为"首乱"者，罪不可赦，宜追捕诛杀之；而其他"协从者"应宽大处理，予以招安。他的这一建议得到了行省大臣特哩特穆尔的首肯和采纳，并拟上报朝廷最后定夺。

没想到此次决策又走漏风声，方国珍得到消息怕得要命，他知道主战派刘伯温在这件事上起了重要的作用，要保住身家性命，就必须攻破刘伯温这个堡垒！所以，方国珍走的第一步棋，就是先在刘伯温身上做文章：企图以金钱打通他这一关节。谁知刘伯温不仅根本不为之所动，反而态度更加坚决。黄伯生《行状》有如下记载：

> 及特哩特穆尔左丞招谕方寇，复辟公为行省都事，议收复。公建议招捕，以为方氏首乱，掠平民，杀官吏，是兄弟宜捕而斩之；余党胁从诖误，宜从招安议。方氏兄弟闻之，惧，请重赂公，公悉却不受，执前议益坚。

特哩特穆尔在此关键时刻，立场也非常坚定，他毫不动摇地采纳了刘伯温的建议，并火速"使其兄省都镇抚以公（刘基）所议请于朝"。

此招不灵，方国珍马上改走上层路线，用的还是同一手法，重金贿赂。有钱能使鬼推磨，方国珍信奉的就是"黄金至上"这个法则。在元朝，像刘伯温这样能坚持原则不为金钱所动的官吏能有几个？其结果是方氏"使人浮海至燕京"，四处行贿，朝廷大员、方面人物无有拒之者，又一次准其招安，授方国珍兄弟以官职，否决了刘伯温等人的建议。

朝廷还以刘伯温所议是"伤朝廷好生之仁，且擅作威福"，不仅罢免了特哩特穆尔等人的官职，还将"罪魁祸首"刘伯温开除公职。

至正十三年（1353年）末，43岁的江浙行省都事刘伯温因极力建议捕杀方国珍，与朝廷抚绥政策相左被革职。

这一次的结果让刘伯温彻底崩溃了，这对他精神上的打击实在是太大了！那时的刘伯温确确实实是以元朝的捍卫者自居，然而忠不见用，报国无门，虽积极为朝廷"平乱"献计献策，可到头来却落得被革职的结局，这不能不说是天大的悲哀了！元廷数次招降方国珍的行为也助长了悍匪的气焰，"自是方氏遂横，莫可制，山穴皆从乱如归"，可谓祸患无穷。

元至正十三年（1353年）末，43岁的江浙行省都事刘伯温因极力建议捕杀方国珍，与朝廷抚绥政策相左被革职。

当时，刘伯温"发愤恸哭，呕血数升，欲自杀"。门人密理沙劝阻道："如今朝廷是非混淆，岂是先生自杀的时候？况且太夫人在堂，您死了，她老人家怎么办？"

难怪刘伯温要仰天长叹："精卫填石空有心，口角流血天不知！""贾谊奏书哀自哭，屈原心事苦谁知？""穷愁杜甫家何在？落魄陈平计未奇。"这些呕心沥血的诗句都是写于此次被意外革职之后，从中可见其块垒难平的忧愤之心！在贿赂公行的元末官场，刘伯温的性格让他屡受打击，这一次对他人生信仰的摧毁是致命的。

不过，政治上的惩罚还没有完全结束，次年春，刘伯温又被羁管于绍兴，令其反思。此后从元至正十四年（1354年）春到元至正十六年（1356年），整整三年的时间是刘伯温最为低沉的岁月，他不仅在仕途上遭遇严重打击，连带着整个人的信仰和追求都发生了转变。

羁管绍兴

刘伯温羁管于绍兴期间，寄居在当地一个明德善存的大户人家——王原（元）实家中。王原实之家处于绍兴城之南郊，宅邸占地面积甚广。王原实其人，名不见经传，乃一介平民也，从刘伯温文集的有关介

绍看来，他对读书人很友善，喜欢结交名士，其家底还算殷实，按现在标准来说至少也是个"身价千万"且有房产几十套的土豪，经常宴请当地名流，所以，刘与之相处十分融洽。

刘伯温就这样在绍兴住了下来，虽然是寓居此地，可是平日里的生活起居依然有条不紊。按理说，他被革职后，原本可以回归家乡，不过此时他的家乡也出现了农民起义军，乡间盗匪横行，导致有家难回。

刘伯温在《王原章诗集序》中如是说："至正甲午，盗起瓯、括间，予辟地之会稽"。瓯、括指温州、处州二地，也就是说，从至正十三年（1353 年）开始，地处偏僻的处州山区也并非一片净土，那里"山寇作乱"。

史料证实：这伙盗贼的头领是吴成七，他起事的根据地就在青田县刘伯温老家南田山一带。在这样的情况之下，为了安全，刘伯温只能放弃回归故里的想法。当时浙东六郡只有绍兴相对"无事"，在这里暂时还闻不到战争的烟火味，所以他才选择此处作为自己的羁管之所。

按照一般人的理解，所谓"羁管"，自然应该在人身自由上要受到许多的限制，但从史料来看，朝廷对刘伯温的看管却没那么严紧，至少在绍兴路以及所辖之县的范围内，他可以随意走动。黄伯生《行状》云："公在绍兴，放浪山水，以诗文自娱。时与好事者游云门诸山，皆有记。"这里明确地记述了刘伯温游山玩水的样子。另外，《（道光）会稽县志稿·寓贤》也提到刘伯温"居绍兴，放浪山水，以诗文自娱，凡新、剡、萧、稽诸名胜，游赏殆遍，而盘桓云门诸山最久，俱有记。"至正十五年（1355 年）三月，刘伯温还曾到杭州盘桓半月有余，《北岭将军庙碑》一文就是他自杭州回绍兴途经萧山之时，应萧山县主簿赵某之请而作的，可见虽为"羁管"，事实上还是比较自由的。

这种羁管倒类似于朝廷对刘伯温的一种警告处分，目的是使其不犯大错误，实际上并无太多约束力。这个处罚更像是元廷不想失去刘伯温这样的人才，用羁管的方式牵绊着他，给他留存一丝幻想。

这期间，刘伯温寄情山水之间，广结朋友，不管地方官吏、文人墨客，还是和尚道士，甚至山野村夫都在他的结交范围之内。此外，萧山人士任元、包与善、贾性之等也成为刘伯温的知交好友，尤其是任氏这个家族在当时萧山是很有名望的大户。前文提到的高明就和他交往过密，此外，高启、王祎、苏伯衡等江南名士也与之交往，因此，失意的刘伯温与任氏家族交往也就不足为奇了。

这些思想活跃的名士聚集在一起，他们高谈阔论，抨击时政，往往一针见血。因力主捕斩方国珍被革职，继而羁管绍兴，这是刘伯温仕元期间在政治上所遭受的最为严重的一次打击。他的个人不幸在这些名士眼里、嘴里自然会成为焦点，朋友间敞开心扉的话语相信会让刘伯温的内心逐渐平复。

作为有政治抱负的刘伯温，他是痛苦的；但作为文学家来说，他的痛苦又是短暂而且有催化作用的，却未尝不是一件幸事。纵观其一生，避地绍兴的三年无疑是他文学创作的一个新高峰，其作品的质与量，是以往任何一个时期所不能比拟的，这彻底奠定了他在元朝文坛的文学地位。还是那句话：塞翁失马，焉知非福？没有革职后避地绍兴的经历，或许就没有后来的文学家刘伯温了！这也应了一句古话：有得必有失，反之亦然。

刘伯温并未因羁管而忘怀世事，反而愈加密切地注视着全国局势的变化发展，并以诗文表达自己的政见，如《感怀三十一首》、《咏史二十一首》、《杂诗四十一首》等大型组诗都作于此间，从中可见其对国家的关怀。如七言律诗《忧怀》：

> 群盗纵横半九州，干戈满目几时休？
> 官曹各有营生计，将帅何曾为国谋。
> 猛虎封狼安荐食，农夫田父困诛求。
> 抑强扶弱须天讨，可怪无人借箸筹。

诗名"忧怀"，那么刘伯温为何而忧？他忧的是文官武将的不作为，忧的是国无宁日，民不聊生。在自身处境如此艰难的境况之下，刘伯温尚以社稷苍生为念，实在是难能可贵。

所要说明的是，刘伯温以诗文自娱，是一种无奈的选择，也是那个时代所有文人发泄情感的一个途径。正因为如此，他避地绍兴期间诗文创作的一大主题，就是感叹自身之不遇，从中可见其对生命追求的曲折经历。从表面上看，他到绍兴之后，终日放浪于山水之间，心态调整得相当不错，其实则不然。可是纵观其诗文创作，其内心又是非常矛盾的，也是非常落寞的。从"韶华不我与，去若川水流。岁莫独彷徨，凛凛怀百忧"诗句中，不仅使我们深切地体会到诗人内心无可名状的激愤，同时也看到了因生命价值难以体现的苦闷和彷徨。

毋庸讳言，刘伯温被无情革职之后，曾对自身生命价值的追求方式产生过怀疑，曾想以自杀泄愤，最后他调整心态，靠着文学的力量起死回生，并在一定程度上接受了道家超现实的生命观念，以期从中得到心灵的慰藉。

刘伯温逐渐摆脱了心理上的阴影，他坚信"松柏冒雪霜，秀色终不改"，这正是他百折不挠，志存高远的品格象征。不屈服，不盲从，选择自己认为正确的方向，并为之坚持，这是刘伯温思想上的一次升华。

光荣使命

不为物喜，不为己悲，刘伯温开始了物我两忘的修炼。可是，他并不能相忘于江湖，当元丞相脱脱统帅"百万大军"大败张士诚于高邮时，刘伯温一时忘却自身的不幸遭遇，竟按捺不住激动的情怀欣然命笔，作《闻高邮纳款漫成口号》：

> 闻道高邮已撤围，却愁淮甸未全归。
> 圣朝雅重怀柔策，诸将当知掳掠非。
> 尧帝封疆元荡荡，世皇功业甚巍巍。
> 忠臣义士同休戚，纵欲寻安总祸机。

此时的刘伯温依然是站在元朝统治阶级立场上看待各路农民起义军

的，对那些"暴客"极其厌恶，他在精神遭受极大打击、处境艰难的情况之下，反而闻"高邮纳款"而欣喜若狂，这自然使我们想起诗人杜甫当安史之乱之际"闻官军收河南河北"的欣喜情景，所不同的是刘伯温当时的处境比杜甫更为艰难，其精神上所受创伤也是当年杜甫所无法比拟的。诗人似乎从高邮大捷中看到了元朝起死回生的一线希望。

遗憾的是元朝并未因此扭转局势，随后脱脱就被元顺帝罢免了丞相一职，被流放边疆，后死在押解的路上。脱脱死后，张士诚抓住时机，不断蚕食鲸吞，他的地盘此后数年愈来愈广，终成为朝廷心腹之患。此外，各地的反抗运动如烈火浇油，火势遍及整个元帝国。自幼饱读兵书的刘伯温目睹此情景，恨不得投笔从戎，为元廷彻底剿灭"匪患"，可惜世上终无欣赏他的伯乐。

至正十六年（1356年）春，被红巾军折腾的异常难受的元朝终于醒悟过来，他们意识到汉人地主武装的重要性，也看到了汉人中的一些优秀人才愿意为大元赴汤蹈火，便大量启用有学识的汉人编到军队中做参谋，参与各地的军务。匪患横行的江浙行省得到朝廷的准许后，立即着手调配各地区的"剿匪"司令部人员安排，积极招募懂军事、熟兵法的汉人到军队中效力。就这样，一纸调令意外地送到了刘伯温的面前。

虽然平日里表现出自己对元廷的忘恩负义而恨恨不已，不想再委身官场，但是这个既让他感到荣耀又有诱惑力的调令摆在面前时，刘伯温很快就忘却了先前的所有不快，他激动地接受了这"光荣使命"，带家人离开了绍兴奔赴处州，出任江浙行省枢密院经历，与枢密院判官石抹宜孙等人同守处州。

刘伯温的这次出山，不仅让自己的文韬武略扬名江浙，成为元帝国军事谋士中耀眼的新星，更让朱元璋等乱世豪杰见识到他的厉害。

第八章　处州平寇

　　刘伯温战功赫赫，但却因为疾恶如仇的耿直性格得罪了很多人，他再次被剥夺了一切荣誉和奖励，跌到人生的谷底。无奈之下，他只好隐入山林，著书立说……

人生知已

　　自古道：士为知己者死，刘伯温遇到石抹宜孙，恰如久旱逢甘雨，真是一大幸事。这一次刘伯温终于找到了赏识他的明主。

　　石抹宜孙，又名萧宜孙。其先祖为契丹人，祖籍辽东柳城。如果不是因为先祖跟随蒙古军南下，石抹宜孙不会与柔美灵秀的江南有什么瓜葛。在浸淫着浓郁文化气息的江南定居之后，到其祖、父辈时，虽仍袭任武职，却已饱读诗书。石抹宜孙生长在这样的家庭，耳濡目染，自然手不释卷，史称其"性警敏，嗜学问，于书务博览，而长于诗歌"。

　　石抹宜孙于元统中袭父爵镇守处州，时年才二十出头。数年后，让爵位于弟石抹厚孙，退居天台山。这是他首度来到处州，从此与之结下不解之缘。也许就是在这期间，石抹宜孙开始师事王毅，与章溢、胡深、季汶、叶子奇等成为同门弟子。

　　王毅对石抹宜孙这个得意弟子倾囊相授，偏爱有加，赞其："六经百氏兼该，信知文武有全才。"确实如此，以石抹宜孙的才学，应该干出一番惊天动地的大事业，却生不逢时，昔日曾经无比强盛的大元帝国，此时已是日薄西山、行将就木。腐败残暴的统治，最终导致天下大乱，各地义军纷纷揭竿而起，群雄逐鹿，争夺天下。石抹宜孙在至正十二年来到处州，是为征讨进攻龙泉的福建"妖寇"，之后又奉省檄往讨处州各县的"山寇"。连绵的战乱使他显现了自己的军事才华。

石抹宜孙见到刘伯温后十分欣喜。他对刘伯温的谋略以及对"海盗""山寇"所持的"必剿"态度早有耳闻，所以他决定重用刘伯温。事实上，刘伯温能为行省重新起用，与石抹宜孙的极力推荐不无关系。两个人推心置腹地畅谈了当前面临的艰难局面和应对策略，在所有的领域几乎达成了共识。这让刘伯温胸有成竹，感觉自己终于有了用武之地。而石抹宜孙对刘伯温的问计，也显示着他的涵养和高瞻远瞩，堪比大鹏之志。

刘伯温指出：丞相脱脱领兵大败张士诚于高邮本是可喜可贺之事，但是，眼看高邮旦夕可破，朝廷却一纸诏书罢免了脱脱的相位，安置淮安路，继之又诏令西行是个严重的失误。这也导致次年十二月，脱脱被左丞相哈麻（亦称哈玛尔）矫诏遣使毒死，年仅 42 岁，实乃大元之不幸。脱脱罢相之后，元廷再无能人，整个局势更江河日下。最后，刘伯温还称赞石抹宜孙文武双全，未来前途不可限量。

石抹宜孙哀叹，言辞中流露出对元顺帝不理朝政、淫逸无度、勤于修炼房中术的失望和不满情绪。又说，即便这样，元顺帝的精力还是无处宣泄，则以自制龙船、宫漏为乐，其工艺据说达到了"特级木匠"的水准。因元顺帝有这等"本事"，故时人戏称其为"鲁班天子"。对这些，做臣子的也只能扼腕叹息了。

刘伯温一针见血地指出，元廷的大患不是起于朝堂，而是出现在草莽，遍地烈焰的义军终将汇成铺天盖地的大火，将元帝国烧为灰烬。

外来和尚

事实果然如刘伯温所言！

至正十六年（1356 年）二月，当初躲避追杀、远走他乡避难的韩

林儿终于被刘福通找到了，红巾军终于有了名正言顺的"大 Boss"。刘福通等人均迎立韩林儿为皇帝，称其为"小明王"，建都亳州（今安徽亳县），国号宋，改年号"龙凤"。此后，北方各路红巾军开始用"龙凤"年号，各路红巾军渐渐汇聚在一起，实力越发壮大。

至正十六年二月末，滁州郭子兴因为和孙德崖内斗失利，气的大病一场，竟然英年早逝。眼看着"郭家军"没了主心骨，龙凤政权及时伸出橄榄枝，韩林儿任命郭子兴的大儿子郭天叙为都元帅，其小舅哥张天佑为右副元帅，其干女婿朱元璋为左副元帅。

这是朱元璋首次进入郭家军核心领导层，有了发号施令的权力，他的野心也开始膨胀。可是，郭天叙是个"护食"的统帅，张天佑也不是平庸之辈，他们对后来居上的朱元璋十分讨厌，认为他是外来人，而且这个外来的和尚朱元璋还特别精明，左右逢源，对权力极度渴望，稍有不慎，郭家军的大权就会落入朱元璋之手，因此对他十分防范。朱元璋自知内幕，一边周旋，一边想尽办法除掉郭天叙、张天佑等人。

至正十六年（1356 年）六月，朱元璋攻下采石，又取太平，改太平路为府，置太平、兴国翼元帅府，自领元帅事，屡次大发神威，增强了声望。他在郭家军中的地位日渐巩固，其谋略和胆识皆远超众人。

为了树立威信，郭天叙、张天佑不得不亲自披挂上阵，以免光芒和功劳被朱元璋抢去。同年九月，攻打集庆时，郭天叙、张天佑率大军围金陵（今南京）城，元朝降将陈野先率部协助攻城。

这是朱元璋设计的一个连环计，本来就不甘心投降的陈野先被朱元璋释放后，回到了自己的部队中，就想办法重回元廷怀抱。围攻金陵时，陈野先借召开军事会议的机会，把前来开会的郭天叙和张天佑骗到自己的军营内乱刀杀死，重新打起元军旗号。

两大主帅阵亡，朱元璋"暴怒"，亲自率军攻城，大破金陵守军。陈野先兵败逃窜，被临近县的地主武装杀死，其部数万人尽归朱元璋麾下。至此，郭家军的最高领导只剩朱元璋一人，而且收服陈野先的数万降兵也让其实力迅速膨胀。此后，朱元璋携十几万大军，占据金陵以及周边广阔的土地，终于有了和群豪一较高低的实力。在他的统帅下，

"郭家军"逐渐向"朱家军"转型，并积极向周边发展。

随着战线的延长，朱元璋、刘伯温这二人开始开始有了交集。

小试牛刀

这一时期，刘伯温还在考虑如何辅佐石抹宜孙守土并剿灭匪首吴成七，他对朱元璋的发展势头一直有清晰的判断。不过摆在他面前急需解决的是吴七成匪患，他担心吴七成会和朱元璋搅和在一起，到时候里外配合，处州将不保。

处州群山连绵，龙泉、庆元二县与闽北山水相连，是浙江西南部的天然屏障，有着相当重要的军事地位，这里盘踞着以吴七成为首的多股义军。

吴成七，为人刚勇仗义，在民间颇有威望。至正十三年（1353 年）春，他在瑞安五十四都埠头售贩私盐，因当地盐霸横行，一怒之下，数拳将其打死。官府捉拿，吴成七无奈之下，落草为"寇"，逃回黄坦后，他即和民间武师宋茂四、落第穷儒支云龙、善研兵法的周一公等相约揭竿反元，受压迫的百姓纷纷响应，其队伍很快发展壮大，大本营就设在黄垟毛弯。

元至正十四年（1354 年），吴成七被众推为首领，遂自号"吴王"。随着起义军人数的暴增，又嫌毛弯地窄，迁营黄坦龚宅，再辟金山指挥烽火寨（今吴成七寨），建吴王府于龚宅石鼓楼。同年秋，起义军已具备相当军力，于是主动出击青田县城。元行省震恐，忙任命总管官王某带兵剿伐，但到达南田后，王某因为惧怕不敢前进一步。

就在此时，南田张坳豪富徐伯龙想建立功名，便自告奋勇，主动请战。总管官王某大喜，授徐伯龙松阳县尉牒，由其自带"义勇"，在张坳外路拒挡起义军前进，他自带大军绕到敌后攻击。可是，当发生激战后，总管官王某依旧怯战，他迟疑不敢发兵增援，致使"义勇"溃败，徐伯龙当场毙命。吴成七乘胜进兵，总管官王某兵败如山倒，逃之夭夭。青田地主武装首领季珍为了自保家园，也亲自带"义勇"阻击于船

寮（今青田船寮镇），双方激战整日，气势如虹的起义军大获全胜，攻下县衙。一应地主名流等均望风而逃，留下众多无主之地。

吴七成发布安民告示，担负起守土和生产之责，慢慢恢复民生。

次年，吴成七拜周一公为军师、宋茂四为大将、支云龙为王府谋臣，开科取士，选拔文官武将，分派头领驻兵各寨，并封朱君达、李夹等数十名战将，以黄坦为中心四向出击，把势力范围扩大到处（州）、温（州）、婺（金华）及闽建一带，首尾连络百余寨，犹如铁桶阵一般，致使官兵不敢深入。眼看着吴七成势力有坐大之势，元统治集团在惶恐中，数次派高官前来招安，均遭吴成七拒绝，令行省头痛不已。

正如《元史》在石抹宜孙本传当中所云：时处州"山谷联络，盗贼凭据险阻，辄窃发不易平治"。这就是当时处州的局势。

行省再次起用刘伯温，恢复其行省都事之职，命其回处州协助石抹宜孙"平定山寇"，首先是考虑到刘伯温不但懂军事，而且是处州本地人，熟悉当地的情况，因为吴成七起义的根据地就在青田和瑞安；其二是两年来的事实证明，朝廷对方国珍的"宽让""招安"是失败的，刘伯温的"匪首必剿"的策略是正确的。方国珍时降时叛，着实令朝廷无措可施。事实上，到至正十六年（1356 年），方国珍的势力范围已扩展至温州、台州、庆元三路，与吴七成遥相呼应，官军奈何不得，只能小心应付。

刘伯温之于行省对他的再次起用，当有授命于危难之际的使命感和自豪感，朝廷以往对他的"用完即弃"的背叛，已然置之脑后，个人的不幸与国家的兴亡比较，又算得了什么？在他看来，这是证明其自身价值和报效朝廷难得的机遇。可有一点，他恐怕没有想到：这将是他为元王朝最后一次尽忠。

《元史·石抹宜孙本传》云："宜孙用基等谋，或捣以兵，或用以计，未几，（山寇）奸殄无遗类。"这一表述告诉我们：在处州"平乱"的一系列军事活动当中，刘伯温成了石抹宜孙的主要谋士。

刘伯温到处州后做的第一件事，就是奉行省旨意撰写《谕瓯括父老文》。这件事对他来说很简单，大笔一挥，顷刻间就写完了一篇气势磅

礴的檄文。

文告落笔即宣称元王朝开国 80 余年来执政为民的"功德"，之所以不能"宣德化，达壅滞"，则"咎在有司，非主上意也"，也就是说皇帝还是好的，是下面的官吏有问题。下文，语气一转，变得威严起来，谓小民作乱，已殃及百姓，惊动上听，故授丞相以生杀之权，便宜行事。这是带威慑性的口吻。结尾语气又趋平缓，说丞相体恤小民，认为"不教而诛，有辜帝仁""是用发传，俾使者来谕父老"，希望父老乡亲"各体上意，约束其子弟"，迷途知返，未为晚矣；执迷不悟，则"贻悔莫及"。

刘伯温对农民起义所持观点十分鲜明的，即对方国珍一类的"首恶"者，须严惩不贷，而对胁从者则须从轻发落。对于大多数的民众来说，是在无衣无食、左右俱死的情况下，才铤而走险落草为"寇"的，根子还在官府本身。因此，文告措辞既要堂堂正正，又要动之以情、晓之以理，做到威而不显暴，仁而不显柔，最大限度达到分化、瓦解农民起义部队的作用。全文既有安抚又有威慑，实为一篇"洗脑"的上乘之作，让一些盲目跟风的百姓迷途知返，达到了目的。朝廷让刘伯温复出，就是为了平"乱"，故他为朝廷代言，撰此文告，是很自然的，不足为怪，倒是从中让我们更进一步看到了他之于元王朝的一片忠心。文告写得是有水平，但当时处州复杂的局势断然不是一篇官方文告所能解决的。

当时处州下辖七县，几乎每县都有"山寇"作乱，且各县"山寇"沾亲带故、盘根错节，一方有急，即互相声援，尤其是吴成七部，其所据地盘已与方国珍的势力范围连成一片，相互倚靠；又有青田潘惟贤、华仲贤等率众翻山越岭，曾一度攻占龙泉县城，实力也不可小觑；丽水礵硿、青田庐茨的"山寇"均号称有数万之众。他们对刘伯温的告示不以为然。

刘伯温辅佐石抹宜孙，进献了许多良策。石抹宜孙深知民生疾苦，明白民众反抗的根源在于朝廷官吏的腐败，一方面采用灵活手段武力镇压，另一方面则严厉打击贪官污吏，并大幅减轻当地百姓赋税。他的德行，感召了处州的父老乡亲，他们召唤已经参加了"山寇"的亲人回

家，许多参加起义的士兵得到亲人的呼唤后返回家乡。

处州七县的精英如章溢、胡深、叶琛等浙东名士也纷纷投至石抹宜孙的麾下，其共同的目的都是为了早日稳定处州的局势，但元帝国已奄奄一息，纵使石抹宜孙再怎样努力地支撑危局，也无济于事。

在这一年中，全国局势又有了新的变化。张士诚占据平江（苏州）后，相继攻克湖州、松江、常州诸路。朱元璋下金陵之后，改集庆路为应天，继而又下镇江，称"吴国公"，仍用龙凤年号。刘福通指挥三路红巾军分掠河南、山东、河北，所到之处，元兵溃逃，红巾军过关斩将，大有一举颠覆元帝国之兆，京师震惧。反观这一年来江浙行省的浙东道却捷报频传，石抹宜孙的战绩夺人眼目，堪称全国为数不多的亮点。

石抹宜孙麾下人才济济，如虎添翼，他频频出击，剿灭乱起的匪患。

至正十六年（1356年）的四五月间，胡深、章溢、叶琛以三面合围之势一举歼灭了号称有数万之众的丽水农民起义军。是年八月，叶琛又遣裨将陈仲琛平定了青田庐茨一带的"山寇"。但按下葫芦浮起瓢，处州的局势并没因此见好，在全国大起义形势的影响下，丽水之浮云、泉溪等处又有山民起事。如何连根拔出匪患之源，成为刘伯温肩头重任。

归乡愁云

至正十六年（1356年）十月，刘伯温决意冒险查探敌情，他悄悄来了一次南田山故里之行。这次回归南田十分凶险，因为温（州）处（州）闽一带最有实力的"山寇"吴成七的根据地就在他老家附近，一旦走漏消息，随时都有生命危险。

昔日的秀美河山在刘伯温的眼里变成了可以埋伏或者厮杀的战场。他一边搜集情报，为未来的军事行动提供更多的决策依据，一边安抚久未归乡的激动心情。

这次回家，目之所及、耳之所闻都给人以沧桑之感。舟行于大溪之中，两岸寒山落晖，风景虽然依旧，但于此风急霜飞，寒气逼人的非常时期踏上还乡之路，总有一种悲凉之感。进入小溪，已是"雨密溪深宿雾昏"，但见两岸村野草黄木落，水泉干涸；田园荒芜，荆榛遍野，不少村民已避乱于山中过着"巢居"的生活。

回到家中，左邻右舍热情依旧，"华发老翁啼进酒，蓬头稚子笑牵衣"，可在他们的笑脸之中分明隐含着一个"愁"字，"游子到家无旧物，故人留客叹空樽"，经过那么多年的战乱，加上大旱之年，五谷不丰，除了满心的热忱，也拿不出其他像样的东西来招待这位"异县归人"了。在与他们的闲聊中，刘伯温才得知父老乡亲们是怎样的度日如年，"语罢不须还秉烛，耳闻目见总销魂"。又作诗"千村乱后荒榛满，孤客归来拉泪看""故家文物今何在，平世人民半已非"。差不多有五年没回家了，回家后的耳闻目睹又让他辛酸不已。他总觉得有愧于家乡父老，回归处州"平乱"已有一段时间了，而"山寇"仍然肆虐乡里，这使他内心深感不安。

这次回归故里，刘伯温又碰上了百年未遇的大旱。面对战乱和大旱，熟悉星象和占卜的他却束手无策，也没摆上祭坛，召唤雷公电母和龙王，下一场及时雨，以致他在诗歌中也流露出对"老天爷"的无奈，在《次韵和石末公闵雨诗》中写道：

> 腾云降雨指龙功，况复山川祭祀隆。
> 岂意愆阳为沴气，忽过炎夏到秋风。
> 祈年劳酒仪徒备，登谷尝新望已空。
> 享祀未应无报佑，可堪不杀待时丰。

数月无雨，意味着颗粒无收。老天爷不垂怜，刘伯温只能安慰乡亲抗灾自救，他还以《旱天多雨意》为题赋诗十首，以表达对百姓疾苦的怜悯和同情：

> 旱天多雨意，阴电绕空湫。
> 暴客冯高垒，良农死耒丘。

干戈犹未息，灾沴复何尤？
轸望成衰疾，那堪数倚楼！

天灾人祸，让刘伯温对家乡百姓的苦难深感同情和忧虑，加深了他对战争危害的认识，从而进一步坚定了他"平乱"的决心。回乡之行结束后，他匆匆回到处州，时至冬天，不见下雪，而且天气特别地暖和，直到深冬，忽然下了一场暴雨，滋润了干旱已久的土地。刘伯温欣喜若狂，遂作《诏书到日呈石末公》以贺：

将军铁马高秋出，使者楼船渤海来。
甘雨恰随天诏下，阵云应与地图开。
枯黄背日纷纷落，细绿迎春冉冉回。
怅望山中多病客，坐看乌鹊绕庭梅。

一场旷日持久的大旱终于过去了，而"山寇"则继续为"乱"。"寇"不除，则民不安，无心生产，这是最让他揪心的事了。

至正十七年（1357年），全国的起义形势又有了新的发展。

北方红巾军在刘福通的号召下兵分三路，直插元王朝心腹地区，三辅震惧，关中告急。

南方群雄乘机发展，朱元璋夺得张士诚常州、常熟等地，复陷元军所据之池州、扬州。

张士诚向元廷请降，朝廷授予太尉官职，但他拥兵自重，筑城于虎丘山，凭高据险，对朝廷随时构成威胁。

徐寿辉部变故迭起，自彭和尚、邹普胜相继战死之后，又有倪文俊谋叛，倪文俊复为部下陈友谅袭杀。至此，徐寿辉部之兵权事实上已操纵在陈友谅手中，而明玉珍（徐寿辉部将）占据成都，亦已自成局面。

浙东、浙西郡县也多残破，惟处州、绍兴两路尚能自保。

天下群雄并起，吞天吐地，刘伯温却依旧陶醉在剿匪保民日见成效的小目标里。

诸葛之才

至正十七年（1357 年）春，石抹宜孙凭借几年积累的战功和政绩荣升行枢密院判官，总管处州一应军政事宜。一人得道，鸡犬升天，石抹宜孙的相关班底都跟着做了调动。

刘伯温升任行枢密院经历（出纳文书），此职为从五品官，他在元王朝的宦海中沉浮二十余年之久，做的一直是八品、从七品的基层干部，如今首次升迁，而且一跃就是四级，这对他来说，不能不说是一件快事。

喜讯传来，刘伯温的宅邸前来贺喜的朋友络绎不绝，酒宴也摆了好几桌。不仅他本人特别高兴，要好的同僚也为他感到欣喜。当然，刘伯温也深知肩上的担子更重了，对于石抹宜孙的提拔之恩，他更加急于报答。所以，刘伯温与其同僚在平"乱"中不管遇到多大困难，总是相互鼓励，振作精神，以争取最后的胜利。他在《沁园春·和郑德章暮春感怀呈石末元帅》一词中写道：

> 万里封侯，八珍鼎食，何如故乡？奈狐狸夜啸，腥风满地，蛟螭昼舞，平陆成江。中泽号鸿，苞荆集鸮，软尽平生铁石肠。凭栏看，但云霓明灭，烟草苍茫。
>
> 不须踽踽凉凉。盖世功名百战场。笑扬雄寂寞，刘伶沉湎，嵇生纵诞，贺老清狂。江左夷吾，关中宰相，济弱扶颠计甚长。桑榆外，有轻阴乍起，未是斜阳。

在刘伯温看来，备受打击的吴成七残余势力就像一匹掉进陷阱里的狐狸，凄惨号叫，弄得南田及周边地区腥风血雨。他把动荡的社会进一步拓展，形象地写描出整个元朝社会，并且表明了人生志向："中泽哀鸿，苞荆隼鸮，软尽平生铁石肠。"意思很清晰，元末人民因战乱流离失所，无处安身，好像沼泽里悲鸣的大雁一样；全国到处是各自为政的狼心自野之徒，他们就像那野草丛生里的隼鸮，只顾自己的死活，哪管他人的安危。

这首词上阕写万里封侯，不如回归故里安居乐业，怎奈故里亦非乐土，已是"腥风满地"，唯有磨炼意志，满怀信心才可以面对未来。下阕刘伯温激情昂奋，主张积极入世，驰骋疆场，为国效忠，以换取盖世功名。这首词是他对自己前半生的一个总结，也是对后半生的一个展望，在他的文学创造上具有举足轻重的作用，是研究他生平的重要史料。

这一年，元王朝已全面走向崩溃，江浙一带，台、温、庆早已是方国珍的底盘；张士诚又占领了江浙行省首府和浙东绍兴，浙东六路只剩下婺、处二路，而朱元璋攻下常州，其兵锋直指婺州，处州也危在旦夕。

至正十八年（1358年）年初，刘伯温改任行省郎中，品秩没变。

在这一年里，陈友谅以武昌为据点，于年初兵破安庆，刘伯温同年好友余阙举家殉难；继之陈友谅连下龙兴、瑞州、安吉、抚州、建昌（今江西南城）、赣州诸路，攻取了江西行省的大部分地区。与此同时，明玉珍也几乎占领了整个四川盆地。北方三路红巾远征军声势愈壮，纵横驰骋于中原大地：三月，毛贵陷济南、下蓟州（治今天津蓟县），一度逼近大都；五月，刘福通攻克汴梁，建作都城，接小明王来此定都。宋政权迁都汴梁，实现了使"宋"名副其实的夙愿。

宋政权迁都汴梁后，北方红巾军势力发展至顶峰。红巾军所到之处，战无不胜，攻无不克。十二月，关先生攻入上都，中原大乱。但从平定"山寇"这一角度去看，处州的局势则进一步好转。正月，松阳白岩"山寇"归降；五月，又平缙云黄村"寇"；八月，移师遂昌，直捣大社，"寇"酋周天觉归降。至此，处州境内诸"寇"除青田吴成七部、潘惟贤部之外，皆已平之。

刘伯温在平定吴成七起义军的过程中，在重要军事行动的决策当中起了关键性的作用，犹如诸葛亮一样未卜先知。至正十八年（1358年）秋季，吴成七突出重围，于洞尖山天险另立新寨，并以连环七营，竭力死战。官兵久攻不下之时，刘伯温授以疑兵之计：叶琛按刘伯温所授惑兵计，暗遣一支官兵，在遥对洞尖山寨的黄呈垟山岭，趁黑夜每人肩扛悬挂有20多盏灯笼的长竹竿，从山岭头扛到龚宅，吹熄后再返回黄呈

垟岭头，点燃灯笼复向龚宅行进，每夜以一二百官兵轮流进行，造成官府增兵源源不断的假象，以致吴成七部军心动摇。

至正十八年（1358年）冬，官兵抓住战机，一举歼灭了吴成七起义军。吴成七自缢，这标志着处州的"平乱"基本结束，动荡多时的山里，表面上又恢复了原有的平静。刘伯温功成名就，但是在当地颇有爱民、护民名声的吴七成死了，对刘伯温而言，这是他的一个污点，但是对于处在那个职位上，又对自己的官职十分渴望的人来说，也没有什么错。不过，这小小的胜利对元朝而言可有可无，在大环境的对比下，处州的处境反而更加艰危了，来自其西部的一支强悍力量——朱元璋大军开始对它形成致命威胁。

徒劳无功

至正十八年（1358年）对于朱元璋来说是大获丰收的一年，在主战场东线和南线，他的军队攻无不克，战无不胜，攫取了不少新的地盘。

至正十八年十月，朱元璋手下猛将胡大海出奇兵，顺利攻克兰溪，随即兵临婺州城下！婺州（今浙江金华）与处州唇齿相依，婺州城池一旦失手，朱元璋兵锋所向，势必直指处州。因此，石抹宜孙、刘伯温等人密切注视着朱元璋大军的一举一动，其"平叛"后的主要精力也转移到如何对付朱元璋义军的随时侵袭。

对此，刘伯温一边继续发挥他最擅长的城防建设，一边广泛发动民众，组建地主武装并积极训练，以便迎战朱元璋大军。民间对朱元璋大军的传闻十分恐怖，元廷给其冠上了"恶匪"的称号，老百姓担心性命和财产受到损害，也毫无悬念地加入地主武装，担负起"保卫家园"的责任。实际上，经过严格训练的地主武装的战斗力还是很强悍的，为了护土安民，这些士兵敢于厮杀，不怕牺牲，比元军勇敢数倍。真的交战起来，谁胜谁负还真难预料。朱元璋的大军之所以战斗力强，许多士兵就是从地主武装整队整队地投诚过来的。朱元璋手下许多优秀将领本身

也是地主武装的头领，看清了形势才投靠朱元璋的。

刘伯温的能耐不是吹的，他尽心尽力守护处州，肯定会让朱元璋大军望而却步。对于刘伯温对抗朱元璋的战史，《行状》《神道碑铭》《明史》等只字不提，似乎二人没有丝毫"过节"，或许是出于为贤者隐讳的缘故吧。对于这样一个用兵入神的人，朱元璋肯定不想和其正面交锋，他通常的手法是挖过来。所以，搜罗人才是朱元璋一向的用人风格，他的属下也都注意打听，遇到有名气的人就软硬兼施地将其送给朱元璋。

胡大海崇拜文人，他对有名气的文人格外推崇，当他来到婺州后，听闻这里人才济济，便折节下士，打起了刘伯温、宋濂、叶琛、章溢等人的主意。胡大海一再向朱元璋推荐这些人，把他们个人的情况说得很详细，以便朱元璋定夺。朱元璋果然大喜，命令胡大海务必请这几位名士出山，投奔自己。

人才的争夺永远是战争胜负最关键的因素，元廷总是自断手足，朱元璋却大肆招揽人才，当人才的拥有量出现不平衡的时候，战争的天平就到了一边倒的地步。朱元璋横扫千军，将各路群豪相继剿灭，最后驱逐了元廷，正是对人才的争夺和使用起到了决定性作用。

至正十八年（1358年）的秋天，朝廷命重臣李国凤经略江南，其首要任务是考察地方官吏政绩，奏请朝廷升迁有功之臣。这可是一言九鼎的好差事，幸运的指头点向谁，谁就平步青云。《元史·石抹宜孙本传》云："十八年十二月……时经略使李国凤至浙东，承制拜宜孙江浙行省参知政事。"李国凤的到来，确实给处州官场带来了惊喜。

诏下，石抹宜孙一跃而为正二品大员，朝廷授以江浙行省参知政事之职；其他大小官员凡是稍有立功行为的均获得升职和奖励，只有一个人例外，他就是刘伯温！

刘伯温非但没升官，反而降回原职，仍以儒学副提举资格授处州路总管府判官，且夺去兵权，不与戎事。若论功行赏的话，刘伯温在处州平"乱"功不可没，自然在升迁之列，但是却劳而无功，结果出人意料。

对于这样的结局，刘伯温万万没想到，这让他无法接受。到底问题出在哪里？他百思不得其解，直至他人一句话点醒了他，才明白这仍然是官场黑暗所致。

张时彻《神道碑铭》如是云："时经略使李谷（国）凤奏守臣功绩，而执政者皆右方氏（方国珍），遂抑公功，仅由儒学副提举格授处州路总管府判，诸将莫不解体。"

众所周知，刘伯温是主战派，在如何处置方国珍的问题上，其观点一直与朝廷相左，即便是回归处州之后，也没改变，坚持匪首必剿。这几年间，方国珍时叛时降，朝廷一再宽容退让，方国珍得以飞黄腾达至江浙行省参知政事，摇身一变已成了行省二品大员。

方国珍自知口碑不佳，便上下贿赂，不知有多少权贵受过他的贡礼。得了好处的官员们自然会对方国珍褒奖有加，方国珍也会取巧，逢年过节都有好处送来孝敬，自然上下一团和气。和方国珍同省为政，刘伯温自然少不了大发议论，直言不讳。方国珍直皱眉头，少不了唉声叹气，自然会有察言观色的人替他出面了结此事。所以，在刘伯温官职升迁的关键时刻，行省乃至朝廷的大臣们大都站到了方国珍这一边，对刘伯温投了反对票，接下来倒霉的自然是刘伯温了，他直接被打回原形——儒学副提举。

对于这样的结局，刘伯温反倒清醒了。这个职位简直就是鸡肋，他愤而弃官，收拾行囊，回归家乡。临走时，他还不甘示弱地扔下了一句话："臣不敢负国，今无所宣力矣！"他似乎在向朝廷表白，也似乎在告诉世人：他的离去，并非意味着对元王朝的背叛，这实在是一种无奈的选择！

香草美人

憋屈，郁闷，无处诉说……

这时候的刘伯温，大概觉得自己的心志和遭遇太像战国时期的屈原了，他决心用手中之笔来勾勒出他的人生历程，还有他所受的种种磨难；他要告诉世人，他的理想是如何破灭的，他的追求又是怎样的无

谓。他相信总有一天，他的心志会得到人们的理解，历史也将对他作出公正的评价。所以，他在辞职之后写了一篇仿《离骚》的赋作——《述志赋》，以抒发内心的痛苦之情。

刘伯温一开篇就以香草、美人的象征手法，塑造了一个重视德才修养，勤奋好学的"最佳男主角"形象。他说自己是"具五气以成形兮，受明命而为人"，也就是我们现在常说的那种自带光环的人。下面诸如"乾坤之精粹、日月之景光、飞泉之华滋、灏露之醇英"的妙语不断，表达了他灵魂的高贵。接着，他又以奇装异服象征自己立志之不凡："制杜蘅以为衣兮，藉茞若之菲菲。佩琳璆之玲珑兮，带文藻之葳蕤"。然后，他为自己插上想象的翅膀，让笔下的男主角为追求真理、实现理想而上下求索。

《述志赋》从文学艺术角度看，几乎就是屈原《离骚》的升级版本，并没多少创新之处，但对于研究刘伯温生命观念的转变却是不可多得的第一手材料。因为赋中那个高贵的男主角无疑就是他本人，他似乎有意识地要以文学的方式对自己一生的追求作一个总结，并以此来表明对元王朝的一片忠心，从中也让世人感觉到他当时的心态已经冷却到了冰点。在这个"天下皆醉我独醒"的时代，刘伯温似乎觉得余生所能做的，也是唯一能做的一件事，那就是著书立说了。

在发表了一系列文章后，刘伯温缓解了心中的郁闷，便踏上回归家乡的路。他决意今后不问世事，专心著书，终老南山，做一个名垂青史的大文学家。

至正十八年（1358 年）冬季，刘伯温如释重负地走了，石抹宜孙也无力挽留他，只能眼睁睁看着自己的智囊远去，或许他还会成为自己日后的劲敌。可是，国家尚且如此对待刘伯温，他石抹宜孙又能怎样呢？

此时，石抹宜孙率大军镇守着处州路，其弟石抹厚孙镇守处州北面的婺州路。处州路东面是占据浙东的方国珍；北面是势力强大的张士诚；西面朱元璋的军队也开始进逼。

在刘伯温看来，处州大势已去，江浙均不保了，元王朝的覆亡真的已为时不远了！

著书立说

隐居后的刘伯温已不屑再为朝廷效力，另一方面内心又瞧不上纷起的割据势力。在他心中，这些占据一方的豪雄最多也就是"草寇"，称霸一方而已，成不了大事，不值得投奔，更不屑于与之为伍。对于胡大海托人捎来的"邀请函"和礼物，他完全不纳，闭门谢客。出于自保，刘伯温归隐南田武阳山中时，一边组织乡兵结队训练，免遭方国珍的骚扰；一边发力著《郁离子》，以寄托自己的一腔幽愤。

《郁离子》是刘伯温毕生的心血，奠定了他在元末明初的文学地位，时间越久，越体现出这本书的价值。直到今天，我们依然可以从书中找到许多哲理性的指导。

郁，有文采的样子；离，八卦之一，代表火；郁离，就是文明的意思，其谓天下后世若用斯言，必可抵文明之治。全书的思想以道为本兼与儒家相结合，立意与行文变幻奇诡，颇得庄子精髓。刘伯温认为万物有道，道不可逆，物有两极，对立统一；其次，理一分殊，探其本质；再次，智胜于力，知所未知；最后，以物以理，取象思维。这本书展现出深厚的道家思维的精髓，因此后世很多人把刘伯温想象成道士也是可以理解的。

刘伯温写作《郁离子》，前后历时近三年，这是他一生中思维最活跃之际，此前的半生他都郁郁不得志，处处掣肘，不能施展抱负，最终官场失意，被夺去兵权，就是在这样的逆境下，他反倒神驰飞扬，发愤而著《郁离子》。在写作《郁离子》的过程中，刘伯温的整个思想体系，尤其是对社会政治方面的看法及主张更为成熟，也更为系统。该书不仅集中反映了刘伯温治国安民的主张，也显露出他的渊博学识，文学成就相当高。

《郁离子》，其书总十卷，分十八章，散为一百九十五条，多或千言，少或百字，其言详于正己、慎微、远利、尚诚、量故、审势、用贤、治民、本乎仁义道德之懿，明乎吉凶祸福之机，审乎古今成败得失之迹……

《郁离子》还详述了修身正己、防微杜渐、建设法制、遵纪守法、崇尚诚实、审势时事、任用贤才、治理天下等，这本来就是仁义道德的主旨。

在书中，刘伯温特别提到刑法的重要性，写道："刑，威令也，其

法至于杀，而生人之道存焉。故，德令也。其意在于生，而杀人之道存焉，《书》曰：刑期于无刑……是政制刑，其于使民畏，刑有必行，民知之犯之必死也，则死者鲜矣。"

刘伯温认为：要维护社会稳定，使国家安定，必须德法并治，做到有法必依，执法必严。正因为他对刑法如此看重，朱元璋建国后，刘伯温才被任命为御史，这是一个负责监察文武百官的职位，他铁面无私，惩办了许多人，也得罪了许多人，成为"恶人"的眼中钉。

刘伯温主张刑法要公正，不能只惩办百姓，而对官吏网开一面。他一直推崇：治民之道在于仁义公证，注意适时适度，想民之所想，急民之所急，假如一味靠欺骗愚弄百姓，靠指手画脚来驱使百姓，只能离心离德，貌合神离，置国家于水深火热之中，为官要谨防吏阿谀长官、欺压百姓，要"去谗斥佞，远吏近民。待人以宽，律己以勤"。

另外，刘伯温还提出"国家兴亡，关键在用人"。《郁离子》不仅集中反映了作为政治家的刘伯温治国安民的主张，也反映了他的人才观、哲学思想、经济思想、文学成就、道德为人以及渊博学识。在写作《郁离子》的过程中，刘伯温的整个思想体系，尤其是对社会政治方面的看法及主张更加成熟，也更加系统。

在书中，刘伯温审视古往今来成败得失的教训，概括分析了元朝的腐败，其中多为有感而发，他冲破旧的框框，博采了众家所长，解释了当时万众的疑问，其中论证雄辩奇异诡妙，比喻形容应用得更是恰如其分，同时又不失其本意。也许这一时期的刘伯温彻底放下了权势，让他思维极其活跃，将毕生所学均凝聚在笔端，呈现出这部世人赞叹的奇书。

《郁离子》作为中国文学史上的第一部寓言故事专集出现在文坛上，其地位不可低估，无论其内容的丰富性和讽喻意义的深刻性，其艺术形象的生动性和表现方法的多样性，同前代寓言相比较，不但毫不逊色，而且在某些方面明显地超过了他们。

《郁离子》闪耀着治国安邦的思想光辉，亦称文苑奇葩。

第九章　兵者诡道

伯乐罕有，如果没有朱元璋的盛情邀请和特别的信赖，刘伯温的声望绝不会如此显赫，他的盖世才华也不会如此彰显。可以说，朱元璋成就了刘伯温，刘伯温也成就了朱元璋……

明主相邀

就在刘伯温发愤著书的同时，朱元璋也处于事业的上升期，他很注意招募人才，暗中培植自己的实力。朱元璋工于心计，政治手腕超高，对阻碍自己的人心狠手辣，领导能力超强，个人魅力也十分巨大，拥有与生俱来的领袖风采。

在以武力讨伐群雄的时候，朱元璋逐渐认识到文化的重要性。要治理天下，必须教化民众，使百姓有一个普遍遵守的行为道德准则。由于受身边诸多儒生的影响，朱元璋选定了儒家的传统思想作为治理"国家"的理论基础，他自身也如饥似渴地汲取儒家营养，并逐步与自己"占山为王"的草根英雄时代决裂，刻意把自己包装成有知识有文化的"上市集团老总"。从这时起，朱元璋开始模糊他早年狼狈的历史，将自己打扮成一个儒雅的人士，这个包装是非常必要的。

自从占据集庆路，又攫取了郭子兴军队的大权之后，朱元璋的实力开始增强。集庆路为他的霸业奠定了最稳固的地基，不仅获形胜之地，

又平添兵民五十万。他一再革除弊政，在自己的管辖范围内与民休养生息，恢复生产，以满足征战之需。在他改集庆路为应天府之后，又设天兴、建康翼元帅府，以廖永安为统军元帅，号令三军。朱元璋将这些政绩上报韩林儿之后，"龙凤政权"升朱元璋为"枢密院同佥"（相当于国防部副部长）。从这时起，朱元璋在龙凤政权中的地位日渐凸显，开始有了话语权。

此时，元朝大军和刘福通派出的三路大军角逐天下，勉力周旋，已经无力兼顾朱元璋，只能眼看着其日渐坐大。朱元璋远交近攻，成为实力日益凸显的军事割据集团。

至正十八年（1358 年）十二月，朱元璋下达了攻克婺州的命令，大战爆发。

石抹宜孙的母亲就在婺城。石抹宜孙流泪说："义莫重于君亲，食禄而不事其事，是无君也；母在难而不赴，是无亲也。无君无亲，尚可立天地间哉！"即遣胡深等率数万地主武装去救援，而亲率精锐为之殿后。不料，胡深民兵与朱元璋的大军刚一交战，即陷入重重包围，败绩而还。石抹宜孙阻拦不住溃兵，只好退守处州。

至正十八年十二月十八日，婺州被蜂拥而至的朱元璋大军攻陷，石抹厚孙及其母被抓。为了笼络石抹宜孙，朱元璋善待其母和其弟，然而他并不投降。朱元璋敬重石抹宜孙的忠勇，倒也没有为难他的母亲和弟弟。

朱元璋攻克婺州后做了三件大事：一是下令禁酒、发粮赈民，旋复开郡学；二是招贤纳士；三是积极备战。

虽然浙东名士很清高，不屑于与造反者为伍，但是当他们见到朱元璋时，无不被他的魅力和胸襟所折服，他们忘记了他的出身，忽略了他的谈吐。站在他们面前的这位模样奇怪的人不仅志向远大，心怀天下，爱惜百姓，而且对儒学有着非常深厚的见解，着实有开疆裂土之王者风范。此后，在胡大海的力荐下，宋濂、戴良、胡翰等众多士人相继被朱元璋征召；章溢、胡深、季汶、叶琛等原本属于石抹宜孙属下的实力派干将也纷纷脱离元军阵营，倒向朱元璋。昔日石抹宜孙的"近卫军团"

几乎全部倒戈易帜，为朱元璋所用，并在之后大明王朝的创建中立下殊功，足以印证朱元璋的领袖胸怀和气度之大。

对于章溢、胡深等人的举动，后人或有指责，认为他们见风使舵、背信弃义，如果细加分析，也许就不会过于苛求。章溢、胡深等人对于腐朽昏庸的元朝统治者实际上并无好感，甚至是厌恶和痛恨，只是在石抹宜孙的引荐下，才短暂入仕，组建地主武装力保一方平安，这只是知恩图报的心理使然，完全出于个人之间的感情。一旦风云突变，形势更易，失去了他们的政治依靠，另择明主也就不足为奇。比如胡深就是迫于四县士民的压力，为免生灵涂炭，自愿领兵而降，并非为了一己之位，则更好理解。

然而，作为江东名士之首的刘伯温的出山，一半是请出去的，一半则是被逼出去的。朱元璋对于刘伯温，心仪已久，势在必得。

进驻婺州后，朱元璋立刻聘请当地著名学者范祖斡、叶仪、许元等十三人替他分别讲解经史子集，建立郡学，请学者当五经师和学正训导。内中最著名的就是大学者宋濂了，他不仅教朱元璋，还教过后来的太子朱标，着实是"帝者师"了，是有明一代鸿儒。宋濂与刘伯温是知心好友，见到了朱元璋之后，很是折服，他不免多次写信劝说刘伯温，言明朱元璋是一代豪雄、当代雄主，值得投靠。此时，刘伯温对"暴客"朱元璋还有偏见，而且正在著述《郁离子》，心无旁骛，于是谢绝了盛请，不肯臣服。

随着所占据的地盘逐渐扩大、军事实力的不断增强，投靠朱元璋的人才越来越多，经济实力、军事实力逐渐提升，昔日的上门女婿已经不再是那个寄人篱下，看别人脸色过日子的人了，他的言谈举止渐渐流露出王者之气，不怒自威，令人心惊胆寒。即便徐达、汤和、周德兴这些小时候和他一起光屁股长大的童年伙伴也不敢再和他说笑，都是毕恭毕敬的。这几年，朱元璋确实读了很多书，尤其是史书，对帝王之道有了体会，他自信可以做得更好。他对自己一直以来遵行的任人唯贤的做法非常满意，这不仅让他有了当代孟尝君的名气，连许多元朝的文臣武将都愿意投靠他。

卧龙出山

至正十九年（1359年）正月二十七日，朱元璋调整战略，伸出两个拳头打人，派耿再成率兵进驻处州北面的门户缙云，压迫石抹宜孙；同时命胡大海攻打张士诚在浙南的门户诸暨，造成威慑之势。

胡大海很快就攻克诸暨，向绍兴挺进，为了缓解南线的压力，张士诚实行围魏救赵，向北面的江阴、常州、长兴等地发起了攻击；此时"耿炳文守长兴，吴良守江阴，汤和守常州，皆数败士诚兵"。朱元璋"以故久留宁越，徇浙东"，名声远播。

至正十九年下半年，南线取得了突破性进展，九月，常遇春克衢州，擒宋伯颜不花。

至正十九年十一月，胡大海克处州，石抹宜孙兵败逃走。当战败的石抹宜孙带着数十名残兵剩卒疲乏地行进在庆元桃坑的崎岖山路时，意外遇到元军溃散的乱兵。乱兵烧杀抢掠，无所顾忌，看到石抹宜孙等人骏马神勇、衣物华贵，认为有钱财可夺，便驰骋砍杀。石抹宜孙虽情知大势已去，但其身上固有的契丹民族强悍重义、坚不可摧的性格，使他选择最后殊死一搏……石抹宜孙的悲壮之死，令朱元璋非常佩服，不仅厚葬了他，还亲自拜祭，这为他的仁厚赢得不少"加分"。

一代名将石抹宜孙死后，刘伯温更加感到元朝大势已去，不免有了兔死狐悲之情。他的《郁离子》已经耗费了他两年多的心血，已经接近完稿，审时度势，原本坚持不出山的他不免有了些许动摇。

早在处州被破时，朱元璋部将缪美就曾强迫刘伯温出山，并将他带到应天。无奈刘伯温确实不想留下来，朱元璋只好又放他回去。不过，对刘伯温这样的人才，朱元璋始终惦记在心中。石抹宜孙死后不久，朱元璋又指示另外一个部将孙炎去劝其出山。

孙炎此时是处州总制官，在明史上不是很出名，但在当时，他可是朱元璋最为得力的干将之一。根据宋濂、汪广洋等人的记述，孙炎这个人身高六尺余，面黑如铁，有一只脚还有点跛，不怎么读书，但却喜欢赋诗，往往有奇句，又善于雄辩，一开口就是数千言，在他的面前，人人都怕他那张嘴。孙炎还非常喜欢喝酒，喝了酒后作诗辩论，有如神

助，豪情万丈。孙炎交友广泛，夏煜、宋濂、汪广洋都是他的好友。由此可见，孙炎是一个非常善于交际的人，情商非常高。

对招揽刘伯温，孙炎很有耐心，他相信自己的能力，因此一请再请。请了几次，刘伯温就是不肯出山，原因是他的《郁离子》还未完稿，心事未了，哪能淡然出山。

至正二十年（1360年），孙炎恼了，直接率兵前去邀请刘伯温，并令士兵在乡里纵横，施加压力。刘伯温知道再不出山不仅会连累乡亲，而且自己的命也会没了，朱元璋给的面子够大了，而且《郁离子》此时也完稿了，便顺水推舟应承下来。

《行状》虽仍坚持陈说刘伯温出山是应了天象之事，却无意中记下这么一笔："公决计趋金陵，众疑未决，母夫人富氏曰：'自古衰乱之世，不辅真主，讵能获万全计哉！'"

无疑，处于各种势力纵横捭阖、互争胜负之际，声名在外的刘伯温想要安安稳稳地隐居几乎是不可能的，他必须做出选择，而控制家乡处州的朱元璋势力无疑是一个最恰当的投奔对象！刘伯温也看到在当时的割据势力中，只有朱元璋兵精将强最有前途，更何况他对元廷已经彻底失望。在经过一段时间犹豫后，他转身投入到反元大业中，自此，刘伯温加入了轰轰烈烈的推翻大元王朝、横扫各路反元义军、建立大明帝国的伟大征程，辅佐朱元璋立下盖世功勋。

一见倾心

朱元璋对于刘伯温的了解，似乎局限于其"象纬之学"，即观天象、验谶纬的本领。所以，他征用刘伯温，最初的目的也许是想借助他的术数之学。朱元璋崇尚方术，殆受当时风气之影响。元代诸帝都喜欢方术，在历朝皇帝中最突出。朱元璋生于元末，自然受到这种社会风气的影响。在朱元璋身边，术士颇多，如周颠、孟月庭、铁冠道人等人都是"江湖术士"。

民间传说至正二十年（1360年）三月，刘伯温来到应天时，朱元璋

问的第一句话是："能诗乎？"刘伯温的回答是："诗是儒者的末事，哪有不能的。"朱元璋拿起手中斑竹筷子，让他赋诗。

刘伯温随口念道："一对湘江玉并看，二妃曾洒泪痕斑。"

朱元璋蹙眉道："秀才气味。"

刘伯温说："不对。汉家四百年天下，尽在留侯一借间。"

留侯指张良，他是刘邦的谋臣，也是汉朝开国功臣，曾借刘邦吃饭用的筷子，指画当时天下大势，为刘邦出谋划策。这就是"借箸"的故事。据说朱元璋听完刘伯温的诗，大喜，把他当成张良般的谋略之士。当然，这只是民间传说。

朱元璋初见刘伯温的情景，还有另外一种说辞传得甚广。据说，刘伯温当时向朱元璋呈交了《时务十八策》，只是记录失载，后人无法得知具体内容。后人推测，刘伯温论述的内容大概包括征伐、治国、纳贤、驭臣之道等。至于《时务十八策》为何会失传，可能是避讳，自古圣意均自上出，没有谁能真正成为"圣者师"。既然朱元璋是顺应天意，自然不需要别人指导他如何行军打仗、治理国家、驾驭群臣等。按照刘伯温的性格，见朱元璋时肯定会拿出自己得意的作品增加自身分量，《时务十八策》便是最好的投名状。

朱元璋得到人才，好不喜欢，随即举行了隆重的欢迎仪式，让刘伯温非常有面子。短短数日，刘伯温就发现朱元璋与众不同，胸怀大志，而且极有帝王气象，所谓一见倾心，士为知己者死等因素都起到作用。从此，刘伯温等人完全被朱元璋的魅力所征服，心甘情愿地为其出谋划策。朱元璋也频出大手笔，盖了一所礼贤馆，专供贤士居住，而且待遇极优，所有软硬件设施一概配备齐全。

此时朱元璋身边有李善长、冯国用、冯国胜、朱升等谋士，要真正被朱元璋重用，自然要表现出让人信服的能力和功劳来。何乔远《名山藏》称当时刘伯温以儒生"称军祭酒"，一直到龙江之战时，朱元璋才令诸将拜其为"军师"。没有证据表明，"军祭酒"是不是朱元璋设立的一种官职，而且"祭酒"一词，虽然有"师"的意思，但似乎多少还表示刘伯温在军中仅是负责一些礼仪性的事务，并没有真正地成为军中谋略的重要决策者。刘伯温真正成为"军师"，乃在朱元璋与陈友谅于南京城外的龙江一战之时。

危在旦夕

至正二十年（1360年）五月，小明王韩林儿任命朱元璋为仪同三司江南等处行中书省左丞相。不料八月间，红巾军却兵败如山倒，派出的三路红巾远征军均告失利。

元将察罕贴木儿乘胜攻陷汴梁，刘福通奉小明王令退守安丰，地盘日渐缩小。

朱元璋的浙东红巾军却一再发力，应天东南被孤立的元朝据点逐渐为他拔除。这时朱元璋的领土已扩大到：东、北两面与张士诚为邻；西与徐寿辉相近；东南与方国珍相接；南邻陈有定。四邻之敌，强弱不等，心怀各异：张士诚最富，徐寿辉最强；方国珍、陈有定志在保土割据，并无远大企图。

比较起来：张士诚顾虑多，疑心重，他以守为攻，扼住江阴、常州、长兴等几个据点，既不想和朱元璋冲突，也不想让其东进一步。

徐寿辉虽然最强，可是他野心不大，但是他的手下大将陈友谅却是个狠角色，野心大，欲望高。虽然都是红巾军，但是他们之间却是不可调和的矛盾。陈友谅野心勃勃，气焰嚣张，极力东进，形成对朱元璋的威压之态。

陈友谅的野心大得惊人，他才华出众，不甘于在底层默默无闻，他想尽一切办法钻营，为实现目地不择手段，是一个不可遏制且难以对付的家伙。至正十七年时，大权在握的丞相倪文俊想谋弑徐寿辉自立，事情败露后逃奔黄州投奔陈友谅。哪知螳螂捕蝉，黄雀在后，陈友谅乘机杀了倪文俊，兼并了他的军队，然后自封为平章政事，并向徐寿辉邀功，从而一跃而为天完国举足轻重的人物，并慢慢变成另一个倪文俊。

杀害倪文俊后，陈友谅的兵力迅速扩大。至正十八年初，他率部从汉阳顺江东下，攻取安庆。攻破安庆后，陈友谅又将兵锋指向对岸朱元

璋占据的池州，对朱元璋露出锋利的牙齿。至正十八年四月初一，陈友谅率大军攻克池州，擒杀了朱元璋手下大将赵忠。这样，陈友谅就骑踞在长江上游两岸，随时可以夹江而下，威胁应天的安全。朱元璋不想和陈友谅进入到全面交战状态，因为陈友谅的兵力太强大了，和他作战犹如鸡蛋碰石头。

朱元璋虽然感受到了陈友谅的威胁，但他的战略重心在富庶的浙江，此时他的主力部队正在南线和东线拼杀，无暇西顾。陈友谅利用这个时机继续扩大战果，攻占了江西大部分州县，直到一年以后的至正十九年四月，朱元璋才腾出手来，派徐达、俞通海收复了池州。两军隔江相望，随时可能爆发激战。

至正二十年（1360年）五月，天完政权的老大徐寿辉从汉阳突然来到江州（九江）视察。徐寿辉对陈友谅一直很不放心，担心他尾大不掉，这一次来就是有意加以控制。在江州城门外，满脸笑容的陈友谅把风尘仆仆赶来的徐寿辉连同他的卫队全部杀死，然后以江州为都，自封"汉王"，改年号"大义"。徐寿辉惨死，他驻守在各地的臣子竟没有敢站出来讨伐的，都选择了沉默和顺从。消息传来，朱元璋对陈友谅的残暴异常震惊，同时也对他感到担忧，对自己的部将也开始更加防备。

大权在握后，陈友谅的野心再次膨胀，他立刻发起对朱元璋新一轮的军事攻击。陈友谅派人与张士诚相约，两个人东西夹攻朱元璋，瓜分朱的地盘。张士诚正被朱元璋打得苦不堪言，正一肚子气发泄不出来，便一口答应。

消息传出，朱元璋阵营顿时人心浮动，一片大好形势转眼之间就要全部逆转……

策士奇谋

至正二十年（1360年）闰五月初一，陈友谅亲率大军自上游浮江而下，攻陷太平（今安徽当涂），杀了守将花云及朱元璋义子朱文逊，率军直逼应天府，声势颇大。

应天震惊，朱元璋为此专门召集群臣，讨论对策。文武百官议论纷纷，有主张投降的，有主张逃跑的。刘伯温见众人所谈，无非投降或者逃跑，便瞪大着眼睛一言不发，关注朱元璋的神情。

朱元璋得不到明确的答案，环顾四周，见只有刘伯温不言，遂召其入内间，问道："今汉兵旦夕压境，诸将纷纷，先生默不言，有意乎？"

刘伯温说："请赐臣宝剑，先斩主张投降及逃跑的人，我再说话也不迟。"

朱元璋说："我想先听听你的议论，再赐你宝剑。"

刘伯温说："陈友谅凭借夺取太平城的胜利，浩浩荡荡地沿江而下，而我师士气不高，迎战必败。如今您在应天立足，要想图谋天下，必须与陈友谅的汉军决一雌雄，就看这一战了，胜则为王，败则为俘虏。在这样的关键时刻，您怎么能够听任部下的意见不统一呢？……您若打开府库奖赏军士来鼓舞士气，开诚布公地征求建议来稳定军心，那么您的王业，正在此时可以成就啊。何况我曾经望二国气，敌衰我旺，一定能够活捉陈友谅。"

这一番话，无疑是告诉朱元璋：两军交战勇者胜，在生死决战的关键时刻，不应当被将领们的不同意见所迷惑，而是应该开诚布公，整合人心，努力奋战，争取胜利。当然，刘伯温最后没忘了将自己观天象的本领展示出来，以进一步加强朱元璋的信心。

刘伯温进一步分析，抵抗有两种战略：一种是东西两线同时作战，可是兵力一分，必败无疑；另一种是迅速集中优势兵力，击破陈友谅强敌，反身再打另一线，这还是两线作战，不过区别了轻重缓急。经过和刘伯温对东西两线敌人的综合分析比较，朱元璋思路清晰起来，他决定集中一切兵力先打陈友谅，造成对张士诚的强大军事威慑，使其不敢轻举妄动，东面威胁自然而解。

最后，刘伯温给出了拒敌的军事策略——"诱之深入而伏兵邀取之。"刘伯温果断抗击的勇气和具体而微的作战方略，更加坚定了朱元璋抗击陈友谅的决心。诱其深入的军事策略被朱元璋所采纳，"以逸待劳，何患不克"的预见，果然被这一战役的结果所证实。

第九章 兵者诡道

乘胜追击

刘伯温分析陈友谅野心勃勃，贪婪成性，只要投出诱饵，不怕他不上钩。钓鱼需要诱饵，可是怎么抛出这个诱饵呢？

朱元璋想到了康茂才，康与陈友谅有旧谊，康的老门房也侍候过陈友谅，最适合做诱饵。朱元璋派快马通知正在外地领着军士种地的康茂才：先别带着军士们种地纳粮了，有要紧事回来商议。康茂才紧急赶回应天，朱元璋要他指使老门房偷偷跑到陈友谅军中，带着康茂才的亲笔信，信中透露许多真实的军事情报，并许以里应外合，劝陈友谅兵分三路直取应天。康茂才知道这是自己建功立业的机会，哪里会不尽心尽力呢？于是，康茂才的老门房带着他的亲笔信出发了。

陈友谅看到信，见里面应天的军事部署和自己的情报能对应上，便不疑有假，对康茂才的投诚很是相信。求胜心切下，陈友谅也不担心有诈。他问老门房："康将军现在何处？"回说"现守东桥"。又问"是石桥还是木桥"，答"是木桥"。

木桥禁不住撞击，大船可以撞开木桥深入到应天城内。陈友谅听后大喜，当即约定亲率大军进逼东桥，以喊"老康"作为联络暗号。

看到陈友谅毫不怀疑地吞下了投向他的诱饵，朱元璋暗暗高兴。他调胡大海偷袭广信，直捣陈友谅的老窝。然后，按陈友谅的进攻路线，朱元璋设下埋伏：常遇春等率兵三万埋伏于石灰山（今南京幕府山）侧；徐达等率兵列阵于南门外；赵德胜率兵横跨新河（今南京城西南）驻虎口城；杨璟驻兵大胜港（今南京城西南十五里）；张德胜等率水师出龙江关（今南京兴中门外）；朱元璋自率主力埋伏于卢龙山（今南京狮子山），布下天罗地网严阵以待。

同时，朱元璋命令把江东木桥改建为石桥，他亲自坐镇山顶指挥进退，规定了旗语：发现敌人，准备战斗举红旗；伏兵出击举黄旗。

轻敌的陈友谅不待张士诚出兵，便率军自采石水陆并进，一直进抵大胜港，沿途静悄悄的，看不出危险。待舰队赶到江东桥时，发现是大石桥，陈友谅情知不妙，他让士兵们连声高叫"老康""老康"！却无人答应。

忽然，有人发现山顶有红旗招展，隐隐约约传来声音，不一会，红旗又换成了黄旗，犹如平地里响起炸雷，呐喊声四起，漫山遍野的朱元璋大军包抄过来，长江上数百艘战船也一并开过来，水陆夹击，陈军大乱，争相而逃。时值退潮，陈军巨舰搁浅，士卒被杀和落水而死者甚多，另有两万余人被俘。陈友谅遗弃巨舰一百余艘，乘小舟逃回江州。

《明太祖实录》记载此次龙江作战的成果是：俘获陈友谅卒两万余人，获巨舰名混江龙、塞断江、撞倒山、江海鳌者百余艘及战舸数百。

这样，在刘伯温的襄赞谋划之下，龙江之役以朱元璋的全胜而告终，而东面的张士诚也不敢贸然西进。经此一役，朱元璋麾下才有了抗击陈友谅的勇气，东西夹击的危局得到了缓解。朱元璋开始了由防御到进攻的转变。

朱元璋意欲赏赐刘伯温，但被其婉言辞却。出山伊始，刘伯温即显示出了卓越的军事才华，成了朱元璋的主要谋士，深为其倚重和推崇，军情紧急之时，竟至到了不可或缺、寸步难离的地步。其后，刘伯温又随朱元璋，与徐达、常遇春等一起溯流而上。当时安庆被陈友谅的部将张定边攻克，当朱元璋率大军抵达安庆城下时，张定边固守不出。刘伯温和朱元璋一起议定由陆路佯攻，引诱其出战，水军再乘势大举进攻，结果安庆被收复。

刘伯温进言，要直接进攻陈友谅的老窝江州。为此，朱元璋召开军事会议，决定溯江西伐。他的龙骧巨舰上高高竖起一面大旗："吊民伐罪，纳顺招降。"朱元璋这一手干得漂亮，自从徐寿辉被陈友谅杀死后，不少徐寿辉旧部投奔朱元璋。那些无法逃离的徐寿辉属下则盼望着陈友谅早日倒台，因此对朱元璋的仗义之举很感动。陈友谅为人嫉贤妒能，自杀徐寿辉后，部将多有不服。朱元璋审时度势，算准陈友谅将帅不合，军心离散，不失时机地举起道义大旗，向陈军发起猛攻。

经小孤山时，陈友谅大将傅友德、丁普郎主动率部投降。朱元璋早闻傅友德的勇名，大喜过望，立刻把他擢为大将，派他去江西招谕诸郡归附。

由于朱元璋行动迅速，陈友谅根本不知道对方竟来江州施行攻击。

忽然之间，陈友谅发现朱元璋的水师舰队在江州城外江面上密密麻麻一大片，真如神兵天降。

刘伯温辅助朱元璋指挥水军分两路夹击江州。陈友谅仓猝间不能成军，只得携妻子率亲随逃奔武昌。苦心经营多年的根据地，一朝为朱元璋所据。朱元璋大军缴获战马两千余匹、粮食数十万斤以及降兵无数。

攻克江州后，刘伯温还直接促成了龙兴（今江西省南昌市）守将降附。陈友谅所属江西行省丞相胡廷瑞、平章祝宗派遣使者郑仁杰到江州求见朱元璋，愿献龙兴城投降，但提出拥有旧部、不要改编的要求。在朱元璋犹豫难决之际，"基从后蹑胡床，太祖悟，许之"，并致信胡、祝二人，以释其虑。

至正二十一年（1361年）正月，朱元璋亲自到龙兴受降，并改龙兴路为"洪都府"，以叶琛为知府。其后，宁州土官陈龙、吉安土军元帅孙本立、龙泉（今江西遂川）守将彭时中也相继归附朱元璋。朱元璋又趁势攻取信州、袁州（今江西宜春）。

一时间，刘伯温的光芒盖过了朱元璋先前所有的谋士，成为他最信赖的军师"诸葛亮"。

运筹帷幄

朱元璋称帝后，有一次在给刘伯温的诏书中说："攻皖城，拔九江，抚饶郡，降洪都，取武昌，平处州，尔多力焉。"这些功绩，看来是朱元璋也认定的。然而，刘伯温在朱元璋帝业中最大的贡献，莫过于提出"先汉后周"的战略。

当时朱元璋政权的东面是张士诚所建立的周，西面是陈友谅的汉，北面是小明王韩林儿，东南面是方国珍部，南面则是福建山区，由效忠元朝的陈友定所控制。朱元璋要想成就帝业，最大的威胁来自张士诚和陈友谅。当时一般将领们的想法，是要先取张士诚，因为张士诚力量较弱，而且处于富饶的长江三角洲上。

但是，刘伯温提出了完全不同的战略构想。他对朱元璋说："我们

有两个敌国。陈友谅居其西，张士诚居其东。友谅占据饶、九、荆、襄等地，几乎是半个天下的地盘；而士诚仅有浙西地，南不过会稽，北不过淮扬，与您势力相当。不过，士诚内心狡猾，对元朝阳奉阴违，这是守财奴式的敌人，不会有什么作为。陈友谅杀害他的君主，胁迫部下，人心不服。他有勇无谋，不怕死，很容易就将他的百姓推上战场送死，几场战役下来，民力损耗殆尽。有这几点，陈友谅的汉国很容易被攻取下来。逮野兽就必须先逮凶猛的，擒拿盗贼就必须先拿下强壮的。今日之计，不如先讨伐汉国。汉国地域宽广，夺取之后，您一统天下的形势就有了。"

刘伯温还分析到：如果先打张士诚，陈友谅一定会趁机夹攻；反之先打陈友谅，张士诚一定会坐山观虎斗，不敢轻易出兵。应当说，这一战略分析对于朱元璋后来取得胜利非常关键。从朱元璋灭张士诚时单平江城就围攻了近一年这一事实看，张士诚虽然势力较弱，但也不是轻而易举就能攻取下来。而且，一旦朱元璋与张士诚开战，陈友谅必然会乘隙东下，那么朱元璋将陷入两线作战的尴尬境地。因此，刘伯温"先取陈友谅"的建议，基本上奠定了此后五年的用兵战略，此战略的最后成功实施，也就使朱元璋取得了西起武昌、东至苏州的广阔土地。陈友谅经过连续两次失败，民心离散，军力锐减，地盘也不断缩小；朱元璋经过两次大的胜利，士气大振，军力大长，版图日见扩大。两下里此消彼涨，优势逐渐转移到朱元璋一方，他无意间取得了对陈友谅的军事优势。

至正二十一年（1361年），正值朱元璋准备西征陈友谅之时，刘伯温母亲富氏病逝。刘伯温意欲归里营葬，朱元璋诚挚慰留，亲撰《御制慰书》云：

> 今日闻知老先生尊堂辞世去矣。寿八十余岁，人生在世，能有几个如此？先生闻知，莫不思归否？先生既来助我，事业未成，若果思归，必当宜宽。于礼我正当不合解先生休去，为何？此一小城中，我掌纲常，正直教人忠孝，却不当先生

归去。昔日徐庶助刘先主，母被曹操将去，庶云："方寸乱矣，乞放我归。"先主容去，使致子母团圆。然此先生之母若生而他处，以徐庶论之，必当以徐庶之去。今日老母任逍遥之路，踏更生之境，有何不可？先生当以宽容加餐，以养怀才抱道之体，助我成功。那时必当遣官与先生一同回乡里荐母之劬劳，岂不美哉？

诚意至此，岂能扫兴，接下来的半年多时间里，刘伯温只好继续在军前效力。此后，朱元璋大军直取南康、建昌、饶、蕲、黄、广济等州县，尽占江西大部和湖北东南部。其间，刘伯温出谋划策，一直担负着重要的战略指导角色。

为母尽孝

至正二十二年(1362年)初，东西两线战局得到了暂时的稳定，刘伯温得以归里葬母。可是，朱元璋吞并土地的速度太快，招降的军队又太多，渐渐有些消化不良，出现很多不稳定因素。从全局来看，孰胜孰负，尚不明朗，因为降将复叛的现象时有发生。

同年三月，洪都降将祝宗、康泰叛乱，刘伯温好友叶琛遇害。在刘伯温归里途经衢州时，金华苗军元帅蒋英、刘震、李福反叛，杀害了金华守臣参政胡大海、郎中王恺等人，并写信给衢州、处州两地的苗军，相约同时起兵。处州苗军元帅李祐之、贺仁得等闻讯后随即反叛，杀害了行枢密院判耿再成、都事孙炎等，浙东为之震动。衢州城中也有人试图起兵响应，到处人心惶恐，衢州守将夏毅被这危急的情势吓得无所适从。刘伯温至衢州后，立即着手安抚民众，又致书金华、处州各属县，告诫要固守各地，安定民心。其后，会同平章邵荣、元帅王佑、胡深等兵攻处州，逼的李祐之自杀，贺仁得被缚，槛送应天问斩，处州得以恢复安宁。金华叛军也由于李文忠发兵平叛而逃走，投奔张士诚，金华又重新被朱元璋收复。直到浙东局面得到稳定刘伯温才回家葬母。

刘伯温居家丁忧（根据儒家传统的孝道观念，朝廷官员在位期间，如若父母去世，则无论此人任何官何职，从得知丧事的那一天起，必须辞官回到祖籍，为父母守制二十七个月，这叫丁忧）的一年中，朱元璋曾数次致函访求军国大事，言辞十分恳切，盼望他早日再回应天。从其书信中可以看出刘伯温的佐命之功："……愚与先生自江西别后，屡有不祥，皆应先生前教之言，幸获殄灭，疆域少安，收兵避暑。遣人专诣先生前，虔求一来，望先生发踪指示耳。日夜悬悬，六月二十二日克期回得教墨，谕以六月七月间，举兵用事，不利先动，当候土木顺行，金星出现则可。使愚一见教音，身心勇跃，足不敢前，如此者何？……望先生以生民之念，德教为心，早赐来临，是所愿也。如或未可即来，可将年、月、吉日、时辰、方向、门户择定，密封发来，实为眷顾。惟先生亮察不备！"

从这封信中可知，朱元璋对刘伯温的观天象本事很是信服，似乎达到了膜拜的程度。中国自古就有观星相变化预测吉凶的传统，其中既有人类长期的直观的经验积累，又具有一定的迷信成分。投靠朱元璋之后的刘伯温对于天气的预言屡屡言而有验，深得朱元璋的信任，这也许是刘伯温结合当时的政治、军事形势以及天气变化等进行分析推断而附以星相占验的形式而已，预言准确也算是幸运罢了，关键的还是他的推理思维胜于常人。因此，决不应将刘伯温简单的视为占星术士。可是，刘伯温的确被神化了，许多红巾军士兵都将他视为能呼风唤雨的"神仙"，对此刘伯温既不申明也不辩解，而是笑而不语，一副高深莫测的样子。

朱元璋期望刘伯温早日回应天，主要还是因为其是一位卓越的军事谋略家。朱元璋的《御名书》中虽然有些谈论星相吉凶的芜杂内容，但已足以看出刘伯温是朱元璋不可或缺的佐幕。在稳定东南局势的过程中，刘伯温出力甚多，这还是他在回乡葬母的过程中顺手完成的。

经过与朱元璋两年的相处，刘伯温对朱元璋有了更深刻的了解，政治、军事才华也得到了较充分的发挥，逐渐打消了初入应天时的疑虑，为朱元璋的统一大业而殚精竭虑。正因为如此，刘伯温才因西征陈友谅、平定金、处苗军叛乱，将回乡营葬母亲的日期一再延宕。

　　回乡以后，刘伯温又时常向亲友宣说朱元璋的恩德，预言其必定会统一海内，使乡里及邻近诸县的百姓都"翕然心服"。

　　此次归里，刘伯温还为招抚方国珍作了准备。方国珍生性狡诈，对元廷时降时叛，以求保存实力、升迁官陛。朱元璋起兵之初，与方国珍并无联系，攻取婺洲之后才与其邻境相望。当时朱元璋受陈、张夹击，无暇南顾，因此，对方国珍示以招抚策略，以求南线稳定。

　　方国珍与其侧翼的陈友定、北方的张士诚不太和洽，因此对朱元璋也"姑示顺从，藉为声援，以观其变"。因此遣使奉书，向朱元璋献上黄金白银、金织文绮。至正十九年，方国珍遣使欲献温、台、庆元三郡，且以次子为质。朱元璋则授方国珍福建等处行中书省平章政事。但方国珍以老病为借口，推却所授官爵。至正二十一年（1361年），方国珍不得已遣使献金玉马鞍给朱元璋，朱元璋却而不受，朱、方之间关系日渐僵化。刘伯温此时归里，方国珍便派遣专人向他致书奉礼。

　　方国珍所为，原因概有其二：一是方国珍虽然据有温、台、明三郡，但刘伯温一直主张对方氏首要予以镇压，因此"方氏素畏公名"，同时，刘伯温声名远播，"士大夫皆仰基如景星庆云"。方国珍所为，确实对刘伯温怀有敬畏之心。二是方国珍屡降屡叛，与元王朝勾勾搭搭，朱元璋曾予以谴责。方国珍对朱元璋日益强大的军事力量颇为畏惧，对朱元璋讨好不及（朱元璋不受其礼），而刘伯温是朱元璋的主要谋士，想通过修好他以达目的。刘伯温则因事而为，派人赴应天禀告朱元璋关于方国珍致书奉礼一事，在征得朱元璋的同意后，向方氏来使宣示朱元璋的威德，劝其归附。方国珍由此动了心思，为最终降附作了准备。

　　刘伯温丁母忧一年，因为战事吃紧，就不得不提前返回应天。当时他途经浙江建德，正遇上张士诚的军队径自深入，进攻建德，守将李文忠意欲奋起迎战。刘伯温认为正面迎战，伤亡巨大，张士诚军孤军独进，后援将难以为继，数天之后自然会撤退。三天后虽然敌营旌旗如故，刘伯温看出是掩护撤退的假象，于是建议李文忠出兵追击，穷追到东阳，杀敌无数。此后，刘伯温才放心地启程回应天。

第十章　血色乾坤

　　洞庭湖大战，刘伯温处变不惊，奇谋频出，并在生死关头勇救朱元璋，终于帮助朱元璋以弱胜强，为其后的一统天下打下坚实的基础……

绝处逢生

　　这一年风云变幻，江北的军事局面却发生了极不利于朱元璋的变化。北部红巾军接连失败，形势危急。元朝大将察罕帖木儿收复关陇，平定山东，招降大量红巾军，实力膨胀，军威极盛。红巾军内部却钩心斗角，自相残杀，死伤甚众，给察罕帖木儿可乘之机。

　　山东一失，不止小明王都城安丰不保，连朱元璋的应天大本营也直接暴露在元军的攻击下，失去屏障，岌岌可危。这几年多亏小明王红巾军拼死抵挡元朝大军，朱元璋才求得五六年相对和平安宁的环境，一心一意地致力于生产建设和经济发展，并积极扩军备战，取得了政治、经济、军事等一系列重大胜利。当察罕帖木儿占据山东后，朱元璋北部局势顿显恶劣，他无力多个战线同时开战，便想方设法示好元军。朱元璋两次派代表去会见察罕，送上重礼和亲笔信，要求长期通好，各保平安。朱元璋此举的真意：一是稳住元军，抓紧时机全力平定陈友谅，避免多线作战和腹背受敌；二是元军相对强大，凭朱元璋现有的军事实力，还不足以与其抗衡，仍然需要争取相当长的和平发展机会；第三，

从某种意义上说，是朱元璋有意奉行一种妥协投降战略的试探。

元廷非常乐意拉拢朱元璋这样的军事集团。察罕贴木儿见朱元璋态度诚恳，很是满意，便派了户部尚书张昶带了御酒和任命书前往应天。

张昶带着任命诏书于至正二十二年（1362 年）十二月来到应天，拟招抚这位乱世英豪。朱元璋一下乱了手脚，喝了御酒，接了诏书，就和水泊梁山上的宋江接受了朝廷招安一样，等于公开投降元军，与红巾军为敌了，这样一来极易招致各路红巾军的攻击，不仅应天不保，而且也坏了半世英名。可是，如果不接这诏书，则等于没有诚意，"抗旨不遵"，元廷震怒，必派大军进剿，朱元璋又哪里招架得住！他只好采取拖延战术，称病不朝，拒见张昶，好酒美女珍宝送个不停，让招抚使大人挑不出毛病。

时间一晃过去半月有余，招抚使终于按捺不住了，连日逼问，朱元璋正左右为难时，一个意外救了他的政治生命——察罕贴木儿意外被田丰刺杀，其子扩廓贴木儿继为统帅。扩廓与另一元朝大将孛罗贴木儿为争抢地盘，两路元军自相残杀，打得火热，哪里还顾得上帝国的兴亡和朱元璋这弹丸之地。真是绝处逢生，招安这件事就被暂时搁置下来。

冒险救主

擦掉额头的汗珠，朱元璋松了一口气，借察罕贴木儿的死亡送走了招抚使，此事就无限期搁置下去。朱元璋终于挺过了他人生最艰难的时刻，他决定不再倚靠北路红巾军，而是要自己闯出一片天地来。但是，凌驾于自己头上的红巾军体系却很难抛开，这让他有些进退失据。然而，幸运女神再次眷顾了他，龙凤政权遭遇了严重的生存危机，急需救援。

小明王韩林儿自称帝以来，只是一个傀儡，凡事都由刘福通做主，他的命令很难出皇宫。刘福通桀骜不驯，经常一意孤行，分兵三路北伐就是他指挥上最大的败笔。起事以来，红巾军虽然声势浩大，占领了大片土地，但红巾军内部组织松散，各自为政，号令不一，加上狭隘的小农意识，军纪不振，人数虽多，战斗力并不强，终于被各个击破。

这时北方大部红巾军已被扩廓贴木儿和孛罗贴木儿两支地主军打垮了，仅剩下一小部红巾军翼护着小明王的帝都安丰，益都被扩廓包围以后，刘福通亲率大军往救，结果惨败而回。益都陷落后，安丰成为一座孤城。

至正二十三年（1363 年）二月，红巾军再次受到元军强力打压，张士诚又趁火打劫，他手下的大将吕珍乘机围攻安丰。元军坐山观虎斗，希望他们两败俱伤。大战进行了一个月，攻城和守城的都付出了惨烈的代价。吕珍的援兵不断开来，安丰城却无人来救，最后安丰城粮尽弹绝，城里出现了人吃人，甚至吃腐尸和人油炸泥丸子的惨景。军情紧急，刘福通派人四处搬兵，朱元璋自然也接到了急发救兵的"圣谕"。

时过境迁，这一次的"圣谕"口气舒缓，对朱元璋和颜悦色，溢美之词甚多，然后才诚恳地下达命令，让朱元璋立即率兵驰援安丰，救驾皇帝韩林儿。

兵发与不发，城救与不救，这是一个艰难的抉择。若发兵前往，陈友谅、张士诚这两个仇敌都在背后虎视眈眈，万一乘虚进攻，后方失守就惨了；如若不救，万一安丰失守，韩林儿覆灭，应天将失去最后的屏障和倚靠，从军事观点看，又不能不救。

对此，朱元璋与他的谋士们发生了激烈的争论。刘伯温等人坚决主张按兵不动，让其厮杀，借吕珍之刀杀了小明王，落得省心；如果救出小明王，如何安置他也是大问题？如此一来，朱元璋的头上就会有一个皇帝要尊奉。另外，韩林儿是皇帝，那么三宫六院什么的总得像模像样，劳民伤财不说，还树大招风、引火烧身。元顺帝不会允许另外一个与他并行的皇帝安安稳稳地存在下去，他会调集全力去消灭韩林儿，那么收留韩林儿的朱元璋就会首当其冲被讨伐，后患无穷。

刘伯温还特别提到，营救韩林儿，需要调集重兵前往，会导致后方空虚，陈友谅如果有异动，不仅应天不保，还将引起极坏的连锁反应。张士诚、方国珍、陈有定都在观望，随时可能反咬一口。

时势造英雄，这句话一点不假！卓越的领导者往往就是在关键时刻做出最英明的决策来力挽狂澜，平日里从善如流的朱元璋这一次却力排

众议，坚持救援韩林儿，还亲自统兵出征，赴救安丰。留守的将士自然不敢懈怠，严防死守，枕戈待旦，期望坚持到朱元璋大军凯旋的那一天。

朱元璋大军日夜兼程，集结驰援，十余日后才出现在安丰城外围，双方各据有利地形，一场大战随之展开。将士们舍生忘死，奋勇争先，双方互有进退，均死伤无数，一时间陷入拉锯战状态中。朱元璋心急如焚，刘伯温献出一策，组建敢死队杀入重围，要不惜一切代价撕开了一个口子冲到城下营救韩林儿。

月黑风高、大雨倾盆之际，数千名敢死士兵杀到城下，刘福通簇拥着小明王突围而出，与朱元璋派出的营救部队会和，并力杀出。激战至天明时分，刘福通在乱军中遭遇敌军长枪乱刺，不幸阵亡。这位红巾军中最有号召力的人死了，对朱元璋来说却是幸事。

为了脱困，朱元璋将后方做防御的三万预备队也调往战场，这才大败吕珍军队，终于将大宋皇帝韩林儿解救至安全地带。

朱元璋一路疾奔，撤离危险地域，然后才摆设金銮玉扇，将小明王送往滁州，并派两万将士保护着他的安全。然后，朱元璋又建造临时宫殿，把皇宫左右宦侍都换成自己人，供养极丰，防护极严。小明王名为皇帝，实际上已是孤家寡人，完全受朱元璋的挟制。不管怎么说，朱元璋也是救驾有功。三月十四日，小明王内降制书，封赠朱元璋祖宗三代。朱元璋的身份和威望一时显赫无比。

洪都大战

朱元璋率兵北进的时候，得到消息的陈友谅果然蠢蠢欲动。由于陈友谅数次败给朱元璋，丧失大片土地，心中十分愤恨，更让他生气的是，自从他败逃武昌后，江西那帮原本效忠于他的部将纷纷投靠了朱元璋，无一人拿起武器为他效忠。这与他谋杀徐寿辉，招致怨恨有很大的关系。为了报仇雪恨，也为了让那些背叛他的人付出生命的代价，陈友谅一直厉兵秣马，疯狂备战，他建造了更为巨大的战船。这些巨无霸战船高数丈，上下三层，舰船上下层说话都听不见，甲板上可以跑马，还有可以

掩护弓箭手的包铁塔楼，船体外层橹箱还用铁皮包裹，船的尾部高得可以爬上任何城墙，可以称作那个时代的航空母舰。

为了整军备战，陈友谅行动迟缓，直到朱元璋救出韩林儿撤退至滁州后，陈友谅才下达进攻的命令。

汉军兵力号称六十万，几乎是倾巢而出，但是陈友谅却犯了一个致命的错误。这些足以摧毁一切抵抗力量的庞大军力没有用来攻打朱元璋的大本营应天，而是为了发泄自己的私愤去攻打江西洪都。这就好比拳击手运足了力气，却一拳打在拳击台的角柱上一样，看似凶猛，却无害于对手。

陈友谅的作战目的是教训那些在他失败时投降朱元璋的江西守将，而不是像上次那样与朱元璋争夺长江沿岸城池，因此没有乘虚直捣应天。很显然他已经从前几次的失败中认识到了朱元璋的厉害，野心收敛了许多，想要稳扎稳打，步步为营。这似乎也是不错的计谋，可是战争的胜负往往就是从一个不起眼的决定开始铸成。

陈友谅的豪华战舰满载着家属和百官，几乎空国而来，他要让众人共同分享他称帝以来的完美演出，以增强自己的威望。陈友谅大军势如破竹，一路上果然收复城池无数，许多投靠朱元璋的城池纷纷改投陈友谅。伴随着大大小小的庆功宴，陈友谅的行军速度越发缓慢。

至正二十三年（1363年）四月壬戌日，舰队经过长途跋涉，终于出现在洪都城外的赣江上，陈友谅原计划突袭攻占靠近江边而建的城池，但是他一到洪都就傻了眼，一段时间不来，洪都的新城墙竟然向内收缩了一段距离，远离河岸四五十米。

陈友谅气得大骂，他的"壁虎爬墙"战术无法实施，一场突袭变成了攻坚战。没办法，陈友谅大军只好上岸摆开阵营，从船上卸下大量攻城装备，准备攻城。

洪都地处赣北平原，位于赣江下游，由赣江向北经鄱阳湖与长江相连，军事地位甚为重要。朱元璋的侄子朱文正、参政邓愈、元帅赵德胜、薛显等率领四万大军坚守洪都。这是一场改变发展方向的战役，攻得猛烈，防得精彩，战斗很快进入到相持阶段。

六月九日，在付出重大伤亡之后，汉军用威力巨大的撞墙机，一下子撞毁城墙二十余丈，汉兵一拥而入，但是邓愈率火铳军拼死厮杀，截住了后续汉军的进攻势头，堵住了这个缺口，将冲进来的汉军逐一格杀，随后便在城墙缺口里面建了一个半圆形的防御工事替代了这段城墙。就是这个半圆形的空地成为陈友谅士兵的噩梦，在接下来的日子里，无数士兵战死在这里。最后，毁掉的城墙重新被修复。

洪都城的特点是城门多，还有可以通过水路进城的城门，陈友谅数番轮攻各个城门，都被朱文正用妙计化解。陈友谅不禁叹道："朱元璋座下猛将如云，竟还有朱文正此等军事奇才，若能效力于我，势必如虎添翼！"

六月十九日，洪都城内数千名"敢死队"士兵主动出城攻击并重创疏于防备的汉军，但是"敢死队"的伤亡也很大，几乎无人生还。在随后的战斗中，元帅赵德胜等十四名战将接连战死，指挥作战的将官出现严重匮乏，洪都出现前所未有的危机。

陈友谅在江西大发淫威的时候，应天方面的援军却迟迟不到，这是因为朱元璋被两件事情困住了手脚，一是徐达等人攻打庐州正打得难解难分，大军撤不下来；二是靠近张士诚边界的诸全要塞守将谢再兴突然叛投张士诚，朱元璋派胡德济领兵前去平叛。

朱元璋的主要兵力被牵制住，难以救援，他心急如焚，只能坐等洪都灭亡。可是洪都保卫战却因为他的侄子朱文正的得力指挥而有惊无险，并成功拖住陈友谅大军。

朱元璋不禁暗自庆幸，又悉江水日涸，不利陈军巨舰行动，以及陈军缺粮、士卒多死等消息后，他忽然发现这正是消灭陈友谅的大好时机，便从各地集结军队，准备前往增援。

陈友谅围攻洪都贻误了战机，此间他还分兵攻陷了吉安、临江、无为等地。那些已经投降了朱元璋的守将死的死，降的降。在陈友谅大军的威逼下，处处告急。陈友谅也下达了最后的命令，死攻洪都。战斗再次进入白热化，双方死伤惨重，可洪都仍然坚如磐石，毫无破城迹象。双方激战了85天，汉军竟然一直未能越雷池半步。

鄱阳水战

七月初六，朱元璋的二十万大军终于集结起来援救洪都。陈友谅见久攻不克，士气低落，听闻朱元璋援兵又至，再战无利，即撤洪都之围，准备东出鄱阳湖迎战朱元璋。一场规模空前、激烈异常的生死大决战，就此在鄱阳湖湖面上展开。

此时两军对比力量依然相差悬殊：汉军号称六十万大军，经过洪都之围兵力折损了一些，主力依然存在，而朱元璋军队只有二十万人。此外，汉军水兵装备有高船大舰，船舰连绵十几里，气势宏伟，而朱元璋军大船数量有限，大部分都是小船木橹，相对比渺小可怜。这就如同巡洋舰和帆船的对垒，优势在哪一方一目了然。

论军队数量和装备优劣，朱元璋都处于绝对劣势。但是，这两点并不是战争胜负的唯一决定因素。就士气来说，汉军在洪都久挫，锐气大减；朱元璋千里救危，生死决战，气势如虹。就装备来说，虽说陈军舰船高大，数十舰串联一起，气势逼人，但行动不灵，调转不便；朱元璋虽然小船木橹，但进退自如，运转灵活。就军事指挥而论，朱元璋有经验丰富远见卓识的幕僚，一大批忠贞勇敢的将帅，军纪严明，将士一心；陈友谅则性情暴躁多疑，将士多有不和，军纪涣散，战斗力大打折扣。更重要的是补给，朱元璋军队数量少，有洪都和后方源源接济；陈友谅则退路被堵，粮食被截，粮尽士疲，军无斗志。

整个战役当中，刘伯温都与朱元璋共乘一船，参与了整个战役的指挥谋划。但是，以二十万战胜六十万，决非易事！这一战从七月二十日一直打到八月二十六日，前后历时三十七天，其时间之长、规模之大、投入兵力和舰只之多、战斗之激烈都是空前的，直杀得天昏地暗：天地为之哭泣，鬼神为之动容。

七月二十日，两军在鄱阳湖南部的康郎山（今江西鄱阳湖内）相遇，朱元璋看到陈友谅军舟巨樯高，阵势庞大，心中不免惊惧。陈友谅的巨舰非常高大，它的高度是为攻城设计的，在接近和攀登敌人的战舰时具有很大优势。而且汉军巨舰联结布阵，展开数十里，"望之如山"，气势夺人。

　　王世贞记载："太祖的舟师跟敌人在鄱阳湖中大战，未决胜负，太祖当时心里实在是忧虑害怕。"看来，真到了性命相搏的时分，连朱元璋自己也没有必胜的信心。

　　刘伯温夜观天象，说"我兵必胜之气，当力战"，并直言陈友谅星象暗淡，朱元璋星象灿烂，为朱元璋壮胆助威。朱元璋受到吉祥天相的鼓舞，开始和徐达等人排兵布阵。

　　朱元璋针对其巨舰首尾连接，不利进退，将己方舰船分为二十队，每队都配备大小火炮、火铳、火箭、火蒺藜、大小火枪、神机箭和弓弩。大船在中间，由他和徐达、常遇春率领，小船在两侧，分别由巢湖将愈海通和廖永忠率领。朱元璋告诉诸将："先发火器，次发弓弩，接近敌船，则用短兵器击刺。"当天天色已晚，战斗没有发生。

　　七月二十一日，战斗正式打响，徐达所乘的大船一马当先，杀敌一千五百多人，还俘获一艘巨舰。俞海通的舰队用石弩发射火药筒摧毁了汉军二十多支战船。陈友谅以火炮对攻，也炸沉了朱元璋的许多战船，元帅宋贵、大将陈兆先等阵亡，徐达的战船也中炮起火。

　　朱元璋大军主力被迫退到浅水区，汉军巨舰无法追击，暂时摆脱了危险，但是浅水区很容易搁浅，朱元璋的船陷于沙中无法脱身（舟胶于沙，不得退）。

　　陈友谅骁将张定边发现后直扑过来，在这千钧一发的时刻，指挥韩成穿上朱元璋的衣服，站在船头大声疾呼，然后跳水而死。张定边等人以为朱元璋胆怯自杀了，齐声欢呼，站在船上看热闹，围攻之势稍缓，不少兵将开始把注意力放在打捞"朱元璋"的尸体方面，准备捞上后向陈友谅请功。

　　常遇春赶来相救，一箭射中张定边，而俞通海、廖永忠等人也赶来救护。张定边见势不妙，连忙撤离。救援的众船掀起了排山巨浪，使朱元璋的船又重新得以开动（水涌太祖舟，乃得脱）。然而常遇春的船由于搏击过猛，不小心冲到浅岸，船底擦到淤泥，停在岸边。虽然众人努力尝试脱险，却不见效果，无法脱身，眼看着几艘敌舰开过来，势必要成为活靶子。

这时上游漂来的一艘士兵和船员大多已战死而无人控制的大船，正好撞上了常遇春所在的大船船尾，"轰"的一声，将它撞得胡乱摆动，漾起的巨浪将船送出了浅滩。常遇春幸运地躲过大劫，重新加入战团。

从早晨至日暮，双方忘记了饥饿，忘记了疲劳，忘记了生死，直杀得湖水都变成了惨淡的红色，水面上到处漂浮着死尸和受伤哀鸣的士兵。眼看着天色暗下来，双方都鸣金收兵，战斗告一段落，双方互有伤亡，不分胜负。

经过这一天的厮杀，朱元璋意识到这将是一场消耗战和持久战，自己的士兵本来数量就少，这么拼下去早晚会败光家底；另外，他不放心应天，担心大本营被张士诚或者元军偷袭。刘伯温看出了朱元璋的顾虑，谏言让能力出众、沉稳绝伦的徐达回去坐镇应天，以防张士诚在背后捅上一刀。朱元璋终于舒展了眉头，稍稍放宽了心。

徐达接到命令后感到肩上的担子更重了。刘伯温却胸有成竹地对他言明，张士诚不足为惧，但是粮草军需却是重中之重。徐达顿悟，匆匆返回应天，沿途经过本方的城池时，便派出传令兵，向守城将官下达向前线运送粮草和军需的命令。在徐达的严厉命令下，粮草和军需源源不断地运往前线，满足朱元璋大军的作战之需。

神仙下凡

徐达走后，朱元璋连夜召集其他将领商议对策。部将郭兴提出，汉军的军舰巨大，我方舰小，不能仰攻，远战受弓箭攻击，近战则受长兵器砍杀，很难对敌，他建议改用火攻破敌。众将都质疑，此时夏季，正吹南风，而朱元璋舰队横在洞庭湖北部，恰好是下风口，稍有不慎便会遭到大火反噬。朱元璋也直摇头，不赞成火攻。

刘伯温却极力赞成郭兴提议，他根据自己多年来对天象、星斗的研究，通过最近反常的天气异象推断——明日傍晚极有可能风向会突变，正是火攻的良机。朱元璋不敢冒险，难以决断，但他对刘伯温非常信服，同时也对上天寄予厚望，怕辜负了老天对他的厚爱，便命令准备七

艘装满火药柴薪的快船，又选出敢于驾船与汉军同归于尽的勇猛士兵登船，随时候命。

七月二十二日清晨，朱元璋再次亲率水师出战。一天的战斗接连受挫，朱元璋舰队受损严重，战死的士兵也较昨日多。

史载："（陈友谅）集巨舰，连锁为阵"，明军船小且矮，不利仰攻，节节败退，将士有畏难情绪，不愿与"屹立如山岳"的汉军战舰作战。朱元璋情急之下斩杀了十多名退缩者，将士才殊死搏斗，院判张志雄船樯折断，难以调动，汉军一哄而上，以长枪钩刺，张志雄没有还手之力，愤而自刎。枢密院同知丁普郎被包围后，被刺十余处，忍痛奋战，突然被飞来一刀砍去脑袋，身体仍持枪站立，似与敌搏杀。

朱元璋心急如焚，担心被汉军杀得全军覆没。幸好众将士用力，又见同船刘伯温气定神闲，朱元璋也收拾紧张的心情，脸色越发平淡从容。

黄昏时分，湖面上忽然吹起东北风，刘伯温立即上前请奏派出"火船"。朱元璋按捺着内心的狂喜，下达了出击的命令，那些抱着必死决心的士兵驾驶七艘快船迅速出发，消失在水面上。

快船在凶猛搏击的敌舰群穿过，直插汉军舰队大本营。东北风呜呜地吹，七艘快船在夜色的掩护下，迫近敌舰，敢死士兵点燃船上的易燃物，冲进敌营，撞在敌舰上。敢死士兵不断射出"火箭"，汉军舰接连起火，风急火烈，大火迅速蔓延，一时烈焰飞腾，湖水尽赤，转瞬之间汉军数百艘巨舰燃起熊熊大火。

朱元璋军乘势发起猛攻，毙敌两千余人。大乱中，陈军死伤惨重，陈友谅的两个兄弟陈友仁、陈友贵及大将陈普略均被烧死。陈友仁是一个独眼龙，号"五王"，有勇略，是陈友谅的得力助手，他的死对陈友谅的打击很大。陈友谅终于醒悟过来，一边下令救火，一边号召奋起反击，外围的战舰也都赶回来救援。

朱元璋担心被围困，便下令收兵。这一天，朱元璋军大获全胜，不仅杀死杀伤汉军无数，而且焚毁敌人数百艘巨舰，终于在战舰的对比上达到了相对平衡的临界点。就从这一天开始，朱元璋对刘伯温刮目相看，拜为军师，更奉若神明。

如果说，这一次预测天气变化是巧合，那么刘伯温"救驾"朱元璋更是让他有了"神仙"的雅号。

七月二十三日，双方再次交锋，陈友谅怒火难消，亲自指挥作战。他眺望朱元璋旗舰，下令集中火力，向朱元璋所在战舰展开猛攻。

双方的战舰一拥而上，纠缠在一起，就在朱元璋临危不乱、镇定指挥的时候，刘伯温突然拽住他的手腕就跑，并大喊"难星过，马上换船"。朱元璋来不及追问缘由，跟着狂奔，跑到船舷处一起跳到紧挨着的另一艘战舰上。朱元璋刚刚移往他舰，原舰便被陈军数门火弹击碎，死伤无数。朱元璋幸运逃过一劫。

刘伯温救了朱元璋，有人认为他能预知未来之事，所以算出来朱元璋有危险，因此拼死来救。其实不然，刘伯温不属于作战人员，也不是指挥官，他有足够的耐心和精力观察战场态势，无非是他观察到敌船的大炮在射程范围向帅舰瞄准，感觉到了危险，才拽着朱元璋离开的，幸运地救了他。

虽然如此，朱元璋绝处逢生的激励作用却很大，朱元璋及其手下均觉得有上天眷顾，而且还有刘伯温这个"神仙"在船上，更是勇气百倍。

陈友谅的战舰高耸，整个战场态势尽收眼底，他亲见朱元璋指挥舰被多发炮弹击中，燃起大火，指挥塔楼上的人几乎都被炸飞，高兴地大叫。但是，很短的时间内，陈友谅又见朱元璋帅旗高悬，远远可见朱元璋又出现在另一艘战舰的船头指挥，汉军将领皆相顾失色，顿时没了士气，只好收兵回营。

刘伯温凭借他的大智大勇，再一次帮助朱元璋化腐朽为神奇，让他遇难呈祥，度过了人生中最危险的黑暗时刻。此后，民间开始传颂刘伯温有窥测天机，能前知五百年、后知五百年的神奇本事。

虽然刘伯温想澄清自己不是神人，但是朱元璋却示意他不用回应，还默许众人夸大刘伯温的神秘所能。

刘伯温是个聪明人，知道这是所有想君临天下的豪雄必须要做的事——真龙天子都有上天眷顾，而他这样一个"神仙"守护在朱元璋身旁，不正说明朱元璋是真龙天子吗？

关门打狗

七月二十四日，在朱元璋的激励下，俞通海等人率领六舰突入汉军舰队中，纵横驰骋，势如游龙，如入无人之境。朱军士气也随之大振，全体发起猛烈攻击。最后，汉军不支节节败退，遗弃的旗鼓器仗，浮蔽湖面。陈友谅只得收拢残部，转为防御，不敢再战。

当天晚上，朱元璋乘胜进扼左蠡（今江西都昌西北），控制江水上游，陈友谅亦退至保诸矶（今江西星子南）。此后，两军休兵，相持了三天。

这时，陈友谅得到战报，胡大海正在他的后方凶猛进攻，而且朱元璋大军的粮草军需已经抵达洪都，正被集中送到战舰上。陈友谅有些惊慌，召集部下商讨对策。右金吾将军说："出湖难，应该焚舟登陆，退往湖南，以图再举。"左金吾将军反对道："这样做是示弱，况且如果他们以陆军追赶我们，我们将会进退失据，彻底完了。"

陈友谅犹豫不决，最后说："右金吾说得对。"左金吾见陈友谅不听自己的话，预感到前途渺茫，就带着自己的部下投降了朱元璋；哪知右金吾也步其后尘投诚了。

陈友谅一怒之下把先前俘来的朱军将士全部杀死，人头挂在桅杆上。朱元璋却反其道而行，把所俘虏的士兵全部释放，伤者给予医治，并祭祀战死的陈友谅部将。朱元璋此举大得人心，为进一步分化瓦解敌军起到很好的宣传攻势。

此后，双方接连休战。朱元璋给陈友谅写了一封信，奉劝他取消帝号，说道："即幸生还，亦宜却帝号，坐待真主，不则丧家灭姓，悔晚矣。"

陈友谅撕毁信，放言要决一死战，下了最后的战争动员令。

这时候，刘伯温判断汉军可能突围退入长江，提出"移师湖口"之策，就是将战舰全部移往湖口，封锁鄱阳湖通向长江的水路通道，关门打狗。

九月二日，朱元璋的战舰尾部都升起灯笼，陆续驶向鄱阳湖湖口，鄱阳湖成为一只扎住陈友谅军队的口袋。很明显，陈友谅的巨舰在相对狭隘的湖口水面上远远比不上朱元璋战舰那样灵活有用。移兵湖口是刘

帝国推手：刘伯温

伯温在此次战役中最关键的一个谋略。

朱元璋舰队移军湖口后，在长江南北两岸设置木栅，置大舟火筏于江中，又派兵夺取蕲州、兴国，控制长江上游，堵敌归路，待机歼敌。

陈友谅失去作战对手，也知道湖口被朱元璋控制，便泄了气，一边派人从陆路回去搬兵，一边紧守营寨，小心应付。

鄱阳湖大战不经意间进入拼消耗的阶段。朱元璋这几年与民休养生息，又下令军队屯田，国力蒸蒸日上，粮草军需源源不断地运来，真是高枕无忧。后方应天大本营里，徐达也做得非常好，他一边保障前线供应，一边调派兵力，制造假象，成功地将张士诚牵制在原地，不敢轻易妄动，为朱元璋取得大战的最后胜利奠定了基础。

经过一个多月的对峙，陈友谅始终被困湖中，援军迟迟未到，眼看着军粮殆尽，将士们也计穷力竭。于是，他孤注一掷，准备冒死突围。朱元璋军占据湖口和长江上游的有利位置进行拦堵，汉军且战且走。朱元璋军死缠烂打，一簇簇船只相互咬住搏斗，双方从白天打到晚上。

陈友谅的大船皮糙肉厚，犹如陆地上的坦克，朱元璋军小船难以拦截，拦之者必人仰马翻，如无意外，陈友谅安全撤退问题不大。但是，意外偏偏发生了，陈友谅把头探出船外张望，正在这时，一支流箭飞来，恰好穿过他的眼睛直达颅脑，陈友谅顿时毙命。

陈友谅死后，汉军溃不成军，乱作一团，被各个击破。太子善儿被明军俘获，张定边乘着夜色带着陈友谅的尸体及其幼子陈理逃回武昌。

鄱阳湖水战，以陈友谅的彻底失败和朱元璋的辉煌胜利而宣告结束。朱元璋击溃了他此生最强劲的军事对手，从根本上解除了汉政权对应天的军事威胁，彻底稳固了霸业。

战后，朱元璋留下大部分将士巩固战果，自己则带着一干人员急返应天。回程的时候，朱元璋对刘伯温道："我不应该去救安丰，假如陈友谅乘虚直捣应天，大事去矣。可惜他屯兵洪都，如此愚蠢，怎么能不亡？陈友谅灭亡，天下就不难定了。"

面对如此谦虚并自我检讨的朱元璋，刘伯温受宠若惊，这样的"明君"天下罕有，此后更是一心一意地出谋划策，从不藏私，坦诚布公，

供朱元璋斟酌。此战朱元璋得胜，正是刘伯温多次献策的结果。鄱阳湖之战完胜，基本奠定朱元璋统一天下大局，无论《明史·太祖纪》《明国初事迹》《续通鉴》《明史·刘基传》《故诚意伯刘公行状》等均有纪略，古今明史专家等都对刘伯温在此战役中的军事谋略发挥及其意义都作了充分的肯定。

正由于刘伯温在朱元璋日渐扩大的创业过程中发挥的作用，他很受朱元璋的宠信。据说，朱元璋每次召见他，都是屏人密语，往往一谈就是一两个小时，所谈的内容"自徐达而外，人莫得闻"。

盖世奇功

至正二十三年（1363 年）十月，为了永绝后患，朱元璋再次披挂出征，直捣武昌，刘伯温依然随大军同行。这又是一场持久战，朱元璋大军在武昌城下遇到了顽强的抵抗。

朱元璋采取刘伯温的谋略，清除侧翼，将武昌附近的"汉"国城池全部攻占，取得了战场的主动权。

至正二十四年（1364 年）元旦，朱元璋被百官推举为吴王，建百官司属，仍以龙凤纪年，以"皇帝圣旨，吴王令旨"的名义发布命令。因此前一年，张士诚早已自立为"吴王"，故历史上称张士诚为"东吴"，朱元璋为"西吴"。

朱元璋以李善长为右相国，徐达为左相国，常遇春、俞通海为平章政事，立长子朱标为世子，俨然一个小朝廷。但只称王不称帝，目的仍然是为了缩小目标，免得树大招风。原来红巾军五颜六色的着装，这时也被统一，战袄战裙和战旗都用红色。朱元璋着令军匠大量打制铁甲，生产火药、火铳、石硝，武器数量迅速增加，性能质量不断提高。朱元璋提前准备着下一场激烈的战争需要的武器装备。

至正二十四年（1364 年）二月，被围困的武昌城终于坚持不住，陈理望风而拜，他按照古礼祖露上身，口衔玉璧率群臣到军门投降。朱元璋将伏拜在地的陈理扶起并对他说："我不怪你。"陈友谅建立的

"汉"国就此灭亡。朱元璋大军随后入城，军队纪律严明，秋毫无犯，俨然王者之师威仪。

随后，朱元璋又分兵徇汉阳、德安州郡，"湖北诸郡皆来降"，至此湖北尽归朱元璋所有。形势大好下，朱元璋留下诸将守城，然后带着刘伯温和护卫军返回应天。

在此以前，朱元璋军一直与实力占优势的汉军作战，同时还要对付东面吴军进攻的危险。眼下，由于陈友谅被消灭，朱元璋军马上着手吞并整个江西，并顺利拿下湖南和湖北全境。朱元璋统辖的人口因此扩大了两倍，经济实力扩充了五倍以上。

陈友谅的余孽已除，四川的明玉珍只想守住川蜀，寸步不敢东进，因此整个西线再无战事；南线元军和大都的联系已经被朱元璋彻底截断，势单力薄，也无力北犯；北边浩浩长江作为天然屏障，并有俞家水军严阵以待，无人敢窥；唯有东线张士诚日渐强大，不断骚扰掠夺，对朱元璋构成威胁。

客观评价刘伯温，可以得到下面的结论：刘伯温是个胸怀大略、善于寻找战机的智谋人物。如果从军事角度角度看，那他更是个头脑冷静和独特眼光的人，他善于审时度势，敢于破釜沉舟，在关键时刻给对方致命一击，取得最后的胜利。

但如果从"人性"上来论述刘伯温，那他就是个包在石头里的玉。如果没有朱元璋的欣赏和信任，给他提供了这么大的一个军事舞台，又有这么多敢于牺牲的将士浴血奋战，刘伯温的一生绝不会这么风光，名气也不会这么大。可以说，在朱元璋问鼎天下的道路上，刘伯温立下了盖世奇功，扫除了陈友谅这个最大的威胁，使得朱元璋有了建国基础。此后朱元璋在军事上再也没有遇到势均力敌的对手，从而摧枯拉朽，将剩余豪雄全部击败。

第十一章　指点江山

刘伯温运筹帷幄，付出全部精力和热情帮助朱元璋剿灭张士诚，逼迫方国珍投降，擒获陈有定，开疆拓土，终于成就强悍霸气的明朝。可是，大明建国后，刘伯温却日益远离战场，成为一名治国安邦的文官……

首战士诚

天无二日，朱元璋不能容忍张士诚的屡次挑衅，而且这个世界上只能有一个"吴王"存在。这时由朱元璋所建立的独立王国经济发展迅猛，粮食生产进入良性循环中，社会秩序稳定，政治清明深得人心，军力强大且训练有素，逐渐显露出问鼎天下的迹象。

元廷几次招抚朱元璋都没有成功，就开始调集军队，准备南北夹击朱元璋，而且南方的方国珍和东部的张士诚都接到了共讨朱元璋的"邀请函"，事态顿时变得微妙起来。

朱元璋是乱世豪雄，最擅长借力打力，他察觉出元廷的动态，便和刘伯温等商议如何应对局面。刘伯温坚持首战张士诚，一是为了得到富裕的长江中下游地区，二是永久性解除潜在的威胁；至于方国珍，给他一封措辞严厉的"问候信"就足以让其稍安勿躁；对朱元璋最担心的元廷，刘伯温却建议走温情路线，麻痹元政府，让其断了出兵的念头。

在朱元璋给刘伯温的系列御书中，常尊称"老先生"而不名，且自多谦称为"愚"，并在战争紧要关头，总离不开他的"发踪指示"，如此倚重一名臣子，诚谓有史少见。

至正二十五年（1365年）五月，为了迷惑元朝统治者，从政治宣传和军事进攻上取得最大好处，朱元璋在全力准备挥师东征之前，发布了声讨张士诚"不忠不孝、不仁不义、罪该万死"的战斗檄文。

从这篇"跪舔"元廷的檄文中，我们可以清清楚楚地看到朱元璋高超的政治手腕。朱元璋指出张士诚八大罪状作为讨伐的依据都很牵强，前七条罪状竟是赤裸裸地指责张士诚对元朝皇帝的阳奉阴违、不孝不仁不义，这个立场俨然是大元王朝的卫道士和捍卫者，显得非常滑稽。全篇文字充满君臣父子等浓郁的儒家传统思想，对红巾军"妖言惑众"开始驳斥，郑重否定自己以前的事业，与农民起义思想彻底决裂，全盘接受了儒家的道德思想体系。这算是一大批如宋濂、刘伯温等儒士影响的结果吧。

朱元璋在檄文中还说："元以天下兵马钱粮而讨之，略无功效，愈见猖獗。"这口吻与元朝官府何异？

这篇檄文若不看抬头和落款，人们会误认是元朝政府对张士诚的讨伐令，难怪张士诚读到这篇檄文时，对他的左右臣僚说："朱元璋这巴儿狗，我杀元朝的丞相、大夫关他屁事，何用他唁唁狂吠？"

朱元璋的政治牌一出，元廷大喜过望，误以为他有着强烈的被招安意识，先前谈不拢极有可能是给的条件不够优厚。于是元廷不仅撤回了集结军队的命令，还派出密使前往应天密谈。朱元璋一边与来使密谈，一边对张士诚发起凌厉攻势。

在刘伯温的谋划下，朱元璋对张士诚的进攻，可分为三个阶段：第一阶段可从至正二十五年十月算起到第二年四月间，共半年，全力出击东北境的淮水流域，压迫其龟缩于长江以南；第二阶段攻势可从第二年八月算起到十一月间，共四个月，分两路进攻湖州、杭州，切断东吴的左臂右膀，并促使杭州守军投降，造成了北西南三面包围平江的局势；第三阶段从第二年十二月围攻平江开始，在朱元璋的强大攻势下，加上

政治攻心，张士诚部将大部分并不死战，有的望风而逃，有的见军纳降，朱元璋大军很快攻克平江四周诸郡。

此时平江已成一座孤城，破城只是时间问题，但张士诚仍作困兽之斗状。在刘伯温的建议下，朱元璋给他写了一封信，劝他效法汉代的窦融和北宋的钱椒，审时度势，为保全身家性命早日投降。张士诚置之不理，不断组织突围，在一次突围作战中，张士诚落马受伤，被士卒抬回城内，此后再也没有出城。

此后，朱元璋又让张士诚的好友李伯升劝降，根据刘伯温的授意，李伯升写信给张士诚，说道："当初你所仰仗的坚城有湖州、杭州和嘉兴，现都已经失去了，平江已是孤城，再顽抗下去，士兵很可能会造反，到时你想自杀恐怕都不行了，不如顺应天命，向应天方面表达归顺、救济人民之意，然后打开城门，穿着平民衣服，等待处理，这样不仅能保命，还有可能获封侯爵。况且你所有的地盘就像是赌博得来的，从别人那里得来又丢失给别人，对你来说有什么损失呢？"

李伯升的话入情入理，十分诛心，张士诚颇为心动，他抬头凝望，对使者说："你先回去，让我好好想想。"可最终张士诚仍拒绝投降，他深知，多年以来，他和朱元璋积怨太深，双方都无法释怀。张士诚不失为条血性汉子，有宁为玉碎不为瓦全之勇。

双雄之死

元廷久谈不见成效，反而看到张士诚快被朱元璋剿灭了，开始疑心上当了。就在此时，出了一个意外，让元廷再次放弃了干预朱元璋剿灭张士诚的"拯救"行动。

元至正二十六年年底，朱元璋派大将廖永忠到滁州迎接小明王韩林儿到应天，在瓜州渡江时，船竟然漏水，而且很快就下沉，致使小明王一命呜呼。这一年也是龙凤政权十二年，小明王的红巾军朝廷从此灭亡。

有人认为是廖永忠私自命人在江心把船凿沉的，也有人认为是朱元璋授意，还有人认为是刘伯温怂恿廖永忠替朱元璋干脏活。真相早已隐没在历史长河中，不过元廷得到的消息是：此前朱元璋不肯辜负韩林儿，如果天不存韩，他的使命也就结束了。这个消息很中性，挑不出任何毛病，很完美。不过，元廷却判断这是朱元璋刻意动的手脚，是为招安递的"投名状"，又美滋滋地派出密使……

韩林儿死了，为了印证"但看羊儿年，便是吴家国"的童谣，朱元璋宣布不再以龙凤纪年，他宣布"以明年（1367 年）为吴元年，建庙社宫室，祭告山川，命所司进宫殿图"。

至正二十七年（1367 年），朱元璋正式宣布为吴元年，"始设文武科取士"，并以刘伯温为太史令。刘伯温奏请立法定制。朱元璋便命令他与李善长等一起定律令。

五月，朱元璋"初置翰林院"；八月，"圜丘、方丘、社稷坛成"；九月，太庙和新宫殿相继落成。一切迹象都显示出一个新的政权正在形成。

至正二十七年九月间，朱元璋见时机成熟，驱动大军猛攻平江。将士奋勇，个个争先；张士诚军无斗志，人人思降。大军很快攻破城池，张士诚亲率卫兵进行顽强抵抗，眼看大势已去，已难挽回，便一把火烧死妻儿眷属。张士诚饮鸩自杀未遂，被朱元璋俘虏，在被押往应天的船上，饮食不进，片言不语。李善长劝降，张氏破口大骂，誓死不降，态度傲慢。李善长大声呵斥，张士诚却骂他是狗仗人势，李善长大怒，骂道："你这个盐枭，应该处死你！"

张士诚被押送朱元璋处，朱元璋亲自劝降，他也不予理会。

朱元璋问道："你还有什么可说的？"

张士诚说："有什么可说的？天日照你不照我！"朱元璋大怒，命武士用弓弦将其勒死。

不久，朱元璋犒劳三军，论功行赏：封李善长宣国公，徐达信国公，常遇春鄂国公，其他将士均赐赏有差。刘伯温却只封了太史令，这让他有些不理解。

自从追随朱元璋，刘伯温立下的功劳众所周知，虽然不如冲锋陷阵的将领，但也不逊于李善长等文臣，何以被看低？究其原因，刘伯温锋芒太露，不仅有谋略又能观天象，仿佛所有的事情都在掌控之中。

如今陈友谅已灭，张士诚已除，朱元璋的东西线彻底安定了。这一时期被神化了的刘伯温的确抢了很多风头，这让朱元璋很不是滋味，因此在封赏的时候给刘伯温一个下马威。面对着朱元璋阴晴不定的脸，刘伯温没有为自己辩解，他以为自己来的时间短，未来的日子还长着呢，不急于一时。

降服国珍

朱元璋成为"巨无霸"之后，方国珍集团更加害怕，遂与北边的扩廓贴木儿、南边的陈有定加紧联系，以为掎角之势，联合对付朱元璋。

此时除了朱元璋外，还有几个割据势力比较大。一是以四川为中心的夏国明玉珍政权，明玉珍本是西系红军徐寿辉的部将，奉命入川略地，徐寿辉被杀后，自立为蜀王，以重兵把住瞿塘峡，与陈友谅断绝往来。后来明玉珍于重庆自即帝位，建国号夏，年号天统，至正二十六年病死，子升继位。此外，云南有元朝宗室梁王镇守，广东、广西也是元朝势力，福建陈有定仍效忠元朝。

元朝的北部各行省表面上属元朝一统，但其内部明争暗斗，拥兵自重，难于号令。山东是王宣的防地，河南属扩廓贴木儿，关内陇右则有李思齐、张良弼诸军。扩廓和李张二将不和，朱元璋用兵江浙之时，他们几个正斗得你死我活，热火朝天。争军权，抢地盘，还为宫廷政治斗争，相互之间纠缠不清，势均力敌，谁也打败不了谁，倒是"鹬蚌相争，渔翁得利"。

刘伯温推演天下态势，认为平江既下，讨伐方国珍刻不容缓。通过对天下大势的详细分析和准确把握，朱元璋也认为军队已经有了南北同时开战的实力，为了早日问鼎中原，他确立了同时南征和北伐，一举扫灭群雄定鼎天下的大计。

朱元璋在战略关键期的真知灼见，以及在此基础上的安排部署，对于军事上的胜利起到推动作用，因此《明史》给了朱元璋极高的评价，认为他的文治武功远超唐宗、宋祖以及汉武（帝天授智勇，统一方夏，纬武经文，为汉、唐、宋诸君所未及）。这里面自然有刘伯温的诸多功劳，可是史书自然不会为太祖添上一个"帝者师"，这样会显得朱元璋没有谋略，处处需要臣子指点。为了树立天子之威，相信刘伯温也会自甘躲在幕后出谋划策，这也就是史书中寥寥几笔提到的二人经常密室低语。

打陈友谅险之又险，打张士诚犹如火中取栗，这种作战风格符合刘伯温的个性，奇谋多变，不拘一格。朱元璋其长处在于稳健，但是自此招揽刘伯温后，其用兵开始诡异，并且敢于南北两线同时展开进攻，不得不让人刮目相看。

十一月，刘伯温呈上得意之作《戊申大统历》，并极力落实执行到位。此时，征虏大将军徐达、副将军常遇春统率二十五万大军由淮河进入黄河流域。大军首先指向山东，仅用一个多月的时间即占领山东全境，负责山东军事的扩廓之弟脱因帖木儿战败后逃到河南。

这是一个伟大的军事跃进，攻占山东使得朱元璋大军有了一个桥头堡，这为从运河运兵北上攻取大都创造了条件。

北伐进军的同时，朱元璋下令南线部队全面出战，将南部元朝势力彻底扫除。

朱亮祖首先挥师进讨，兵峰迅速，出其不意间先克温州。不久，汤和、廖永忠的主力部队开过来，两下会师合力进伐。在朱元璋强大攻势面前，仅仅过了三个月，方国珍便招架不住。于是，方国珍祭出必杀技——遁入海中，想到海外岛屿上重建王国。刘伯温极力主张下海追击，于是汤和领兵入海穷追不舍。

方国珍走投无路，不得不摇尾乞怜，他派儿子方明完到应天请降，并给朱元璋带去一封言辞凄切的信。这封信姿态很低而且富有人情味，在信中方国珍把自己比作孝子，朱元璋读罢击节赞赏，对刘伯温说道："谁说方氏手下无人！"刘伯温笑了。朱元璋当即决定准许投降，他回信给方国珍，说道："我当以汝诚为诚，不以前过为过，汝勿自疑。"

至正二十七年十二月，当方国珍来到应天跪拜在朱元璋面前时，朱元璋嗔怨道："你怎么这么晚才来呀？"方国珍愧无以对。此时朱元璋正打算新年称帝，心情不错，因此他不仅饶恕了方国珍，还授予他广西行

省左丞之职，可这是一个虚职，因为此时的广西行省还掌握在元廷手里，所以方国珍只食禄不上任，拖了几年，后死于应天。

方国珍的投降，表明浙东之地遂告平定。群雄俱灭，朱元璋正式确立了其无可争议的霸主地位。这时朱元璋所保有的疆土，大体上据有现在的湖南、湖北、河南东南部、山东、安徽、江苏、上海、江西、浙江，包括汉水流域和长江中下游，是全国人口密度最高，最富庶繁盛的鱼米之乡。但是想要君临天下，建立一个新的王朝，还有许多障碍必须扫除：南部地方军阀还在虎视眈眈，元朝虽然失去半壁江山，但是百足之虫，死而未僵，军力尚存，随时可以集合百万大军卷土重来。

荡平华南

此时已近年底，天气寒冷，不利作战，同时朱元璋要在新年称帝，全体将士兴奋异常，为了给开国大典让路，各路大军稍作休整，将士们放下刀枪，养精蓄锐，以便腾出手来为新王朝的诞生鼓掌。大元还未死亡，但是新王朝已经急不可待地要出生了。

至正二十七年（1367 年）十二月底，老成持重的中书省左丞相宣国公李善长率文武百官再次陈情，他在朝堂上奉表劝进："开基创业，既宏盛世之兴图，应天顺人，宜正大君之宝位……既膺在躬之历数，必当临御于宸居，伏冀俯从众请，早定尊称。"

朱元璋照例依然不受，他严词拒绝称帝。众臣子不依不饶，援引历朝历代诸多典籍和刘邦、李世民、赵匡胤等先例，再次肯劝朱元璋。朱元璋依然面色如水，继而不纳，众臣自然三请。朱元璋依然三次拒绝，以表虔诚倨恭。

其实，这都是朱元璋心里早就拟好的剧本，表示自己根本就不想做皇帝，闹革命只是为了推翻元朝的残暴统治，拯救天下苍生，是为人民服务。臣子们哪能不明白他的意思，但是都装作不懂的样子，一请再请。刘伯温也无数次夜观天象，力证朱元璋是天子下凡，帝星正旺。最后，文武百官跪地不起，痛哭流涕，为百姓计，为天下计，朱元璋只好

顺承天意，下旨文武百官筹备登基大典。

接下来的事情进展神速，臣子们为这件事早已筹划多时了，大家按部就班准备朱元璋的登基事宜。

奉表十天后，为了表示"驱除胡虏、恢复中华"之志，朱元璋率文武百官祭告上苍："惟我中国人民之君，自宋运告终，帝命真人于沙漠……今运亦终。其天下土地人民，豪杰分争。惟臣帝赐英贤，为臣之辅，遂戡定诸雄，息民于田野……必欲推尊帝号，臣不敢辞，亦不敢不告上帝皇尊。是用明年正月四日于钟山之阳，设备仪，昭告帝尊，惟简在帝心。如臣可为生民主，告祭之日，帝尊来临，天朗气清。如臣不可，至日当烈风异景，使臣知之。"

朱元璋为了表明自己是顺从天意，特别在祭文中的最后两句昭告天下：如果老天爷选中我当皇帝，那么就在继位那一天风和日丽；如果不希望我登上帝位，那么就在那一天狂风四起，天气恶劣。

朱元璋将自己的命运交由上天决定，这么一来，天下百姓都很期待那一天的天气状况了，大家都想知道朱元璋是否得到了上苍的庇佑和承认。朱元璋心里自然有数，别忘了他身边有一个气象专家刘伯温，对未来一段时日的天气还是把握得很准。

为了给即将诞生的新帝国献礼，朱元璋决意兵分三路讨伐陈有定，拿下福建：将军胡廷美、何文辉由江西趋杉关；汤和、廖永忠由明州海道取福州；李文忠由浦城取建宁。这一军事行动是朱元璋实现全国统一的宏大蓝图的一部分。虽然朱元璋已削平群雄，荡平华南已不可避免，但元将陈有定仍负隅顽抗，在做最后的挣扎。

陈有定手下的人早就看到朱元璋军队的强大，不愿做无谓的牺牲，很多人提前找好了出路，等着义军一到就投降。

陈有定怎会不知道属下的小算盘，他要逼着他们上前线，他摆设酒宴，大会诸将及宾客，杀死朱元璋的使者，将其血沥入酒坛，与众人酌饮。下属不敢不饮，都装作视死如归的样子。酒酣之时，陈有定当众发誓说："我们同受元朝厚恩，若有不以死拒敌者，将受磔刑（把肢体分裂的酷刑），并杀其妻儿。"酒宴之后，所有将领的妻儿老小都被当做

人质扣押。

陈有定随即到福州巡视，加固城池，环城而垒。距垒五十步外，筑成一台，严阵以待。朱元璋大军步步紧逼，不久，杉关失陷，福州告急。陈有定急忙将军队一分为二，命一部驻守福州，自率一部防守延平，互为犄角，随时可以互相救援。

当汤和等率水师抵达福州五虎门时，平章曲出在陈有定的激励下，引军迎战，但是失败了，朱元璋大军沿南台纷纷登城而入，守将逃跑，参政尹克仁、宣政使朵耳麻拒降而死，佥院柏帖木儿在楼下堆积柴火，杀死妻妾及两个女儿之后，放火自焚而死。

大军攻入城内，双方进行了巷战，打得十分激烈，死伤无数。

另一路大军胡廷美攻克建宁后，汤和旋即进攻延平，福州逐渐成为孤城。

陈有定想要持久困守，这时有勇猛的战将请求出战，陈有定不同意，战将仍不断地请求，陈有定怀疑部将要叛变，便处死请战最积极的萧院判。这样昏庸的领导立刻引起了士兵的不满，许多士兵出城投降。明军的奸细又趁乱引燃了军器局，火光熊熊，爆炸声震天。城外的大军获悉城中有变，立刻发动猛烈进攻。

陈有定向其部属诀别道："大势已去，我只有以死报国，诸君继续努力啊。"然后退入省堂，整理衣冠，面向北面两拜之后，吞药自杀。

失去了陈有定的节制，将领们被扣押的家属也就安全了，连忠于他的卫队也反水了，将士争相打开城门接纳朱元璋大军。大军入城之后，寻到陈有定，发现他仍未断气，便将他抬出水东门，正巧遇上大雷雨，陈有定被雨水一淋苏醒过来，然后被戴上械锁送往应天。朱元璋接见了他，当面数落其罪过，陈有定不服气，厉声说道："国破家亡，要杀就杀，不必多言。"于是，朱元璋将他与其子陈海一起处死。

陈有定死后，福建大部分地区望风而降，只有漳州路达鲁花赤迭里弥实宁死不屈，他穿上官服向北朝拜，并拿起斧子砍断印章，之后拔出佩刀割喉而死。

福建战事旦夕间休矣！朱元璋的地盘扩展至华南沿海。

大明建国

至正二十八年正月初四日，也是明洪武元年（1368年）的第一天，这一天从早晨起就天朗气清，和风柔云，最后是碧空万里，隐隐然有紫气东来之象，开国之日果然上天垂爱，真是大吉大利。文武百官和京城百姓无不拍手称快，心旷神怡。

朱元璋终于放下了悬着的心，对刘伯温的崇拜如长江之水，绵绵不休。刘伯温向来以"神机妙算、运筹帷幄"著称，对天文地理、兵法数学更有特殊爱好，潜心钻研揣摩，十分精通。他根据气象变化和经验早就推算出这一天是个好日子，为了昭示朱元璋是顺承天意，他们共同设计好的这个环节。古人有许多科技成就，里面的道理其实挺深奥的，不得不佩服古人的智慧和钻研精神。

40岁的朱元璋喜不自禁，他对着众臣大声表述着天命眷顾，他定会为苍生造福等豪言壮语，还希望子孙万代福寿安康。朱元璋终于在天下归心、苍天眷顾之下登上九五至尊之位。古代人认为皇帝是"龙吟威武下拜，天下唯我独尊"，故称为"九五至尊"或称"真龙天子"。朱元璋再次向天下人证明自己是真龙天子。

这一天，应天城变为红色的海洋，鲜红的旗帜飘扬，大红绸子悬挂在各家各户的门楣上，锣鼓喧天，百狮齐舞，满城军民都为大明帝国欢庆。

大明的国号，据说是由刘伯温提出来，经过了朱元璋及其臣僚们的仔细推敲确定的。

"明"，一合于明教教义，二融于阴阳五行学说。

明教有明王出世的传说，主要有大小明王出世经。朱元璋原属小明王部将，小明王意外身亡后，他继之而起，国号用"明"，表明皇朝也是"明王"的继承者，"明朝"是明教徒的"明朝"，天下明教徒为一家，大家应携手共进，真心拥护大明王朝，积极为大明王朝的稳定繁荣竭诚尽力。

在阴阳五行说来，"明"是光亮的意思，是火，分开来是"日"和"月"，古礼有祀"大明"朝"日"夕"月"的说法，千百年来"大明"和日月都算是朝廷的正祀，无论是列作郊祭或特祭，都为历代皇家所看

重，也是儒生所乐于讨论的。而且，新朝起于南方，和历代朝廷起于北方正好相反：南方为火，属阳，奉神祝融，色赤；北方是水，属阴，主神玄冥，色黑。元朝建都北平，起自更远的漠北，那么，以火制水，以阳消阴，以明克暗，正合天理。再者，历史上有大明宫、大明殿，古神话中，"朱明"一词正好把国姓和国号联在一起，尤为巧合，更显神秘。推演了一番，足以证明朱元璋得位之正，顺承天意。

自古皇帝登基，都要封赠列宗列祖，然后祭告社稷。册封了祖祖辈辈之后，朱元璋在奉天殿接受百官朝贺，山呼万岁，南面而帝，始为"中国主"。多年的征战，让多少少年郎华发早生，朱元璋封赏宗亲，晋爵功臣，封李善长为左丞相、徐达为右丞相，各文武功臣也都加官晋爵。皇亲国戚，不管死活，全都封王。真是"一人得道，鸡犬升天"的感觉。朝堂上纷纷攘攘，喜气洋洋，新朝廷上上下下里里外外充满了蓬勃生机。

刘伯温被任命为明帝国政府的御史中丞兼太史令，御史中丞是他一生仕途生涯中的最高峰，从前没有过，以后也不会再有。这一次唯独刘伯温封赏甚少，有人说他识得进退，多次请求朱元璋减少对自己的赏赐，一是不想被他人嫉妒，二是不想抢他人的风头。也许刘伯温看透了官场倾轧，刻意低调而已，这样就不会置身于明争暗斗的派系之争。

御史中丞

洪武元年（1368 年）二月，朱元璋率领群臣定郊社（天子祭祀天地的国家大典）宗庙礼（帝王的宗庙制是天子七庙，诸侯五庙，大夫三庙，士一庙，庶人不准设庙）。从此以后，逢年节及重大节日，皇帝必亲自祭祀，成为惯例。

三月，朱元璋将应天改名为"应天府"，作为明朝的京师，并任命刘伯温为京师的总设计师，构筑城墙。刘伯温拿着堪舆的工具，在应天府四处测量，显得胸有成竹，每次谈论起京师建设时，他总是滔滔不绝。朱元璋对他十分信任，刘伯温也自认为是不世出的人才，知无不

言，在危难时刻，常能果断决策。在老百姓眼里，他是一个前知五百年，后知五百年的"半神半仙"，可是在李善长这些人眼里，刘伯温不过是一个高明一点的江湖术士罢了，都是些雕虫小技，蒙蒙老百姓的手段罢了。

不过，朱元璋却赐给刘伯温一道手诏，名为《御史中丞诰》，摘录如下：

> 奉天承运皇帝圣旨：太史公之职，天下欣闻；中执法之官，台端清望。惟亲信之既久，斯倚注之方隆。前太史令兼太子率更令刘基学贯天人，资兼文武，其气刚正，其才宏博。议论之顷，驰骋乎千古；扰攘之际，控驭乎一方。慷慨见予，首陈远略：经邦纲目、用兵后先。卿能言之，朕能审而用之，式克至于今日。凡所建明，悉有成效……方当兵起，乘时纷纭。原其投戈向化，帖然宁谧，使朕无南顾之忧者，乃卿之嘉谋也。若夫观象视祲，特其余事。天官之署，借重老成。以至谳狱审刑罚之中，议礼新国朝之制，运筹决胜，功实茂焉。乃者肇开乌府，丞辅需贤，断自朕衷，居以崇秩，清要得人，于期为盛。於戏！纪纲振肃，立标准于百司；耳目清明，为范模于诸道……

这道手诏，是朱元璋对跟随他七年的刘伯温的工作成绩作的一个点评。朱元璋大意是说："刘先生您的才学、人品那是没得说，您的军事谋略、经邦良策我非常肯定。这么多年来，您提出的先南后北、先陈后张的战略让我实现了人生价值，这是多么伟大的功绩啊。虽然您那么多神乎其神的观天象、摆卦象帮了我很多，但我让您做的这些求神拜佛都是做给下面的朴实憨厚的兵民看的，我这样的人肯定不信，我也没有把你当成个半仙，我需要谋臣，但是所有的大事决断都是我自己拿的主意，你们这些谋臣献的计谋，我都是带着审视的目光看待，因为国家需要积累人才，才能呈现盛世……"

第十一章 指点江山

这道手诏流露出朱元璋借调侃刘伯温"神仙"之能，暗示其不要贪功，不要自大，要乖乖地做臣子。群雄被灭，天下大势基本定已，昔日的谋略不再是朱元璋所必需的，五十七岁的刘伯温从此只要规规矩矩地按章办事就行了。

刘伯温何等聪明，自然一点就透。本来他就很低调，担心受到朱元璋疑忌，此后他更是勤勤恳恳工作，丝毫不敢翘尾巴，为了朱氏江山呕心沥血，以期善始善终，做一个流芳百世的名臣。

这道手诏中还谈到刘伯温自担任御史中丞以来的工作成绩，朱元璋说："自从您担任监察部门的官员以来，纪纲振肃，耳目清明。您就是我的一把利剑，斩那些倨傲的官员。"

朱元璋这段叙述的确是真的，刘伯温黑白分明、刚直不阿的性格，使他在担任监察官时，严肃法纪，成了违法必究、执法必严的"铁面判官"。

当朱元璋问刘伯温，怎样对待吏治的问题时，刘伯温毫不迟疑地回答："要严，极端的严。"朱元璋又问他："最近坊间传说，任何开国都是严刑峻法三十年（杀运三十年），时间太长了吧。"刘伯温说："当然太长啦。如果让我来治理，一两年就足矣，还用得了三十年吗？"对于刘伯温这样极端自负的自信，朱元璋也是印象深刻。

大明初立，刚正不阿的刘伯温很快成为让人望而生畏的御史，他对任何触犯法律、仗势欺人、管教下属不严，甚至只是违反了礼仪制度的行为都深恶痛绝，并且采取雷霆行动。每次的朝堂上，刘伯温都是发言最多的人，被他发言击中而名誉扫地的人往往成群结队。对此，朱元璋自然欢喜，长年的征战和建国大业让许多臣子功劳赫赫，其中不乏力挽狂澜、功高震主的人存在，这些悍将贤臣一个个气焰嚣张，即便在朝堂上也是目空一切，让朱元璋十分担心。有刘伯温这样的"判官"存在，朱元璋手里恰好就像多了一个勾魂笔，将那些确实有不作为尤其是贪污腐化的官员不露痕迹地逐一抹去，消除了许多隐患。

《饮泉亭记》文充分反映了刘伯温的廉政理论。他以为贪腐发生的根源就在于"'名、利等无限膨胀的物欲，物欲是贪腐之根'，有一焉则其守不固，而物得以移之矣"；此外，"贪相承，习为故"的恶习也是滋生贪腐的毒瘤。他对症下药，提出了"人心之贪与廉，自我作之，岂外物所能易哉……贪廉由乎内而不假乎外"的立论。这是说一个人能否保持清廉，其关键还在于自身道德修养水平，不能怪罪于外在环境和客观条件。

刘伯温明白，在"天下无道"的社会里，为官廉洁，必须承受极大的压力与不公，甘于寂寞，并且要耐得住清苦。《郁离子·蜀贾》篇就讲述了这样一个事例："昔楚鄙三县之尹三。其一廉而不获于上官，其去也，无以僦舟，人皆笑以为痴……"可见，在吏治腐败的乱世之中，成就"廉节"人格、留下"公正廉明"的美誉相当不易。刘伯温靠着他的品德却做到了。

天象应人

为了让更多的"恶人"暴露，朱元璋给刘伯温提供了一个大展拳脚的平台，在御史职权范围内的所有要求，他几乎有求必应，让刘伯温十分有面子。看上去，朱元璋和刘伯温的合作亲密无间，可如果我们透过现象去看本质，就会得到与此截然相反的结论。

朱元璋严苛阴毒，他出身低微，又做过和尚，讨过饭，是靠着老丈人的提携才走上革命道路，继而又是在继承了老丈人的家底之后才有了后来的发展。虽然有很多臣子不断地美化他这段尴尬的历史，赋予了许多体面的说辞，连带着他的祖祖辈辈都跟着镀了金，但是他还是不放心，总认为有一些人在暗地里做手脚，甚至想夺走他的皇帝之位。

朱元璋需要有个人整顿秩序，抹除一些危险分子。因为他这么多年来，为了取胜，曾纵容过他的手下，让他们极限地发挥人性中的恶。徐达、常遇春等诸多武将都有过屠杀平民百姓的记录，他们在多次凯旋中逐渐沾染了傲慢、无视规则的放荡心态。就是那些以李善长为首的文臣群体，也在多年为他营造功业的过程中养成了飞扬跋扈的脾性。这是朱元璋必须要铲除的，而武器就是刘伯温。

刘伯温做御史，得罪了好多人，而他丝毫没有感觉到自己是朱元璋

手中的一把利剑，因为他是个单纯的人，是个直来直去的人。他只是认为自己在做分内之事，为了营造一个国富民强的大明朝，他认为得罪人天经地义，作为御史，如果不得罪人，那才是莫名其妙。

此外，刘伯温经常以天象来影响朱元璋的决策，或是借天象来提一些合理化建议。有一年大旱，刘伯温请求清冤狱（时人认为天降灾祸是有冤情或是人主做错了事），朱元璋命他审理并平反冤案，做这些事的时候，果然下起了大雨，于是刘伯温乘机建议完善司法，避免滥杀无辜。

有一次，朱元璋做了一个噩梦，想处决一批犯人以应景。刘伯温问明情况，说道："这是得到土地和人口的好梦，应该立刻停刑等候好事到来。"三天以后，海宁城守将来降，朱元璋十分高兴，把抓起来的囚犯全部交给刘伯温释放了。

朱元璋对刘伯温的工作十分认可，时常给予赏赐，当初制定处州粮税的时候，参照宋代税制，每亩多加了五合，但是朱元璋特意免去青田县应增加的部分，因为青田是刘伯温的故乡，朱元璋说：要让伯温乡里世代感谢他的恩德，传颂他的美名。

第十二章　宿命难违

虽然抱守凌云之志，刘伯温却见疑于朱元璋，又因心直口快和李善长、胡惟庸等人接连出现龃龉，官场失意，身体健康日渐糟糕，想要归隐却难上加难……

治国强军

没多久，刘伯温又向朱元璋提出了一项军队改革，这就是明朝军制独具特色的"卫所制"。

卫所就是在全国各个要地建立军事据点"卫"，每一卫有 5600 人，长官称为指挥使，这位指挥使管辖 5 个千户所，每个千户所有 1120 人。千户所又下辖 10 个百户所，一所为 112 人，百户所下设两个总旗，总旗下再设 5 个小旗，每个小旗为 10 人。千户所的长官称为千户，百户所的长官则称为百户。

有战事时，朝廷就命令各地的卫所最高长官指挥使把他的 5600 人交出来，然后皇帝再指派一人担任这支军队的统帅，由统帅领着这群卫所的士兵出征。指挥使的权力相当有限。

卫所的部队平时要做的除了训练外，还要务农。中央政府会在他们的驻地附近划出一块地来（军屯区），让他们来耕种，他们自己养活自己。在卫所制最健康的那些年，全国的卫所军士每年都能生产三亿公斤粮食，足以供养一百万人的军队，从而使中央政府节省了大量军费。

　　卫所制有个好处是，由于士兵在卫所是带着家人的，政府已经把他们的家人记录在册。所以他们为了养家，必然要努力耕种。当他们出去战斗时，由于牵挂家人，也必然竭尽全力地战斗，不会逃跑。

　　刘伯温曾仔细研究过中国历代以来的兵制，他发现主导中国多年的兵制主要有两种。一种是征兵制。这一兵制的好处是，举国皆兵，有事召集，无事务农，兵员素质好，来路清楚，平时军费开支少；但缺点也很明显，兵员都出自农村，如有长期战争，势必影响农业生产。而另一种是募兵制。好处是应募的多为无业游民，当兵是职业，训练有素，战斗力强悍，兵员数量和服役时间不受农业生产的限制；可缺点是，要维持庞大的军队，军费开支很大，招募的士兵大部分来路不明，没有妻儿老小的牵挂，容易当逃兵，也容易叛变。刘伯温的想法是，扬长避短，将武装力量和生产力量结合起来，既可以在战时有军队可用，又可以避免财政负担。于是就有了卫所制。

　　这种军事制度一经刘伯温提出、朱元璋确认后，便发展迅猛，到洪武二十三年（1390年）时，明帝国共有卫547个，所2563个，可以参战的士兵高达300万人。其中最精锐的百万士兵足以横扫欧亚大陆，可是朱元璋奉行对外永不侵略的宗旨，这些卫所最终也只是巩固朱氏江山的工具。

　　除了在军事上改革创新之外，刘伯温对儒家思想也有创新和突破。他的一生是为民的一生，其民本思想政治外延基础是执政为民和立法为民的实践。虽不免历史和阶级的局限性，但确实无愧于千秋景仰。

　　刘伯温认为"有一夫不被其泽，则其心愧耻，若挞于市"。如何真正使老百姓安居乐业呢？他在经济上有系列的理论和实践，为民本思想奠定经济外延基础。他力倡"天地之盗"，认为生产发展了，利源广开，即如古制什一之赋，国库也会富足如元初。

　　刘伯温把课税称为"人盗"，把发展生产称为"天地之盗"。在封建社会里，税收主要来自农民。元朝统治者纵欲无度，拼命向农民榨取，以致民不聊生。"为苟旦夕之性命"，只有铤而走险，削竹为矛，进行反抗。这是元末农民起义的直接原因，他看得很清楚，所以，他极力

反对"人盗"。并且，在"志以天下为爱，而能善利之"的影响下，根据长期的实际经验，得出善盗者盗天地而不为人盗的结论。

刘伯温不仅有理论观点，还有理论论述，那就是"曲取"论，其基本观点是"执其权，用其力"，意指向自然索取时，首先要掌握自然规律，研究万物特性，然后根据物性物理，因地制宜、因时制宜地运用科学原理指导生产，不断提高生产效率，充分发挥万物潜在力量，使其更好地为人类服务。"春而种，秋而收，逐其时而利其生"。不违农时，培育和利用地力，达到"春种一粒粟，秋收万颗籽"的转化，这是"曲取"；"高而宫，卑而池，水而舟，风而帆"。利用物性和自然力量，使物为我用，也是"曲取"，这是尽人可见，尽人可知的常理。以涂泥制器皿，以新式配方制擂茶……刘伯温通过长期社会实践，用科学方法指导生产的指挥创造。从中他深刻体会到生产转化的真谛："曲取"才能使"天地之生愈滋，庶民之用愈足"。

更为可贵的是，刘伯温还有较为完善的理论实践。他经常指导农民利用荒滩涂泥烧制各种陶器，并有《缸窑头》民谣为证："缸窑头，缸窑头，六百年前荒滩头，来了伯温刘老头，烂泥变成元宝头"。他非常重视农业生产，把种种的农、林、牧、渔的物产品类记录下来，利用粮、棉、竹、木、蚕、丝、茶、纸等物加工制造成各种生活用品。他还撰著了12卷的《多能鄙事》一书，其中就有酒谱、茶谱、菜谱等加工制造的记载，体现了曲取论"天地之生愈滋，庶民之用愈足"的道理。由此可见他对于资源节约与利用的重视，是真正关心天下苍生的理想家、实践家。难怪章太炎先生这么崇拜刘伯温，称他是"环地球之师"。

应该说，六百年前的刘伯温，对生产认识在如今而言也许不算深刻，但在当时能有如此的经济理论和实践应当属于认识论的一大飞跃。

刚正不阿

空闲时，刘伯温也对朱元璋讲授帝术，朱元璋每次都认真听讲，称刘伯温老先生而不叫他的名字，朱元璋多次对人说"刘基是我的张良"，

又说"刘基多次用孔子的话教导我"。但是江山易改，本性难移，刘伯温过于"耿直""廉节"的秉性使得他的处境多次处于被动境地，甚至遭到同僚的厌恶。

洪武元年初，明军攻下开封，这是一个非常有战略意义的胜利，朱元璋亲自前往开封视察，并着重考察在那里建都的可能性。临走之前，朱元璋特意命李善长与御史中丞刘伯温辅助太子朱标坐镇南京。有两位既聪明又得力的干将留在大后方，朱元璋非常放心。

可是，在留守期间，刘伯温却与李善长产生了激烈的矛盾。当时刘伯温认为宋、元以宽政失天下，当前应吸取教训严肃刑法和纪纲，并令所有御史大力监察群臣，然后禀报太子处理。每一天，御史官员都像间谍一样无孔不入，到处检点群臣的过失，这样搞得人人自危，得罪了很多人（纠劾无所避，宿卫宦侍有过者，皆启皇太子置之法，人惮其严）。

中书省都事李彬贪污犯法，依律当斩，然而李彬是李善长的亲信，奉李善长的指示干了许多不法之事。刘伯温迅速行使他的权力，将其捉拿，然后以太子宫官员的身份迅疾面见太子朱标，请求处斩李彬。太子朱标同意，刘伯温马上就下了斩杀令。

李彬在监牢中等待死神到来时，李善长早已得到消息，他一路小跑来见刘伯温，先是很客气，说："李彬犯法，是该治罪。可您想过没有，李彬可是为这个国家立下汗马功劳的人。即使你要处置他，也应该从轻。否则，岂不是冷了众臣的心吗？"

刘伯温认为这种论调很有问题。他反驳道："大臣有罪，就该按法律治罪。如果不治罪，那我如何向皇上交代？你说他有功，我不否认。可他有功，皇上已有了恩赐封赏。也就是说，他和皇上、和法律是两清的。你怎么拿他的功劳来说事？你说处置他会冷了众臣的心，可如果不处置他，你就不怕冷了天下百姓的心吗？"

李善长被刘伯温的这段话噎得脸红心跳，浑身发抖。他太想救李彬，以至于忘记不该以宰相之尊如此有失体统地来求刘伯温。当刘伯温这段话把他气得鲜血直往上冲时，他才突然想到这一问题。他立即恢复了宰相的尊严，冷冷地问道："你要杀中书省的秘书，需先经过皇上的

裁决,你经过皇上了吗?"

刘伯温道:"我已派快马去汴梁请示皇上了。我相信皇上的意思和我一样。"

李善长含怒而去。回到家后,他仍然愤愤难平。

不久,朱元璋批准处死的文书发回,李善长还企图拖延行刑时间,等朱元璋回来再当面讲情,于是对刘伯温说当前大旱,高僧们正在求雨,不宜杀人。

刘伯温却说,杀了他,天必定下雨。于是便杀了李彬。李善长十分生气,朱元璋从开封回来后,李善长立刻控告他在祭坛下杀人,大不敬,李善长的亲信和其他一些仇恨刘伯温的人也纷纷跟进告状。上天似乎也不向着刘伯温,处死李彬之后,一直没有下雨,刘伯温关于"杀之,天必雨"的预言没有兑现。

刘伯温借天意杀李彬,却不下雨,这让他在朱元璋心里的分量一下子减轻了许多,认为刘伯温为了自己的权威利用天象做文章,心里很不满。

在古代,天灾被认为是上天的警示,这时君王应该反省自己的过错,朱元璋为此广泛征求意见,刘伯温给朱元璋提出三点建议:一是解散安置阵亡士卒妻的寡妇营,听任改嫁,或送还回乡与家人团聚;二是死亡工匠由官府代为安葬;三是原张士诚手下将吏免于充军。

为了得到上天的原谅,朱元璋对刘伯温的提议全部照办,但雨还是没下。此前朱元璋提出在凤阳建都,是"取中天下而立,定四海之民之义也"。凤阳是朱元璋的家乡,在此建中都,显然含有朱元璋想要光宗耀祖、荣归故里的私心。群臣不敢妄言,唯有刘伯温极力反对,不给朱元璋留情面,他认为凤阳根本不适合作为国都,"凤阳虽帝乡,非建都地"。不下雨和反对定都凤阳这两件事,朱元璋不免迁怒于刘伯温,于是对他突然严厉训斥。

刘伯温目瞪口呆,不知所措。几日后,他收到家乡来信,他三个妻子(后娶的第三房夫人)中有一位死了,他便借机申请回乡办理丧事,朱元璋当即批准了他的请求,让他回乡葬妻,同时把他手下的一些御史、按察司官员贬往开封,以示薄惩。

　　李善长算是出了一口恶气。但是，两人的矛盾并没有结束，李善长随时准备要刘伯温付出更大的代价。自跟随朱元璋后，李善长的表现一直让朱元璋非常满意。李善长是个心理高手，能在最短的时间里洞察朱元璋的好恶。同时，他勤奋刻苦，不遗余力地为朱元璋的后勤保障作出了卓越的贡献。他善于理财，朱元璋遇到他后，从未有过经济上的拮据。朱元璋曾说："刘邦有萧何，而我有李善长。"所以当李善长在洪武元年（1368 年）被任命为左丞相时，没有人有一点异议。用李善长自己的话说，丞相这个位置就是为他而存在的。

　　从刘伯温的眼中看去，李善长也是个宰辅之才。丞相的主要工作就是管理百官，李善长是个特别善于调护百官的人。所有官员都感觉到工作得很愉快，认为自己在他的领导下正实现人生最终极的价值。但刘伯温也注意到，李善长有一种并不使他欢喜的情结：地域情结。

　　李善长和朱元璋是老乡。朱元璋能当上皇帝天，用李善长的话来说，都是淮西帮的功劳。

　　元末的淮西，指的是淮南西路，包括今天安徽省中部（庐州、安庆、寿州、濠州、和州），河南省淮河以南地区（光州），湖北东部（黄州、蕲州）。

　　顾名思义，淮西帮也就是淮南西路地区的人。在朱元璋政府中，淮西人多如牛毛。李善长、徐达、常遇春，包括刘伯温的顶头上司御史大夫汤和这些名震遐迩的顶级人物都是淮西人，因为朱元璋就是淮西人，这就是一人飞升，仙及鸡犬。据说，当时的应天城中，半城的高官都是淮西人。朱元璋就是淮西帮的帮主，而李善长则是副帮主。由于朱元璋的主要身份是皇帝，所以，李善长就成了淮西帮的大当家的。

　　此前，由于二人的工作性质不同，李善长主要负责的是后勤，刘伯温负责的是战前谋划，所以两人没有大的冲突。不过，李善长曾在朱元璋面前积极表现出他瞧不起刘伯温，朱元璋曾问他，谁是象纬高手，他硬着头皮回答是宋濂。其实，宋濂在他心目中远没有这样大的分量，他当时的回答只是出于意气，只要不是刘伯温，是任何人都可以。

　　朱元璋矫正他说："其实刘伯温才是象纬高手。"刘伯温在朱元璋和

陈友谅的战争中所表现出的才气与神乎其神的卜算能力，让李善长既妒又恨。不过，他始终没有把刘伯温看成是对手。很简单，他是淮西帮的头，明朝就是淮西帮建立的，刘伯温无论如何，也不过是他们淮西帮外聘的工作人员。

刘伯温李善长的能力敬佩，几年后，朱元璋要他评论宰相，对于李善长，刘伯温的评价就是，这人有调护百官的能力，这种能力非平常人所能具备。胸怀不同，刘伯温可以原谅李善长，李善长却不会原谅刘伯温，悲剧由此注定。

刘伯温在御史中丞位置上严厉执法，从不姑息、从不忽视任何作奸犯科之事，这让身为宰相的李善长心情很不舒畅。因为刘伯温弹劾或者惩罚的官员都是李善长这个宰相管理的，而且很多人都是他一手提拔的，这让他这个淮西帮大当家的很没面子。虽然，刘伯温被贬回老家，李善长还是不解气，担心刘伯温说不定哪天还会回来。

身不由己

在青田老家，有些沮丧又赌气的刘伯温曾对自己的"被贬"以诗歌的形式表达了出来。他说，"我身衰朽百病加，年未六十眼已花"，临床症状是"筋牵肉颤骨髓竭，肤腠剥错疮与瘢""肺肝上气若潮涌"。从前吃的药毫无效果，以至于现在"有眼不视非我目，有齿不啮非我牙"。虽然病得如此严重，但刘伯温还有星点的梦想，"不如闭门谢客去，有酒且饮辞喧哗。"

刘伯温早就有病，而且很重。早在石门洞读书时，他曾写过《送龙门仙子入仙华辞（并序）》一文。他说："最近这段时间似乎是得了一种说不上来的病。临床症状是疲乏无力，懒言少动。我都想过要做道士。"刘伯温被元政府定罪羁管绍兴，由于过度悲愤，他突然呕血数升。虽然没有记载是何病，显然病得不轻。

刘伯温在家养病期间，朱元璋的大军却攻城略地，所向披靡，大明帝国捷报频传。

南征和北伐大军的军旗都统一换成了鲜红的"明"字。南征军气势如虹，雄浑霸道，廖永忠、朱亮祖从福建向西进攻两广；驻扎在江西赣州的陆仲亨直取广东；杨璟则从武昌南下广西，形成三面包夹两广的态势。盘踞在广东的军阀何真非常识时务，明军一到便缴械投降，摇身一变成为明军的地方军。朱亮祖继续挥师西进，又从广东西进配合杨璟攻打广西。杨璟在湖南、广西遇到顽强抵抗，历时四个月才拿下永州，然后向靖州进发，两路明军会师于靖州城下，用了两个月的时间拿下靖州，随后次第平定广西各地。至此华南全部落入朱元璋囊中。福建两广既平，西南部只剩边远的四川、云南，皆不足为虑。半壁江山已固，兵精粮足，正可全力支援北伐。

洪武元年（1368 年）七月二十七日，郭英攻克通州。元顺帝得知通州失陷，惊慌失措；第二天夜晚，他带着后妃、太子，打开建德门逃往上都（内蒙古自治区锡林郭勒盟正蓝旗境内）。八月二日，徐达从齐化门攻入大都，宣告了元朝统治的结束。

同年冬天，朱元璋的气也消了，态度也好转了，他琢磨许久，觉得还是离不开刘伯温，终于在十一月给刘伯温送了一道手诏，名为《御宝诏书》：

　　朕闻同患难而异心者未辅。前太史令御史中丞刘基，世居栝苍，怀先圣道。天下初乱，闻朕亲将金华，旋师建业，尔曾别闾里，忘丘垄，弃妻子，从朕于群雄未定之秋。居则每匡治道，动则仰观乾象，察列宿之经纬，验日月之休光，发踪指示，三军往无不克。曩者攻皖城，拔九江，抚饶郡，降洪都，取武昌，平处城之内变，尔多辅焉。至于彭蠡之鏖战，炮声击裂，犹天雷之临首。诸军呐喊，虽鬼神也悲号，自旦日暮，如是者几四。尔亦在舟，岂不同患难也哉。今年夏，告镜妆失胭粉之容，遗子幼冲，暂回祀教，速赴京师，去久未归，朕心有欠。今天下一家，尔当疾至。同盟勋册，庶不负昔者之多难，言非儒造，实己诚之意，但着鞭一来，朕心悦矣。

这道印着御宝的诏书可谓"大有学问"。诏书的一开头就把要刘伯温必须来的基调定下了：今天下一家，你应该快点儿回来，以前我们共患难，现在要一起享福了，你不回来我会不高兴的。

刘伯温离开南京表面上是因为丧妻，实际上是朱元璋刻意的。他现在倒打一耙，指责刘伯温，老婆去世，回家奔丧，可奔了三个月也不见回来。"黎叔很生气，后果很严重！"至于他如何和刘伯温共患难，他把刘伯温的功劳掰着指头数了一遍。这些功勋足以让日月无光，但朱元璋却在这些光照宇宙的功勋前加了两个前提：

第一个前提是睁着眼睛说瞎话。当初攻克婺州时，你听到我的威名，马上抛弃妻子，扔了田地，跑到我这里，誓要开创事业。这说明你是个非常有眼力的人，能在群雄并起时看好我。朱元璋说这些很自然，让刘伯温看了都觉得不好意思揭老底。当时，宋濂还活着，和刘伯温一起共事多年的同僚还都在，谁不知道刘伯温是被朱元璋强行请来的！

第二个前提是"尔多辅焉"。这四个字可非同小可，意思是，刘伯温那些丰功伟绩固然可与日月争辉，但是，你的丰功伟绩其实是在我的英明领导下才大显于天下。也就是说，这些功劳其实都是我的，你不过是我的一个助手。

这八年，刘伯温不是在辅佐朱元璋，而是在指引朱元璋，他从1360年进入朱元璋政府后，扮演的始终是"导师带研究生"的角色。然而朱元璋告诉刘伯温的确是：你有再大的功劳，但名义上，你是我的臣下，你的功劳都是我的功劳。最后，朱元璋说："我今天邀请你，是真心实意，你可别让我不高兴！"

这一字里行间明显带着"洗脑"成分的邀请书，让刘伯温有些不安。这是皇帝给他定下的说辞，以后他在回忆起如何加入朱元璋阵营的事情时，就要以这封信的说辞为标准了。如果和领导的意思不一致，恐怕就有危险了。

1368年最后一个月，刘伯温冒着冰冷的雨水走出青田返回应天府。十二月初，刘伯温来到这座城下，焦虑不安。

刘伯温似乎多虑了。至少从他回到南京城后，朱元璋对他的一切优

厚待遇就能说明，他之前在青田的胡思乱想的确有点儿神经质。这些对刘伯温的优厚待遇实际上跟刘伯温没太大关系，主要是刘伯温的家族。朱元璋追封刘伯温的爷爷为永嘉郡公，奶奶刘梁氏为永嘉郡夫人，父亲为永嘉郡公，母亲刘富氏为永嘉郡夫人。刘伯温的妻子刘富氏亦被封为永嘉郡夫人。

郡公这一封爵始于曹魏政府。魏晋南北朝时期，郡公是异姓功臣的最高封爵，在明朝以前，可都是实打实的，有封国、食邑，而且是世袭的。北周后，郡公爵位就成了虚封，除了"郡公"这个荣誉头衔之外，什么都没有。

虽然是荣誉头衔，可有总比没有强。所以当朱元璋把这不费一文的爵位赏给刘伯温的家人时，刘伯温还是小感动了一回。值得一提的是，郡公爵位自此后就被取消，成了历史文物。

刘伯温刚回来的那天，朱元璋特意为他准备了接风宴。这可是一次非比寻常的宴会，除了徐达在北方和王保保交战不在之外，几乎所有的功臣全部到场。这些开国元勋个个都不是善茬，此时的朱元璋帝王之威极盛，他的臣子们当面都谦虚谨慎，但是下了朝却依仗着功劳和资历摆着谱，骄横得很。朱元璋对这些人很不放心，担心他们谋反，因此背地里培植了一批"检校"，检校是锦衣卫的前身，专门打探臣子的一切行踪和隐私。

刘伯温此次回来，也是朱元璋计划的一部分。朱元璋最不放心的就是刘伯温，这样一个能掐会算的智囊放在千里之外，万一被元廷或者别有用心的人策反，岂不损失大了。所以，他对刘伯温的归来特意摆了酒宴，显示帝王的博大胸襟。

刘伯温十分低调，他知道这是朱元璋在玩帝王之道，欢迎自己是假，做样子才是真。朱元璋暂时还离不开他，帝国初成，人员混杂，还有很多事需要他的辅佐。随着1369年新年的来临，刘伯温的官职也有了新气象。他被任命为御史中丞兼太子赞善大夫，这是新瓶装旧酒。其实他在这一时期的主要角色还是朱元璋的顾问。

朱元璋需要刘伯温引发一些事，他的事和李善长有直接关系，其

实，这件事牵扯到的所有人物都在刘伯温最后的人生中有着举足轻重的作用。所以，这件事发生之时也是刘伯温悲剧命运的序幕被拉开之日。

君子坦荡

朱元璋对李善长已经有了戒备心，对相权之大很不放心，担心影响到皇权，这种焦虑的心态愈演愈烈，最后就动了调整丞相的念头。可是，除了李善长，谁是丞相的最佳人选呢？在朱元璋心里，有几个人还是可以做丞相的，比如杨宪、凌说、高见贤、夏煜，还有汪广洋和刘伯温。

杨宪是太原人，1356年投奔朱元璋，因办事干练，成为朱元璋的亲信之一，而且还是一名资深的检校头领。他后来一直充当使者出入张士诚和方国珍政府，获得了大量有价值的情报。明朝建国时，杨宪被任命为副宰相，成为李善长的助手。

凌说和杨宪一样，投奔朱元璋后也很快就成为朱元璋的亲信，就是他调查出朱文正有不轨之心的事实，导致朱文正被朱元璋囚禁起来。

高见贤和夏煜几乎是一个模子刻出来的，他们投奔朱元璋后，由于脑袋灵光、办事干练，都成为朱元璋的亲信，并在朱元璋的政府中担任要职。

表面上看，这四人没有什么联系，但只要稍熟悉明代特务政治的人，一眼就能看出，这四人都是特务出身。杨宪、凌说、高见贤和夏煜在1368年之前的官职都是"检校"。1359年，也就是刘伯温出山的前一年，朱元璋设置了一个神秘的机构，这个机构的工作人员被称为检校，其实就是特务。检校的前期工作是对敌人进行渗透和侦缉。比如杨宪就曾多次深入虎穴进行窃取情报的工作。明朝建立后，检校们的工作重心开始转移到南京城中大小衙门官吏的不公不法上来。

杨宪、凌说、高见贤和夏煜在这些检校中出类拔萃，特别是杨宪，有着强大的观察力和联想力，在抽丝剥茧上无人能及，而且从不放过任何一条线索。朱元璋就曾当众表扬过这些检校们："有这些人在，正如我有恶犬一样，能使人怕。"

大臣钱宰被征编《孟子节文》，罢朝吟诗："四鼓咚咚起着衣，午门朝见尚嫌迟，何时得遂田园乐，睡到人间饭熟时。"第二天，朱元璋就问他："昨日做的好诗，不过我并没有嫌啊，改作忧字如何？"钱宰几乎吓得魂不附体，磕头谢罪。国子祭酒宋讷某天在家独坐生气，面有怒容。第二天朝见时，朱元璋问他昨天生什么气，宋讷大吃一惊，照实说了。朱元璋叫人把偷着给他画的像拿来看，他几乎魂飞天外。可见检校无孔不入，让人心生胆寒。

要组织这样的恐怖机构，必须付出极大的精力和准备周密的计划，以及必需的监督工作，而这一切都需要人来完成，杨宪等四人在这方面的表现让朱元璋非常满意。所以，他们成为朱元璋的亲信也就无须赘言了。

朱元璋曾私下告诉杨宪让他注意李善长等人的动向。敏感的杨宪看到了机会，便开始联络在各个机构担任检校职责的凌说、高见贤和夏煜，寻求支持。他们抱成一团，在朱元璋面前指责李善长，并且下了调查结论：李善长无宰相才，没有慈悲心，不配做宰相。

这话说到心坎里了，朱元璋早就发现李善长虽然对他这个皇帝直接负责，但离"幕僚长"的职责越来越远，大有成为淮西集团代言人的趋势。李善长一呼百应，如果哪一天他反对自己，江山易主岂不是易如反掌。

朱元璋对刘伯温说："李善长老了，什么良好建议都提不出来。他还有个致命的缺陷，心胸不宽广，独断专行。"

刘伯温没有悟出朱元璋话里的意思，起到扳倒李善长的作用。他静静地听完朱元璋的话，想了一下，才小心翼翼地开口道："李善长是开国元老，威望极高，而且他能调和诸将，做宰相最合适不过。"

朱元璋很奇怪，他问："李善长跟你可是死对头，你还为他说话？"

刘伯温说："我知道您有换丞相的意思，但换丞相就像是换大厦的柱子，必须是栋梁之材才好，如果用几根小木头捆在一起充当梁柱，即使换上去了，也会马上倒下。"

朱元璋并未被刘伯温的比喻所打动，历史上丞相弄权、架空皇帝的

教训太多了。西汉的霍光、东汉的曹操、曹魏的司马氏父子和东晋的桓温等人。这些人都是声名显赫的人物，都是丞相。最要命的是，这些人都控制了他们的皇帝，把"幕僚长"的角色变成了不可一世的"太上皇"。

朱元璋想向刘伯温传达这样的意思：李善长在角色转换上没有成功。打天下时，李善长敢于任事、当机独断，这是创业时期作为丞相最大的优点。可在建国后，他仍然如此行事，不免给朱元璋以"独断专行"的感觉，这是他不能容忍的。

可是，刘伯温却为李善长辩护，这让朱元璋十分失望。

言多有失

此时的朱元璋早已下定拔掉李善长的决心，他选拔了几个人选，等着接李善长的班。见刘伯温不上道，他便提出来三个人选，让刘伯温提建议。

第一个人选就是特务出身的杨宪。刘伯温反对，理由是：杨宪有当丞相的才能，但没有当丞相的器量，当丞相应该像水一样的清澈，做事要以义理权衡，不能掺杂个人的好恶和恩怨，杨宪不是这样的人。

朱元璋"哦"了一声，突然转换话题，问刘伯温："我听说你和杨宪的关系不错，在朝中，你最好的朋友就是杨宪。"

刘伯温和杨宪的关系的确不错。去年刘伯温离开南京回青田县时，为他送行的寥寥可数的几人中就有杨宪。刘伯温轻易地解答了这个难题："外面风传我和杨宪的关系好，即使真有，那也是我们个人之间的感情。现在您问我的问题，可是关系帝国命脉的事，我不能把私人感情掺杂到国家事务中来，这是很不负责的。"

朱元璋对这样的解答很满意，于是就说出了他心目中的第二个人选："汪广洋如何？"

汪广洋是高邮人，平生有两种能力傲视天下，一是书法，二是智谋。1355年跟随朱元璋，屡出奇策，在刘伯温没来之前，他是朱元璋的顶级军事家之一。朱元璋曾说："汪广洋就是我的张良，我的诸葛

亮。"据说朱升提的"高筑墙，广积粮，缓称王"战略其实是汪广洋的思路。《明史》对这个人的评价是：在内，严于律己；在外，宽以待人。

刘伯温对他的评价却相当低："把十个汪广洋捆一块儿都不如一个杨宪。"

心中的重要候选人被刘伯温轻而易举否定，朱元璋着实吃了一大惊，他脱口而出："您对汪广洋怎会有如此看法？"

刘伯温说："皇上您问我，我是照实说的。"

朱元璋沉吟半晌，琢磨刘伯温说的话，似乎很有道理。

想明白了，朱元璋便提到第三人："胡惟庸如何？"

没想到刘伯温把胡惟庸也批得体无完肤："胡惟庸绝对不行。宰相就是车夫，胡惟庸非但驾不好，恐怕连辕木都会被他毁掉。"

朱元璋心目中的三个人选都被否定了，这让他显得有些难堪。他说："看来，我的几个丞相人选没有能超过先生您的了。"

刘伯温马上惊醒了，他立即想到朱元璋误会地以为自己总是不断地否定丞相的人选，其实是自己想做丞相，刚才否定朱元璋心目中宰相人选的事就是有私心。他必须要表态："我还是有自知之明的。我这个人疾恶如仇过了度，又不喜欢繁杂的行政事务，勉强去做，对国家无益，一定会辜负圣恩。天下何患无才，您何等圣明，只要细心寻求，一定会物色到合适的人选。只是眼下这几位真不太合适。"

朱元璋没有再说话，刘伯温突然有个很不好的预感，他可能得罪了很多人。今天和朱元璋说的话可能会流传出去。一想到这里，刘伯温不禁有些气馁。另一方面，又对朱元璋存在幻想，天真地认为他不会利用自己。

违心之举

洪武三年（1370 年）农历四月，朱元璋要刘伯温到弘文馆做学士，并且还特意给刘伯温写了封《弘文馆学士诰》。刘伯温读了之后，心上一凉，文诰是这样说的：

奉天承运皇帝圣旨：朕稽唐典，其弘文馆之设，报勋旧而崇文学。以旧言之，非勋著于国家，犹未至此；以儒者言之，非才德俱优，安得而崇。尔资善大夫、御史中丞刘基，朕亲临浙右之初，尔基慕义。及朕归京师，即亲来赴。当是时，栝苍之民，尚未深信，尔老卿一至，山越清宁。节次随朕征行，每于闲暇，数以孔子之言开导我心，故颇知古意。及将临敌境，尔乃昼夜仰观乾象，慎候风云，使三军避凶趋吉，数有贞利。于戏，苍颜皓首之年，当抚儿女于家门，何方寸之过赤，眷恋不舍，与朕同游。后老甚而归，朕何时而忘也。可御史中丞兼弘文馆学士，散官如前，宜令刘基准此。

朱元璋开始就贬低刘伯温，说他是主动来投靠的。刘伯温明知道是假话，也只能默默接受。这道诰命中，朱元璋肯定了刘伯温的一些夜观天象的功劳，而且还是个出色的儒家文人，所以，刘伯温最有资格进入弘文馆当学士。

就这样，刘伯温被安置在一个闲得无聊的职务上，每天面对着一大批泛黄的文化书籍，履行着文字编辑的职责。他不再是以前那个口直心快的御史中丞了，变得沉默寡言。弘文馆的学士们说："刘基老了，才六十岁的人，精神头儿却像九十。"

自从被召回南京，又被安置在弘文馆，刘伯温终于看清了朱元璋古怪的路数——他要杀鸡儆猴。所以刘伯温得出了最后的结论：如果谁还保持从前的功臣角色和跋扈性格，他将死无葬身之地。为了子孙后代，六十岁的刘伯温被迫妥协，这也是他到了白发苍苍的时候才悟出的"人在矮檐下，不得不低头"的道理。

为了表露忠心，刘伯温一直想找机会给朱元璋留下一个好印象。当明军在北方取得辉煌的胜利后，朱元璋颁下诏书，名为《平定沙漠诏》，诏书说："朕本农家，乐生于有元之世，庚申之君荒淫昏弱、纪纲大败，由是豪杰并起，海内瓜分，虽元兵四出，无救于乱，此天意也。"意思是说，元王朝是正统，我做普通百姓的时候虽然苦点，可也愿意当元朝

的顺民，但是天命要元灭亡，我真是唉声叹气无可奈何。然后，他又说："朕取天下于群雄之手，非取天下于元氏。"针对这点，他给出了解释。他说当时天下盗贼蜂起，天下本来就不是元朝的，而是群雄的。没错，朱元璋的确没有从元朝手中夺取政权，因为他自造反以来，和元朝军队的交战次数屈指可数。他一直在和他的那些战友作战。

颁下诏书的第二天，朱元璋就在朝堂上问群臣："你们说说看，为什么我能得天下，元王朝会失天下？"

群臣抢着回答，轮到刘伯温时，他说了下面一段话："自古夷狄就没有哪个能治理好中国的，元王朝以蒙古人入主中原，愚昧无知，天都厌恶它。再加上末代皇帝元顺帝荒淫无度，政令松弛，天下百姓生活在水深火热之中，哪能不灭呢？"

这几句隔靴搔痒，没能打动朱元璋。刘伯温立即转换思路："幸好天下出了皇帝您，不但英明神武，还百战百胜，所向无敌，这才救民于水火之中，所以您得天下是天经地义。"

刘伯温说完这段话，朱元璋稍稍有了悦色。于是，他赞扬了刘伯温一下："你说的，自古夷狄就没有哪个能治理好中国这句话很中肯。"

这句含糖量有限的表扬让刘伯温释怀了许多。

第十三章　悲情谢幕

刘伯温一生"能掐会算"，却算不出自己的结局。他的晚年十分凄惨，失去朱元璋信任的他丧失了活下去的勇气和信心，带着无限的伤感离开人世。当他的名声得到恢复，功劳得到尊重的时候，他却早已死去一百多年了……

卷入是非

洪武三年（1370 年）七月的前半个月，杨宪意外中了大奖——做了中书省的左丞（副相）。可后半个月，杨宪又成了最可悲的人，因为朱元璋把他杀了。

正如刘伯温所料，杨宪有相才无相器。杨宪左丞的这个位置是靠踢翻他的直属上级汪广洋得到的。在刘伯温论相后不久，朱元璋故意同刘伯温的指引背道而驰，把汪广洋升为左丞，而把杨宪也塞进中书省，做了右丞（副相）。

朱元璋对左右丞相特别敏感，一直变来变去，现在，按制度，左比右大。左右丞离左右丞相只一步之遥，如果提拔，左丞肯定是优先考虑的对象。从这点来看，朱元璋最先考虑代替李善长的人选是汪广洋。

奇异的一幕出现了：汪广洋从前智谋百出，没有他解决不了的问题，没有他摆不平的人。可在杨宪面前，他摇身一变，成了甩手掌柜。刘伯温的话应验了，十个汪广洋也不是一个杨宪的对手。汪广洋的不作

为让杨宪大展拳脚，他第一步就是把自己的亲信全都调进中书省自己的门下，而把之前的官员全部清除。汪广洋对这样重大的事只是告诫杨宪："皇上对这种搞圈子的做法很反感，你这样做，不是辜负皇上的厚爱吗？"

几天后，杨宪和朱元璋一起谈事，正如刘伯温之前所担心的，朱元璋不知是有意还是无意，就把刘伯温对他的评价说了。最后还叹息着暗示说："如果你能改掉这个毛病，李善长根本就不适合做宰相嘛。"

杨宪既憎恨刘伯温的谏言，又得出汪广洋是他前途的拦路虎的结论，便开始暗中谋划，下定决心先把汪广洋踢出中书省。很快，杨宪的党羽就侦查到了汪广洋对母亲不是很孝顺，于是一场政坛大火烧起来了。

朱元璋建立明朝后，一直叫嚷着要恢复失传已久的礼教，礼教主张"百善孝为先"，如果一个人不孝，那就是和礼教作对，也就是和皇帝作对。

杨宪暗查到汪广洋的这一恶行后，马上指示御史刘炳向朱元璋控诉汪广洋。指控书一上，朱元璋震怒：汪广洋被削职为民，回老家，然后又流放海南。

汪广洋一走，杨宪顺理成章地变成左丞。他离相国的位置只在眉睫。杨宪在中书省的飞扬跋扈让李善长极不舒服，他绝不可能像汪广洋那样束手待毙。李善长向朱元璋控诉杨宪不到十天的时间里把中书省变成了他自己家的后花园。

仅这一项罪名，就够杨宪掉脑袋的。没几天，杨宪就被杀了。

朱元璋对朱氏江山的传承非常重视，他希望大明朝可以子子孙孙地绵延下去，为此，他任用刘伯温为御史中丞，惩治了许多恶臣。此外，朱元璋还出台了许多值得称赞的法律、制度以及全民公约，防止他的江山变色，皇权易主，除了在政治、经济、军事、文化、教育、公共事业等方面的改革之外，他还在如何加强皇权、巩固皇权方面做了许多尝试和改变。

杨宪之死，心中最清楚不过的其实是朱元璋，这纯属集团内部的派系斗争使然！大明建国定鼎之时，统治集团内部人员需要分配新的位置，这种摩擦和争斗自然是无法幸免的！在中书省，杨宪整日与李善长、胡惟庸明争暗斗，他的躁进为自己招来了灭顶之灾。另外，官僚们对于情报部门人员有一种天然的反感，都担心自己的把柄不小心落入这些人之手，必要时被引爆，后果不堪设想！所以杨宪不得不死。

李广难封

洪武三年（1370年）十一月，徐达高唱凯歌回到南京。朱元璋大封群臣，赐予爵位，给多年以来跟随他南征北战的功臣们一个交代。这次封爵主要封了公爵六人，侯爵二十八人，伯爵两人。

中国帝制时代，对外姓的封爵大致有五种，分别是：公、侯、伯、子、男。此次的公爵六人分别是：李善长（韩国公）、徐达（魏国公）、常遇春的儿子常茂（郑国公）、李文忠（曹国公）、邓愈（卫国公）、冯胜（宋国公）。这六人中，只有李善长是文臣，其他五人都是血战沙场、用鲜血为朱元璋开疆拓土的人。

侯爵二十八人：汤和、唐胜宗、陆仲亨、周德兴、华云龙、顾时、耿炳文、陈德、郭兴、王志、郑遇春、费聚、吴良、吴祯、赵庸、廖永忠、俞通源、华高、杨璟、康茂才的儿子康铎、朱亮祖、傅友德、胡美、韩政、黄彬、曹良臣、梅思祖、陆聚。

除了刘伯温，所有的功臣都在被封之列。朱元璋在封爵的诏书中这样说："现在的爵位都是我自己定下，让人写下来的，所以是公平公正的。"为了显示自己的公正，他还特意提到两个例子："御史大夫汤和功勋大大的，理应封公爵，可是他喜欢喝酒滥杀，不由法度，所以只能封侯爵。廖永忠在鄱阳湖之战中舍生忘死，简直如天神下凡，还救过我的命，理应封公爵，可他喜欢让人刺探我的心意，这很不好，所以只封他为侯。"

至于那六位公爵，朱元璋认为名副其实："李善长虽然没有汗马功劳，但跟随我最久，是我最出色的后勤部长。徐达是我老乡，帝国所有的胜利都是他亲自指挥完成的。"

最奇怪的就是对待刘伯温的封赏，即使不能列入公爵行列，也应该是侯爵中第一人，可问题是，就是没有封赏刘伯温。

封爵诏书颁布后，刘伯温竟然无动于衷。实际上，他即使有情绪，即使爆发出这种情绪也无济于事。在当时的朝堂，已没有人替他说话了，甚至没有人为他在心里抱个不平。

这就是"帝者师"的悲哀。在此次封爵不久，朱元璋似乎意识到这个问题，自责忘记了刘伯温，说："现在大局已定，不可更改，封你个'诚意伯'吧。"

刘伯温的名字终于上了朱元璋的光荣榜，在第三等级的第二位。如果从光荣榜的后面数起，他就成了第一位。做戏就要做足，朱元璋又颁了刘伯温《诚意伯诰》：

奉天承运皇帝制曰：咨尔前资善大夫、御史中丞、兼太子赞善大夫刘基，朕观往古俊杰之士，能识主于未发之先，愿效劳于多难之际，终于成功，可谓贤智者也，如诸葛亮、王猛独能当之。朕提师江左，兵至栝苍，尔基挺身来谒于金陵，归谓人曰："天星数验，真可附也，愿委身事之。"于是乡里顺化。基累从征伐，睹列曜垂象，每言有准，多效劳力，人称忠洁，朕资广闻。今天下已定，尔应有封爵，特加尔为开国翊运守正文臣、资善大夫、护军、诚意伯，食禄二百四十石，以给终身，子孙不世袭。於戏！尔能识朕于初年，秉心坚贞，怀才助朕，屡献忠谋，驱驰多难，其先见之明，比之古人，不过如此。尚其敷尔勤劳忠志，训尔子孙，以光永世。宜令刘基准此。

虽然有了爵位，但刘伯温还是很窝囊。李善长每年的食禄是 4000 石，和他同是伯爵的汪广洋的食禄每年是 600 石，而刘伯温只有 240 石。

刘伯温没有一丝抱怨，在这个时候，他也不敢有抱怨。在他看来，那个"封神榜"是个危险的东西，名列其上的，吉凶难料。多年以后，胡惟庸案和蓝玉案证明了这一点。

"封神榜"上被划掉的第一个人，正是朱元璋口口声声说救了他一命的廖永忠，罪名是：私自穿着绣有龙凤图案的衣服。民间传说是因为他多年前受指使谋杀小明王，被朱元璋杀人灭口。救命恩人都可杀掉，刘伯温哪能不心惊肉跳呢？

言不由衷

没有前途的弘文馆工作让刘伯温失去了动力，他借身体欠佳再次陈请告老还乡，直到洪武四年（1371 年）正月，朱元璋才批准他退休。退休的原因和两个人有关，一个是胡惟庸，另一个则是被重新召回的汪广洋。

正月里，李善长生病。朱元璋认为他已不能全身心地行使丞相的职责，所以让他暂时退休，同时把胡惟庸任命为左丞，重新复出的汪广洋则担任右丞。胡惟庸虽然不是丞相，但由于没有丞相，他实际上已成了中书省的第一人。

到这个地步，任何人都看得出来，刘伯温的论相没有给朱元璋一点警示，甚至可以说，朱元璋是在和刘伯温较劲：你不让用的，我非要用。看看是你"刘半仙"英明，还是我这个做皇帝的英明？

胡惟庸上任没几天，就雷厉风行地变更了中书省的人事结构。他有着丰富的基层工作经验，所以他属于技术官僚。加上他又是淮西帮的成员，因此行事起来异常地顺利，又由于他手腕强硬，头脑灵活，所以在不到半个月的时间里，俨然成为大明帝国的实质宰相。

胡惟庸的胆子越来越大，野心不小，那些官场上的失意者和野心家纷纷拎着重礼走进他的大门，以求政治上的进步。胡惟庸借机大敛钱财（四方躁进之徒及功臣武夫失职者，争走其门，馈遗金帛、名马、玩好，不可胜数）。

胡惟庸一时间权倾朝野，许多人都看他脸色行事，敢怒不敢言。另外，刘伯温点评胡惟庸的话也流传出去了，刘伯温知道早晚会给自己惹麻烦，便坚决辞官。见刘伯温再也起不到任何作用，朱元璋竟然应允

了。刘伯温连夜离开了南京，回归故乡。

洪武四年（1371年）二月，刘伯温回到阔别两年多的老家。一路上，他想了很多事，到家之后便写了一封《谢恩表》：

> 伏以出草莱而遇真主，受荣宠而归故乡，此人人之所愿欲而不可得者也。中谢。钦惟皇帝陛下以圣神文武之姿，提一旅之众，龙兴淮甸，扫除群雄。不数年间，遂定中原，奄有四海。神谟庙断，悉出圣衷。舜禹以来，未之有也。臣基一介愚庸，生长南裔，疏拙无似。其能识主于未发之先者，亦犹巢鹊之知太岁，园葵之企太阳。以管窥天，偶见于此，非臣之知有以过于人也。至于仰观乾象，言或有验者，是乃天以大命授之陛下，若有鬼神阴诱臣衷，开导使言，非臣念虑所能及也。圣德广大，不遗葑菲。远法唐虞功疑惟重之典，锡臣以封爵，赐臣以禄食，俾臣回还故乡，受荣宠以终其天年。臣窃自揆何修而膺此。犬马微忱，惟增愧惧。已于洪武四年二月初四日到家，谨遣长男臣琏捧表诣阙，拜谢圣恩。臣基无任激切屏营之至，谨奉表称谢，以闻。

《谢恩表》主要写了三层意思。首先是拍朱元璋的马屁，把流行的所有美誉的词都给了朱元璋，说他是"真主"，有"神圣文武之姿"。像朱元璋这样的人，尧舜禹以来，就从没有出过。拍完了朱元璋的马屁后，又贬低自己。他说自己是"一介愚庸"，才疏学浅，不知礼数。如果朱元璋是"太岁"，那我就是"巢鹊"；朱元璋是"太阳"，我就是"向日葵"。至于那些神秘莫测的未卜先知，实际上也是朱元璋事先指导过他。最后，刘伯温对诚意伯的爵位非常满意，尤其是对朱元璋允许他告老还乡，更是心怀感激，难以自已。

刘伯温写这样一封《谢恩表》，唯一的目的就是避祸。从此，他就在家乡住了下来，希望可以安享晚年。

可是，朱元璋还是不放心，让青田知县随时监视他。知县每次来

"拜访"，刘伯温都闭门谢客。知县想了个诡计，把自己装扮成一个过路的秀才，到刘伯温家讨水喝，终于敲开了刘伯温家的门。刘伯温当时正在洗脚，看到是一个秀才，就邀请他进来，还准备了酒菜招待。此时的刘伯温身体健康欠佳，瘦得吓人，早已没有了仙风道骨的模样。

知县主动和刘伯温攀谈，了解他的动态，最后问："先生当年最风光的一件事是什么啊？"

如果说了，这就是在和朱元璋争功，和皇帝争功，只有死路一条。刘伯温立刻惊醒了，他摇头不再说话。知县向刘伯温坦白了自己的身份。刘伯温急忙站起来，向他行礼，然后毅然请他离开。

刘伯温很恐惧。这一恐惧心理并非是杯弓蛇影，朱元璋那无孔不入、细察入微的特务遍布整个国家，即使是退休的官员，朱元璋也不会轻易放过。刘伯温认为知县有特务的嫌疑。况且，一个退休官员和地方官来往，本身就是一件危险的事。这是朱元璋那种疑心重如山的人无论如何都无法接受的。刘伯温怎么可能不谨慎，他太了解朱元璋了。

知县回去后，据实写了一份"刘伯温访谈录"上报。朱元璋早就在等着这份报告了，看完后，又拿出刘伯温的《谢恩表》反复观看，才回信，先是安慰了他几句，还顺便让他观天象，揭示国家的吉凶，让他退而不休，继续为大明服务……

刘伯温上了岁数，一激动，竟然又被朱元璋给激励了，被重新拉回是非场。

谈洋风波

胡惟庸掌权后，他对刘伯温说的"使我言不验，苍生之福也"这句话耿耿于怀，十分愤恨，一直寻找时机报复他，这个机会还真出现了。

洪武四年（1371年）六月，刘伯温余生中最大的波澜"谈洋事件"出现了。

距青田县南六十公里处有个村落叫谈洋，这里是处州的边缘地带，

和温州接壤，同时又与福建行省的三魁比邻。由以上的论述可以看出，这是块"鸡鸣三省"的混杂之地，浙江行省鞭长莫及，福建行省没有义务管，所以此地的治安环境相当恶劣。早在元朝时，这里就经常发生盗贼光天化日之下抢劫杀人的事件。后来，一大批私盐贩子跑到这里占山为王，并与方国珍交好。明朝建立后，有个叫周广三的低级军官发动兵变，带领了一批士兵和农夫跑到了谈洋占山为王。此地的巡检司由于初建，应变能力和作战能力都有欠缺，于是，周广三势力日渐壮大。当地政府更是吓破了胆，所以相互包庇，隐匿不报。刘伯温离那个地方很近，对情况最了解，本来不想多事，但是之前被朱元璋一激励，又和打了鸡血一样，于是就写了封奏折，要他的儿子刘琏亲自到南京城送给朱元璋。

信中说，谈洋这个地方之所以是盗贼的天堂，就是因为那里的百姓也不是好人，他们照顾着盗贼，甚至他们本身就是盗贼。要彻底解决谈洋的治安问题，必须要在那里设置巡检司。

巡检司是县衙底下的基层组织，职能相当于今天的边防检查站。其主要设置在关津、要冲之处。它的职能是盘查过往行人；稽查无路引外出之人，缉拿奸细、截获脱逃军人及囚犯，打击走私，维护正常的商旅往来。

朱元璋认为这个建议非常有建设性，于是就让大臣们讨论，最后责令胡惟庸承办此事。一个月后，谈洋巡检司设立，刘伯温的心情很好，仿佛重新找回了当年和朱元璋的亲密感情。可是，刘伯温没有按正常的组织程序走，直接把问题捅到朱元璋那里，这让身为大主管的胡惟庸很没面子，没尽到丞相之职。

胡惟庸七窍生烟，刘伯温不通过中书省直接递奏折，这明显没有把他放在眼里，真是无组织、无纪律，必须要教训刘伯温。于是，胡惟庸想到一条妙计，终于把刘伯温推到了悬崖峭壁上。

几个月后，胡惟庸手下一个叫吴云沐的官员向朱元璋上了一道指控刘伯温的信，信中说："刘伯温要您在谈洋设立巡检司，名义上是为了朝廷着想，实际上是为了他自己的私欲。"

朱元璋看到这里，很奇怪，刘伯温居然还有私欲，这真是他没有想到的一件事。他接着往下看，信中说出了刘伯温的私欲：刘伯温原本是想把他自己的坟墓建到那里的，但那里的百姓不愿意，所以他就想出了以政府的名义驱逐那些百姓，那块地自然就空出来了。

这封信最妙的地方就在于写到此处，戛然而止，就像一部精彩的电影突然就结尾了，留下悬念，带给朱元璋无穷无尽的思考。

精于算计的朱元璋果然琢磨出了其中的意味，刘伯温占据谈洋做墓地有什么不妥的吗？终于，他恍然大悟：刘伯温可是未卜先知、能掐会算的神人，风水这种事在他那里就是小儿科。他如此煞费苦心地选中谈洋那个地方作为坟墓，那个地方一定是风水宝地，甚至可能是龙兴之地，将来的天下，可能要姓刘。

朱元璋非常气恼，胡惟庸不失时机地来汇报工作。见此情景，他对朱元璋说："刘伯温这是大逆不道，应该严惩。"

朱元璋颁下了圣旨，当刘伯温收到那封圣旨后，彻底呆住了。圣旨中训斥他在谈洋挑了块地当作坟墓的事，因此惩罚他一年的俸禄。刘伯温最后的结论就是，这必然是胡惟庸的诬陷，而朱元璋根本没有相信这样的诬陷。否则，就不会是剥夺他俸禄这么简单。可朱元璋在不相信的情况下剥夺了他的俸禄，只有一种情况，那就是朱元璋对他不放心！

谈洋事件发生后，朱元璋还做了个莫名其妙的决定：暂停科举。明帝国的科举是刘伯温亲自主持恢复的，时间在洪武三年（1370 年）八月。首次科举考试，刘伯温就担任了主考官，并且在那一年网罗了很多优秀的人才。如果我们了解刘伯温恢复的科举考试内容，就会探析出朱元璋的奇怪心理。刘伯温恢复的科举考试其实是元王朝的科举考试，考试科目是朱熹注释的《大学》《中庸》《论语》《孟子》这"四书"，同时加上《诗经》《尚书》《礼记》《周易》《春秋》"五经"。暂停科举，可能是因为科举制是刘伯温恢复的。而那时正是谈洋事件甚嚣尘上之时，他的愤懑无处发泄，于是就把刘伯温留下的政绩工程——科举给暂停了。

洪武六年（1373年）正月，刘伯温发表了一篇名为《二鬼》的文章。这是一篇洋洋洒洒1400余字的诗歌，正如宋濂所说，它是刘伯温诗歌中最光辉的篇章。诗中以"二鬼"喻他和宋濂，"天帝"则指的是朱元璋。通过离奇变幻的神话故事夸张他们要在动乱中重建儒家封建秩序的幻想，也说明了他们受到朱元璋的牢笼豢养、抱负无法实现的苦闷。我们想要理解才子刘伯温，不必去看他所有的文章诗歌，只需要看这一篇就足够了。

向朱元璋表达了忠心，迟迟不见皇帝的答复，刘伯温还是不放心，琢磨了许久，最后拿定主意，亲自去南京证明清白。

洪武六年（1373年）七月，刘伯温孤身一人来到应天府，见到朱元璋，三叩九拜，准备作一番深刻的检讨。朱元璋没有责备他，也没有安慰他。因为这件事，大家心知肚明。对于他的来京，朱元璋一点都没有意外，因为在朱元璋的意识中，刘伯温必然会来。

刘伯温特意申明，他这次来就准备老死京城，决不会再离开了，暗示死后遗体也不会回归故乡。朱元璋说："好啊，如果我有什么事，还可以找你商量，这是不错的一件事。"胡惟庸也说："刘先生能留下那真是太好了，中书省有什么纰漏的地方，刘先生恰好可以指正。"刘伯温满腹狐疑地看向胡惟庸，心里惴惴不安。他不知道，这已经是他生命的尾声，帷幕已经开始落下，他的舞台正在缩小，直到最后的闭合。

对刘伯温的自证清白，胡惟庸大失所望。按他原本的想法，刘伯温只要不在朱元璋身边，一切事就都好办。他可以像永动机那样对刘伯温发射永不停歇的明枪暗箭。不过现在刘伯温近在眼前，所以他的进攻肯定会遇到刘伯温的抵抗，这事就不如想象中那么好办了。

刘伯温对胡惟庸的提防是从骨子里发出的，无奈命运作弄，他越是提防胡惟庸，越是希望胡惟庸能失败，胡惟庸就爬得越高。

洪武六年（1373年）七月，也就是刘伯温来南京城请罪的当月，胡惟庸被朱元璋提升为中书省右丞相。据说，当胡惟庸傲慢地接受百官的祝贺时，刘伯温在病榻上捶床激愤地叫道："希望我看错了他，那是

苍生之福。如果真不幸言中，那老百姓该如何是好啊！"这话偏偏又让胡惟庸知道了。此后，刘伯温的身体状况越来越差，如果没有意外，病死在南京是板上钉钉了。

病入膏肓

此时，朝廷的相权纷争也到了白热化程度。最早，朱元璋始终不懈地提拔汪广洋，希望汪广洋能雄起，牵制杨宪，可汪广洋莫名其妙地变成了一个不说话的木偶。他又提拔胡惟庸，又让汪广洋牵制他，可汪广洋再次让他失望。胡惟庸顺利成为右丞相后，而汪广洋因为不作为被气急败坏的朱元璋赶出了南京。

刘伯温始终搞不明白的是，朱元璋不是瞎子，怎么看不出胡惟庸是个野心勃勃、做事不择任何手段、自私到极致的人？

整个洪武七年（1374年），刘伯温都在恍恍惚惚中度过。朱元璋早就知道刘伯温重病在身。不过他从没有关心过刘伯温。刘伯温的病情还是在一日千里地恶化。他的眼睛已经看不清东西，眼前永远是白茫茫的一片，他的肺部和肝部持续地疼痛，使他无法入睡。他的精神越来越差，整天絮絮叨叨。

胡惟庸奉朱元璋的命令来拜访刘伯温，看看他病得到底怎样。

太医把了脉，开了药方，之后还亲自给他配好了药送过来。刘伯温服了太医拿来的药，病情不但没好转，反而越来越糟糕。他的腹部越来越硬，仿佛里面的肠胃变成了石头一样的东西，按之如铁。坚持了两日，刘伯温忍不住病痛的折磨，便求见朱元璋。见面后，朱元璋漫不经心地和他说着话。

刘伯温费力地坐稳，对朱元璋说："皇上，我可能要不行了。自从胡丞相给我送来一服药，我将它吃掉后，肚子里就起了个瘤子，摸得清楚。我的肚子胀得厉害，里面犹如生了一块大石头。"

朱元璋似乎没听见，应付差事般地打着哈哈："好好养病，不碍事的。"

皇帝如此冷漠，让刘伯温心凉到底，他只好跪下谢恩，离开皇宫。

洪武八年（1375 年）三月，刘伯温给朱元璋写了一封请求回家的奏章。出乎意料的，他上午送去的，下午答复就来了。这是朱元璋给刘伯温的最后一道手诏，名为《御赐归老青田诏书》，开篇就气势凌人：

朕闻古人有云：君子绝交，恶言不出；忠臣去国，不洁其名。尔刘基栝苍之士，少有英名，海内闻之。及元末群雄鼎峙，熟辨真伪者谁。岁在戊戌，天下正当扰乱之秋，朕亲帅六军下双溪而有浙左，独尔栝苍未附，惟知尔名耳。吾将谓白面书生，不识时务，不久而栝苍附，朕已还京。何期仰观俯察，独断无疑，千里之余，兼程而至，谒朕陈情，百无不当。至如用征四方，摧坚抚顺，尔亦助焉。不数年间，天下一统。当定功行赏之时，朕不忘尔从未定之秋，是用加以显爵，特使垂名于千万年之不朽，敕归老于桑梓，以尽天年。何期祸生于有隙，致使不安。若明以宪章，则轻重有不可恕；若论相从之始，则国有八议。故不夺其名而夺其禄，此国之大体也。然若愚蠢之徒，必不克己，将谓己是而国非。卿善为忠者，所以不辨而趋朝，一则释他人之余论，况亲君之心甚切，此可谓不洁其名者钦，恶言不出者钦。卿今年迈，居京数载，近闻老病日侵，不以筋力自强，朕甚悯之。于戏，禽鸟生于丛木，翎翅干而扬去，恋巢之情，时时而复顾。禽鸟如是，况人者乎。若商不亡于道，官终老于家，世人之万幸也。今也老病未笃，可速往栝苍，共语儿孙，以尽考终之道，岂不君臣两尽者钦。

在这道《御赐归老青田诏书》中，朱元璋没有任何客气，直接呼刘伯温为"尔刘基"，同时把谈洋事件放大，最后一兜，说他朱元璋此生对刘伯温已是仁至义尽，无愧于心，既然不想侍候皇帝，就回老家去吧。刘伯温捧着这道诏书，流下泪水。

洪武八年（1375 年）三月初四，刘伯温苍凉地离开南京，回青田。

宋濂前来送行，刘伯温问："皇上没有说什么吗？"

宋濂说："皇上很关心你，问你能否坚持到家。"

刘伯温苦笑说："当然能。"

刘伯温看了他一眼，指了指闭着的嘴，等待宋濂的领悟。

宋濂何等聪明，立刻悟出了刘伯温的善意提醒。此后他侍奉朱元璋，无论看到、听到、猜到什么，绝不吐露半个字，果然保得一条命，但是他的次子和孙子却不听他的劝告，都受到胡惟庸案的牵连而坐法死。

刘伯温再也没说什么，寡然离去。宋濂也不说什么了，二人心知肚明，此次分别，将是永别。

临终遗言

洪武八年（1375 年）三月下旬，已经无法自由活动的刘伯温，由刘琏陪伴，在朱元璋的特遣人员的护送下，自京师动身返乡。回家后，他自知命不久矣，拒绝亲人和乡里为他找来的一切药石，只是尽可能地维持正常的饮食。

几天之后，刘伯温找来两个儿子交代后事。交代完后事时，又让刘琏从书房拿来一本书，对他说："我死后你要立刻将这本书呈给皇上，一点都不耽误；从此以后不要让我们刘家的子孙学习这门学问。"说罢，又对次子刘璟说："为政的要领在宽柔与刚猛循环相济。如今朝廷最必须做的是在位者尽量修养道德，法律则应该尽量简要。平日在位者若能以身做则，以道德感化群众，效果一定比刑罚要好，影响也比较深远，一旦部属或百姓犯错，也较能以仁厚的胸怀为对方设身处地的着想，所裁定的刑罚也必定能够达到公平服人，和警惕人改过自新的目的；而法律若能尽量简要，让人民容易懂也容易遵守，便可以避免人民动辄得咎无所适从，又可以建立政府的公信力和仁德的优良形象，如此一来，上天便会更加佑我朝永命万年。"

刘伯温又继续说道："本来我想写一篇详细的遗表，向皇上贡献我最后的心意与所学，但胡惟庸还在，写了也是枉然。不过，等胡惟庸败了，皇上必定会想起我，会向你们询问我临终的遗言，那时你们再将我

这番话向皇上密奏吧！"

洪武八年（1375 年）四月十六日，刘伯温卒于故里，享年六十五岁，死后葬于乡中夏中之原。

刘伯温究竟是死于胡惟庸之手还是死于朱元璋之手，众说纷纭，无法定论。

刘伯温家族自刘伯温之后，再也没有出现过什么出类拔萃的人。不过，刘伯温给子孙后代积攒下一个十几世都用不完的家底。所以，刘伯温家族在整个明朝时期，不算太辉煌，但也不算太糟糕。

极尽哀荣

直到十五世纪末，即明代弘治年间，刘伯温的声誉才稍稍有所提高，民间开始传阅他的一些文章。十六世纪初期，武宗再次表彰了刘伯温的开国之功。当然，对于一个王朝来说，尊崇一位开国功臣乃为平常之事。

正德九年（1514 年），正德皇帝颁布诏书，赠刘伯温"太师"称号，并谥"文成"。正德帝对他的臣子们说，刘伯温是"渡江策士无双，开国文臣第一"。

早已魂归苍天的刘伯温听到这句话肯定会流下激动的泪水，对他功绩的认定居然迟了 140 年！虽然迟了这么久，但刘伯温应该会感到很欣慰，因为从此，他的大明国师的地位就此奠定，无人出其右，帝国推手的声名流芳千古。

刘伯温死后一个半世纪，也就是嘉靖十年（1531 年），刘伯温的同乡、刑部郎中李瑜向当时的明世宗朱厚熜上疏说："（刘）基宜侑享高庙，封世爵如中山王（徐）达。"意思是说，刘伯温应当陪着太祖朱元璋享受祭祀，他的子孙也应该像中山王徐达的后代一样世袭爵位。祭祀、爵位是国家大事，世宗命大臣们讨论此事。结果大臣们一致赞同，说："高帝收揽贤豪，一时佐命功臣都有巨大的功勋，而帷幄奇谋、中原大计，却多是刘基的贡献，所以当初太祖在未定天下时就说刘基是自己的张良，后来封刘基爵位时又将他比作诸葛亮。刘基应该配享于太庙。"在这一年，刘伯温的九世孙处州卫指挥刘瑜袭封为伯爵。

刘伯温终于赢得了他应有的所有荣誉，可以含笑九泉了。后人有谒刘伯温墓诗，云"卧龙名大终黄土"。其夏山墓仅为一抔黄土，简朴而淡雅，昭示了他"坦坦荡荡做人，清清白白做官"的一生。再英武的谋略之士，终究逃不脱黄土一抔的命运，空留下旷世奇功、诗文美名和数不尽的传说供后人品味。

古 戍

—— （明）刘基

古戍连山火，新城殷地笳。
九州犹虎豹，四海未桑麻。
天迥云垂草，江空雪覆沙。
野梅烧不尽，时见两三花。